审计文献研究

张　莉　著

SPM 南方传媒 | 广东经济出版社
·广州·

图书在版编目（CIP）数据

审计文献研究／张莉著. —广州：广东经济出版社，2024.2
ISBN 978-7-5454-9003-9

Ⅰ. ①审… Ⅱ. ①张… Ⅲ. ①审计学—文集 Ⅳ. ①F239.0-53

中国国家版本馆 CIP 数据核字（2023）第 218987 号

责任编辑：周伊凌
责任技编：陆俊帆

审计文献研究
SHENJI WENXIAN YANJIU
出版发行：广东经济出版社（广州市水荫路 11 号 11～12 楼）
印　　刷：广东虎彩云印刷有限公司
（广东省东莞市虎门镇黄村社区厚虎路 20 号 C 栋一楼）

开　　本：730mm×1092mm　1/16　　**印　　张：**15
版　　次：2024 年 2 月第 1 版　　**印　　次：**2024 年 2 月第 1 次
书　　号：ISBN 978-7-5454-9003-9　　**字　　数：**282 千字
定　　价：48.00 元

发行电话：（020）87393830　　编辑邮箱：gdjjcbstg@163.com
广东经济出版社常年法律顾问：胡志海律师　　法务电话：（020）37603025
如发现印装质量问题，请与本社联系，本社负责调换

自　序

中华人民共和国成立以来，特别是中国特色社会主义审计监督制度建立40余年的岁月中，审计理论研究经历了历史性转折，进入持续繁荣发展的崭新阶段，取得了举世瞩目的研究成果。审计领域的著名专家学者相继贡献了大量内容丰富的专著、教科书、工具书、期刊、学术论文等审计文献，学术思想、理论论点百家争鸣。审计文献作为记录、积累、传播和继承审计理论知识的最终表现形式和最有效手段，成为推进审计教育事业，指导审计实践工作，构建中国特色社会主义审计理论最基本、最主要的动力，发掘、搜集、整理、研究这些审计文献更是从事审计科学研究的最佳媒介。目前，学者关于审计文献的研究多集中于对连续性出版物，尤其是核心期刊发表的论文按主题进行综述或专题述评，鲜有学者对审计类图书（主要包括专著、教材、工具书）进行专门研究，而图书大多是著者基于审计学科的具体问题或为了传播审计理论所做的系统、全面、深入的论述，具有严格的科学性、系统性和逻辑性，是著者多年研究成果的结晶。对图书类审计文献的历史追溯、原件保护、科学总结及重要性评价，有益于“辨章学术，考镜源流”，使我们基于历史观察视角形成对现代审计思想更为系统、完整的认识，是对审计研究进步、审计学术发展及审计文化建设具有重要现实意义的课题。

2014—2016年期间，我的导师担任审计署重点科研课题“1949年以来重要审计文献研究”的主持人，我以第一参与人身份负责文献的收集、整理及报告撰写工作。为了寻找一些年代久远的原版书籍，我们当时几乎逛遍了周边的所有图书馆，并从实地及网络的旧书市场购买了各种保存至今的审计专著、教材及工具书，其间也得到许多学者的捐赠，然而甚为遗憾的是，很多书籍已经绝版，我们只能取得影印资料。读博期间及执教之后，我在研读大量文献的过程中，完成了20余万字的阅读札记。2016年6月，在导师指导及团队合作的帮助下，项目顺利结题，因研究报告按要求仅须三万字，其余文字就这样被保留于电脑之中。

这些年自己由学生成为教师，由孩子成为母亲，在不惑之年紧张忐忑地追赶着过每一天，感觉时间突然像长了翅膀，总是悄悄飞走，还没来得及细细品味，自己已经有了浅浅的鱼尾纹，嘴角边不再是年少的轻狂而变成此刻的慈祥，笑容里少了几分纯真洒脱却也多了些许成熟。我始终晓得自己并非天赋聪颖、能力卓绝之人，但求凡事尽心、尽力，在分解过的时间碎片中拼凑着完整的大片段，笃定从教、坚持科研，尽力在每一次与学生的见面中都带给彼此前进的力量，感谢一路走来的每一次遇见。我生长在一个家教极度严格的大家族，爷爷在当年工作时是大型煤矿的财务矿长，他桌子玻璃板下面写着自己的处事格言“让一让，天高地厚；忍一忍，海阔天空”。生活中的爷爷，是一位温文尔雅的人，“不给人添麻烦”是他的处世哲学。爷爷影响了整个家族所有成员的工作规划和生活态度，也让我毅然选择会计行业，从做会计实务，到成为会计学院的一名教师，踏踏实实地走每一步。感谢家人的温暖，让我在坚持中充满力量。感谢我的各位同门，我们不仅在学业上一同奋斗，工作中相互鼓励，也在生活中互相扶持，你们的优秀是我的标杆。感谢我的学生，你们的认可让我保持自信，能够热情洋溢地站在讲台，与你们的日常交流让我始终保持年轻的心，我的研究生张晓凡、郭彩霞、李思佳、魏晓鹏、李子桂、于红、王铁在本著作编写过程中进行了大量书籍整理工作。感谢曾经与我共同成长的一群懵懂少年，是你们陪我度过人生最精彩的一段岁月，或许我们不常见面，但每一次只要提到你们都能让我开怀大笑，“山川异域，风月同天”，因未忘却的名字让我走过半生，仍然少年！

特别感谢我的导师、师母，前些日子，导师告诉我自己今年要退休了，我才恍然，他竟已年逾六旬。真想回到导师风趣幽默的课堂，再认真听听他带着些许山东口音的悉心教诲。导师退休之际也恰逢审计署成立40周年，作为学生，总期待能送他一份特别的礼物，方想到这些在导师悉心指导下完成的文字。

师恩难忘，教诲此生铭记，谨以此书献给我尊敬的导师张俊民教授。

张莉

2023年6月20日

目　录

第一部分

重要审计文献遴选结果

本部分重点阐述重要审计文献遴选方法及结果。针对1949—1979年期间，主要通过专家访谈及实地考察，收集历史文献原版或影印版资料；针对1980年以后的文献，按照CNKI数据库“审计”主题论文的年度数量分布特征，将文献划分为1980—1993年及1994年至今两个阶段，利用H指数筛选高被引论文，析出与论文主要观点有关的图书类文献，并结合专家访谈进行补充，列示重要审计文献题录。

1949—1979 年重要审计文献遴选结果

中华人民共和国成立初期，为实现工业化，我国开始实行第一个国民经济五年计划，百废待兴，百业待举，国家财政收支管理严重脱节。为使国家财政经济状况根本好转，急需在全国建立统一、集中的财政收支制度。

1949 年 11 月，政务院设立人民监察委员会，并在县以上地方各级人民政府相应设立监察部门，同时基于中华人民共和国成立前革命根据地的审计工作传统，中央为建立全国统一的审计制度做了很多准备工作。1950 年初，国家编订了《中华人民共和国暂行审计条例（草案）》，该条例包括五章，第二条明确说明“为了加强国家的财政管理，对于各项收支，实行严格的审核与监督，以达到取之合理，用之得当，保证节约财力，发展生产政策之实施，必须建立全国统一的审计制度，并贯彻执行”，并通过各项条目具体规定了审计分级及机构设置、审计职权、审计实务、审计范围及方式等内容。1950 年 3 月，政务院颁布《关于统一国家财政经济工作的决定》，统一国家财政经济工作，为加强对财政经济的管理与监督，中央政府要求严格执行预算决算制度、审计会计制度。1950 年 12 月，中央发布的《中央人民政府政务院为加强国家财政管理严格执行财政纪律令》中也对审计机构的设置作出明确规定：“责成中央人民政府财政部门，均应设置财政审计和检查机构，对一切预算、计算、决算实行事先、事中、事后的审核与检查”“审计处的职能主要是执行年度开支计划；审计各项支出的合法性、合规性，并书面通知主计处开出‘支付令’凭证；巡视检查违法乱规的专案事项”“财政部审计处分设国防、行政、文教等科，各科分别对中央政府各部门实施审计监督”。据此，从中央到地方政府的财政机关以及一些政府机关的内部财政部门普遍设立审计机构，财政部设有审计处，东北、华北、中南等大区在人民政府（或军政委员会）财政部内设有审计处，西北区在财政经济委员会设有审计处，辽、吉、黑、冀、晋、苏、沪、浙、鲁、皖、豫、湘、贵、川等大多数省都在财政机关内设审计处或审计科、室、股，在中央和地方的一些部门，也设有专司审计监督的机构，并相应制定了一些审计制度、条例或规程，这些部门负责执行年度开支计划，审计各项支出的合法性、合规性，巡视检查违法乱规的专案事项，对加强财政收支管理、严格执行财经纪律等方面起到了一些作用。安绍芸先生作为中华人民共和国成立后财政部会计制度处（后更名为“会计制度司”，现称“会计司”）的首任官员，主持设计了一系列全国统一的会计制度，对统一国家会计管理、会计制度、会计方法作出重大贡献。

社会审计方面，上海立信、上海正明、杭州正信、武汉精诚等会计师事务所在中华人民共和国成立初期依然保留，执业范围和内容大都是本地私营工商业者、外商企业和同业公会组织委托的查账公正和会计咨询等事项，以及会计、审计专业知识培训和当地政府部门委托办理的专项事务等。为了加强对会计师事务所的监督与管理，1951 年 10 月，政务院财政经济委员会制定了《核定会计师管理规则》，该规则共包括十二条，规定了会计师审计的组织形式和监管机关、执业内容和服务范围、任职资格和条件、服务收费标准、法律责任等内容。在这段时期，各地的会计师公会为了加强对会计师事务所和会计师行业的管理，也相应制定了一些行业自律性的规章制度，例如 1950 年 5 月上海制定的《上海市会计师公会学习会简则草案》，这些规章制度对规范社会审计执业起到了积极作用。会计师事务所的业务活动及相应法律、法规的发布，对建立健全企业审计基础工作，加强内部管理，促进国民经济恢复与建设等，起到了积极推动作用。

与此同时，这些会计师事务所的创始人在中华人民共和国成立后仍在审计领域从事大量实务、研究及教育工作，例如，徐永祚先生曾在华东地区从事监察工作；1949—1952 年期间，以潘序伦先生为首的立信创始团队编撰出版（或再版）了一系列审计教材，在中国传播了现代西方会计、审计理论和方法，被当时的会计补习学校、专科学校广泛采用，为传播审计理论、培养审计专业人才做出了不可替代的贡献；李天民先生编撰的《审计学教程》是中华人民共和国成立初期为数不多的论述新民主主义环境下审计理论及实务的作品；余肇池先生编撰的《国营企业会计》是中华人民共和国成立后的第一本国营企业会计教材，是基于苏联经验的企业会计核算的奠基性作品，而国有企业、国家各部门及其预算等作为国家审计的重要对象，对他们的会计制度的规范有利于国家审计及内部审计的实施，为改革开放后国家审计、内部审计工作的迅速恢复及顺利推行大有益处。通过实地走访国家图书馆、天津图书馆及审计博物馆，笔者共收集到 1949 年后立信会计图书用品社（现已更名为“立信会计出版社”）出版的图书类审计文献 9 册，同时收集到当时仍在使用中的图书类审计文献 4 部（见表 1）。

表 1　1949—1979 年审计文献基础信息

著作名称	作者	出版社	时间（年）	版次
《会计师查核决算表之原则与程序》	潘序伦	立信会计图书用品社	1950	2
《审计学》	潘序伦、顾询	立信会计图书用品社	1950/1951	14/15
《审计学》	顾询、唐文瑞	立信会计图书用品社	1950	12
《审计实习集》	唐文瑞	商务印书馆	1939/1940	1/2
《审计问题》	钱乃澄	立信会计图书用品社	1950/1951	6/8
《审计问题答解》	钱乃澄	立信会计图书用品社	1950/1951	6/8
《查账报告书及工作底稿》	顾询、钱乃澄	立信会计图书用品社	1950	2
《银行内部审计》	陈成耀	立信会计图书用品社	1949	2
《政府审计原理》	蒋明祺	立信会计图书用品社	1941	1
《政府审计实务》	蒋明祺	立信会计图书用品社	1942	1
《中国现行审计制度》	许祖烈	立信会计图书用品社	1947	1
《审计学教程》	李天民	立信会计图书用品社	1951	1
《国营企业会计》	余肇池	立信会计图书用品社	1952/1952	1/2

然而，由于当时我国所处的国际环境和历史条件，1950 年后中国开始效仿苏联模式，学习高度集中统一的计划经济体制以及检查工作模式，国家各级财政机关陆续撤销审计机构，建立检查机构，而后又将财政检查统一改称“财政监察”，设立于各级政府部门的审计机构及大多数部门单位的内部审计机构都于 1952 年前后陆续被撤销。1954 年 9 月，第一届全国人民代表大会决定将人民监察委员会改组为监察部，隶属国务院，各地方的监察厅、局由地方人民委员会和监察部双重领导，监察部门围绕经济建设这个中心工作，负有对全国各级行政机关、国营企业、事业单位进行经济监督和检查的任务，并同时开展行政监察，审计监督寓于监察之中。同时，伴随着国家对城市工商业逐步实现公司合营，会计师事务所业务日益萎靡，至 1956 年各所相继停业。

1953 年后，为适应当时的社会主义国民经济发展和社会主义建设，我国一些学者相继翻译、编写了一些与“财政检查”“财政监察”“财务检查”等相关的书籍，这些书籍的编写、编译与出版，为我国学习借鉴苏联模式发挥了积极作用。

1980—1993 年重要审计文献遴选结果

1978 年，党的十一届三中全会作出“把党和国家的工作重点转移到社会主义现代化建设上来”的重要战略决策，自此国家开始对国民经济实行“调整、改革、整顿、提高”方针，经济体制改革从农村到城市，在许多领域先后展开，对外开放步伐逐渐加快，社会主义建设进入新时期。在此阶段，国家各个部门的主管机关以及财政、计划、税务、银行、工商行政等部门为行使本部门所担负的系统内部财务监督、财政监督、纳税监督、银行监督、工商行政监督等职权，相应恢复了具有审计性质的查账工作。然而，国家治理战略调整及改革开放的初步尝试，促使国民经济逐渐从停滞、倒退的局面快速扭转，客观上要求国家加强对财政经济的管理，建立健全经济监督机制，维护国家财经法纪，国家各部门的审计已不能适应需要，是否建立及如何建立独立的审计监督制度成为一个紧迫的课题。

1979 年开始，党中央、国务院和有关部门开始不断酝酿实行社会主义审计监督制度，设立审计机关。国家审计方面，1982 年 12 月 4 日第五届全国人民代表大会第五次会议通过了修改后的《中华人民共和国宪法》（以下简称宪法），将审计监督确定为国家制度。1983 年 9 月 15 日，中华人民共和国审计署正式成立，地方相继迅速建立各级审计机关，国家审计实践自此展开。1984 年 12 月，中国审计学会作为全国审计学术研究的指导、协调与组织中心宣告成立，在全国范围内积极开展审计科学理论研究和学术交流活动，并组织参与国际学术交流，汲取国外审计经验；审计实务工作在摸索中不断进步，迫切需要大量审计相关人才。1984 年底，审计署按照国务院指示，在国家教委指导下，开始先后与武汉大学、中山大学、南开大学签订委托办学协议。1985 年 7 月，全国 21 个省、市、自治区以及中央的有关部委进一步在 33 所大中专院校开办审计专业。1986 年开始，中国广播电视大学开始开展审计学专业成人高等教育，并与审计署联合举办审计会计师岗位专业知识培训。1987 年 9 月南京审计学院正式成立，标志着我国审计院校教育进入了正规化的建设时期。1989 年 1 月 1 日，国务院颁布的《中华人民共和国审计条例》正式实施，标志着国家审计由开创阶段走向发展阶段，初步形成比较完整的审计制度体系。

社会审计方面，1980 年 12 月，财政部颁布《关于成立会计顾问处的暂行规定》，要求“各省市根据需要和现有条件逐步设立会计顾问处，承办会计公证、咨询等业务”，标志着我国注册会计师制度正式恢复重建。全国各地陆续成立了“会计顾问处”（而后改称会计师事务所），接受国内外企事业单位的委托，承办会计和审计的有关业务，社会审计实践陆续开展；1986 年 7 月，国务院颁布中华人民共和国第一部注册会计师行业管理行政法规《注册会计师条例》；1988 年，国务院颁布《中华人民共和国审计条例》，进一步明确社会审计组织的法律地位和业务范围，同年 11 月，中国注册会计师协会成立，其作为财政部党组和理事会领导下社会审计行业管理和服务的法定组织，为行业的全面恢复、重建以及社会审计研究奠定了组织基础；1991 年，我国开始建立注册会计师全国统一考试制度并首次举办注册会计师全国统一考试；1993 年《中华人民共和国注册会计师法》正式颁布。

内部审计方面，1983 年，国务院批较审计署《关于开展审计工作几个问题的请示》并指出“建立和健全部门、单位的内部审计，是搞好国家审计监督工作的基础”，这标志着我国内部审计制度开始实施，由此我国的部门和单位内部审计活动进入“边组建、边开展”阶段；1985 年国务院发布的《内部审计暂行规定》为内部审计提供了法律依据，同年，审计署颁布的《关于内部审计工作的若干规定》对我国的内部审计工作进行了规范，要求“全国在县以上各级人民政府的一些部门、经济实体和大中型企事业组织，根据需要设立内部审计机构，在本部门、本单位主要负责人领导下，进行内部的财务收支及其经济效益审计”，据此，大多部门和单位建立了内部审计机构或配备了专职内审人员，积极开展内部审计工作，发挥了较好的成效；1987 年 4 月，中国内部审计学会成立，在中国审计学会领导下开展国内及国际间内部审计理论研究、学术交流活动，促进了内部审计思想的建立与发展；1988 年《中华人民共和国审计条例》颁布实施，1989 年《审计署关于内部审计工作的规定》重新修订，界定了“内部审计是我国审计体系而非国家审计体系的组成部分”；1992 年，审计署关于印发《改进内部审计制度增强大中型企业活力》的通知，要求“大中型企业内部审计机构要把提高经济效益作为审计工作的重点，围绕影响企业经济效益的因素，积极开展经营决策审计、成本费用审计、资金使用效果的审计、工程预决算审计、内部控制系统的评审、财务收支审计以及继续搞好承包经营责任审计”，内部审计逐渐步入制度化、规范化的发展阶段。伴随着改革开放的推进，民营经济取得巨大发展，1992 年股份制试点不断推向深入。

基于 CNKI 数据库，以“审计”为主题，来源子数据库选择“中国学术期刊网络出版总库”，设定检索期间为 1980—2022 年，在未剔除任何非相关文献的情况下，共找到 259091 条结果，文献年份分布呈现显著的阶段性规律（见图 1）。1980—1993 年期间，“审计”主题论文数量较少，年均论文数量为 401 篇，而 1980 年仅有 10 篇，1981 年仅有 18 篇。1993—1994 年，“审计”主题论文数量呈现“井喷式”增长，1994 年相关论文数达到 4357 篇；1994—2022 年期间，年均论文数量为 8741 篇。基于论文分布的阶段性特征，以 1994 年为分界对文献进行分阶段初步遴选。

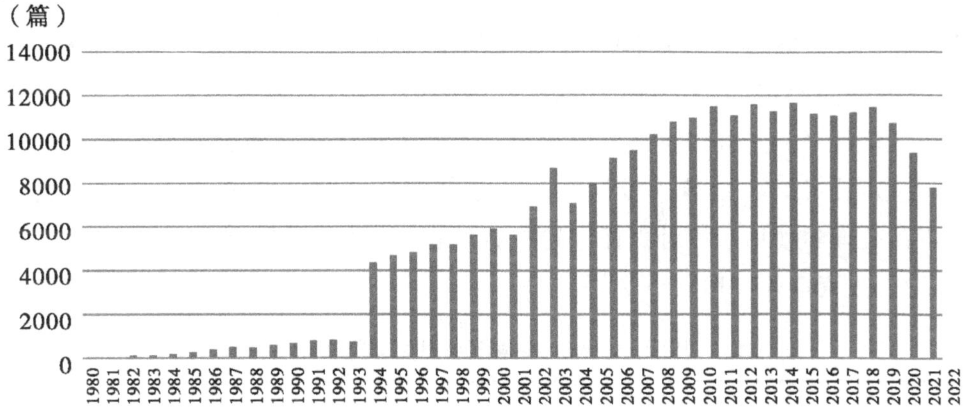

图 1　1980—2022 年期间“审计”主题论文数量年度分布情况

将 1980—1993 年期间主题为“审计”的论文类文献逐年按被引频次降序排列，得到各年度审计论文类文献的 H 指数及 1980—1993 年期间审计论文类文献的 H 指数（见图 2），H 指数文献（被引频次≥15）总计 17 篇。

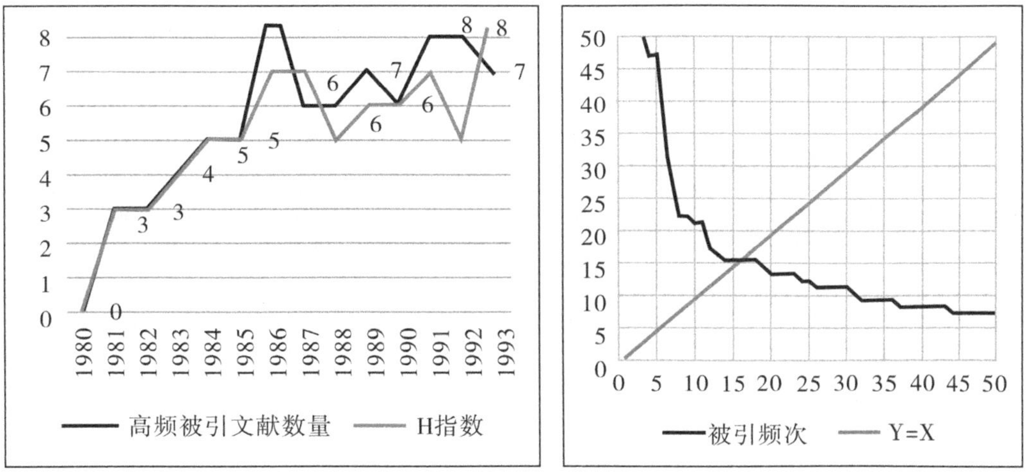

图 2　1980—1993 年期间审计论文类文献 H 指数

（注：根据 CNKI 数据库中截至 2023.06.30 论文被引频次、被引排序整理）

1980—1993 年期间，高被引论文总计 75 篇（表 2 所示为部分文献），被引频次最大值为 85，最小值为 3；论文发表以单一作者为主（77.92%），高被引论文的第一作者涉及 59 人，其中娄尔行、徐政旦、杨时展的高被引论文数为 4 篇，张以宽的高被引论文数为 3 篇，张杰明、管锦康、蔡春、谢荣、阎金锷的高被引论文数为 2 篇，其余 50 位作者的高被引论文数量均为 1 篇；高被引论文主要分布于《审计研究》（31.17%）、《财会通讯》（10.39%）、《会计研究》（9.09%）、《财经研究》（9.09%）、《上海会计》（5.19%）等 25 种期刊；高被引论文的研究方法主要为规范分析。高被引文献研究主题涉及审计基本理论（22）、审计史（10）、内部控制（10）、内部审计（5）、绩效审计（4）、经济责任审计（3）、审计风险（3）、审计质量（2）、宏观审计（2）、管理审计（2）、计算机审计（2）、审计学科（2）、环境审计（1）、能源审计（1）、审计心理学（1）、审计责任（1）、会计管理（1）、制度基础审计（1）、审计独立性（1）、投资审计（1）。

表 2　1980—1993 年期间高被引论文类文献（部分）

论文名称	作者	来源期刊	发表时间	被引频次
《审计的发生和发展》	杨时展	财会通讯	1986/05/01	85
《试论审计的本质》	娄尔行、唐清亮	审计研究	1987/06/30	55
《关于建立我国社会责任审计的探讨》	陆建桥	财经问题研究	1993/12/27	51
《论“会计管理”》	杨纪琬、阎达五	经济理论与经济管理	1982/08/29	47
《审计定义探讨——兼论审计的性质、职能、对象、任务和作用》	阎金锷	审计研究	1989/05/01	47
《试论审计的性质和职能》	阎金锷	审计研究	1986/05/01	35
《论审计风险》	尤家荣	财经研究	1990/05/31	26
《论内部控制与审计监督》	李天民	审计研究	1985/03/02	22
《审计公设刍论》	杨时展	财会通讯	1985/07/30	22
《最高审计机关第十二届国际会议关于绩效审计公营企业审计和审计质量的总声明》	杨树滋、徐玉棣	审计研究	1986/06/30	21
《试论民间审计的职业责任》	谢荣	会计研究	1993/06/30	17

续表

论文名称	作者	来源期刊	发表时间	被引频次
《电子计算机审计与数据可靠性控制——会计电算化之后现代审计的对策》	潘晓江	会计研究	1983/10/28	16
《关于审计的若干问题》	王文彬	上海会计	1981/06/30	15
《试论我国社会主义审计模式的若干原则》	徐政旦、谢荣	审计研究	1987/08/29	15
《中央革命根据地的审计监督制度》	邢俊芳	中共党史研究	1989/10/28	15
《我国制度基础审计的第一部专著——评〈制度基础审计学〉》	杨时展	财会通讯	1990/07/30	15
《试论经济效益审计的若干基本理论问题》	竹德操	审计研究	1992/12/26	15

根据1980—1993年期间75篇高被引审计论文析出图书类审计文献，并根据专家推荐选入图书，按研究领域归集为审计基础理论、审计史、审计工具书、审计学原理及应用、社会审计、内部审计、内部控制、企业审计、绩效审计、计算机审计、审计管理11类87册。

1994 年至今重要审计文献遴选结果

1995 年 1 月 1 日，《中华人民共和国审计法》正式施行，“以宪法为根本、以审计法为核心”的审计法律法规体系基本建立并日臻完善，国家审计进入法制化、规范化建设时期。2002 年国家发展和改革委员会批复“金审”工程一期项目，审计署开始了国家审计信息化建设。2003 年审计署建立审计结果公告制度，发挥国家审计在国家治理中的作用，2006 年《中华人民共和国审计法》修订，2011 年《中华人民共和国国家审计准则》正式实施，2014 年国务院发布《关于加强审计工作的意见》，要求国家审计机关要依法行使审计监督权，强调“对稳增长、促改革、调结构、惠民生、防风险等政策措施落实情况，以及公共资金、国有资产、国有资源、领导干部经济责任履行情况进行审计，实现审计监督全覆盖”。2015 年，中共中央办公厅、国务院办公厅发布《关于完善审计制度若干重大问题的框架意见》及配套文件《关于实行审计全覆盖的实施意见》，再度强调“审计全覆盖”，国家审计对推进国家治理能力现代化所具备的民主、法治、公平、责任、效率、廉洁中的作用日益凸显。2018 年 3 月，为加强党中央对审计工作的领导，构建集中统一、全面覆盖、权威高效的审计监督体系，更好地发挥审计监督作用，组建了中央审计委员会，其作为党中央决策议事协调机构。在中央审计委员会第一次会议上，习近平总书记在讲话中指出“审计是党和国家监督体系的重要组成部分。审计机关成立 30 多年来，在维护国家财政经济秩序、提高财政资金使用效益、促进廉政建设、保障经济社会健康发展等方面发挥了重要作用。特别是党的十八大以来，为促进党中央令行禁止、维护国家经济安全、推动全面深化改革、促进依法治国、推进廉政建设等作出了重要贡献”。

社会审计方面，1994 年，中国注册会计师协会（以下简称“中注协”）先后制定并实施 6 批 48 项准则，基本形成符合国际惯例的独立审计准则体系，同年，国务院办公厅发布《关于大力开展注册会计师培训工作的会议纪要》，筹建三个全国性注册会计师培训中心，先后在 23 所高校开设注册会计师专业。1995 年，中国注册会计师协会与中国注册审计师协会联合，对社会审计行业实行统一管理，实现了“法律规范、执业标准、监督管理”的三统一。1999 年底，会计师事务所完成“脱钩改制”，注册会计师行业逐步进入法制化、规范化、人才培养专业化的发展阶段。2002 年至 2005 年间，中注协陆续发布《诚信建设纲要》《关于加强协会自律管理体制建设的指导意见》《会计师事务所执业质量检查制度》，推进注册会计师行业管理、运行机制及诚信建设逐步完善。2006 年，财政部发布与国际趋同的新审计准则体系。2007 年以来，中注协陆续发布《关于推动会计师事务所做大做强的意见》《会计师事务所内部治理指南》《中国注册会计师职业道德守则》《中国注册会计师非执业会员职业道德守则》《关于支持会计师事务所进一步做大做强的若干政策措施》等系列文件，国务院九部委联合发布《关于支持会计师事务所扩大服务出口的若干意见》，社会审计进入“以诚信建设为主线，以国际化发展为导向”的新阶段。截至 2023 年，中国共有 334898 名注册会计师，其中非执业会员 236799 人，占比 70. 71%；执业会员 98099 人，占比 29. 29%。注册会计师成为极受年轻人青睐的职业之一。

内部审计方面，1995 年，审计署再次修订《审计署关于内部审计工作的规定》，对非国有经济组织开展内部审计作出说明，内部审计逐渐成为各类经济组织对内部活动进行监督的需要。1998 年，审计署向民政部申请将“学会”更名为“协会”，2002 年，民政部批准中国内部审计学会正式更名为“中国内部审计协会”。2003 年，审计署进一步修订发布了《审计署关于内部审计工作的规定》，明确“内部审计协会是内部审计行业的自律性组织”，内部审计组织体系基本建立并不断完善，“形成以国家审计为指导，以内部审计协会为行业管理的内部审计运行机制”，内部审计逐步从国家审计的辅助地位发展为独立行使监督职能。2003 年以来，中国内部审计协会陆续发布《内部审计基本准则》《内部审计人员职业道德规范》以及 29 个内部审计具体准则和 5 个实务指南，形成了由《内部审计基本准则》、内部审计具体准则、内部审计实务指南以及《内部审计人员职业道德规范》构成的较为完善的内部审计准则体系。2004 年以来，国务院国资委陆续发布《中央企业内部审计管理暂行办法》《中央企业经济责任审计管理暂行办法》《关于加强中央企业内部审计工作的通知》，对中央企业内部审计工作提出具体要求。2006 年，银监会发布《银行业金融机构内部审计指引》。2007 年，中国保监会发布《保险公司内部审计指引（试行）》，中国证监会和深圳证券交易所也发布了相关的规定，这些内部审计规范的发布强化了内部审计在中央企业、金融行业等系统中的作用，内部审计机构的范围不再局限于政府部门、国有企事业单位和非国有经济组织，而是拓展到任何组织，内部审计职责逐步扩大到对风险管理的评审，涵盖了企业经营的各个方面，成为审计监督体系的重要组成部分。2013 年以来，中国内部审计协会以公告的形式发布修订的内部审计准则体系，实现与国际内部审计准则的趋同，2014 年修订颁布的《内部审计质量评估办法》标志着我国内部审计准则体系的完善和成熟。2018 年，《审计署关于加强内部审计工作业务指导和监督的意见》发布，同年，审计署成立内部审计指导监督司，强化国家审计对内部审计的指导性作用，进一步完善了内部审计的规范化、职业化建设，推动内部审计事业向科学化、国际化方向演进。

基于中文社会科学引文索引（CSSCI）数据库，以“审计”为关键词，最终得到 5637 篇论文的引文数据，文献主要分布于《审计研究》（1781 篇）、《审计与经济研究》（419 篇）、《会计研究》（350 篇）、《当代财经》（180 篇）、《山西财经大学学报》（113 篇）、《经济问题》（98 篇）、《中央财经大学学报》（91 篇）、《中南财经大学学报》（79 篇）、《财经论丛》（77 篇）、《财经理论与实践》（77 篇）等 50 种期刊。论文以合作发表为主（2 位作者合作的比例为 43.95%；3 位作者合作的比例为 15.86%；4 位及以上作者合作的比例为 2.62%），这些研究大部分得到国家自然科学基金、国家社会科学基金、教育部人文社会科学研究基金等的支持（55.62%），采用案例法、统计分析及实证分析技术的文献比例有所提升（21.27%）。

将 5637 篇论文的引文数据作为样本，首先利用 CiteSpace. 6. 2. R2 将数据进行格式转换，进而选择时段为 1994—2022 年，时间切片为 1 年，节点提取自标题、摘要及关键词，节点类型为关键词（Keyword），连线强度采用 Cosine 算法，节点阈值选择 Top50，网络剪裁选择 Pathfinder、Pruning sliced networks 以及 Pruning the merged network，最终得到 1994—2022 年间论文类审计研究文献的共词网络聚类视图（见图 3）。视图中的连线代表各领域关系的紧密程度，研究相关度越高则连线越密集，另外，

图 3　1994—2022 年间论文类审计研究文献的共词网络聚类视图

CiteSpace. 6. 2. R2 提供聚类模块值（Q 值）、Silhouette 值（S 值）评判图谱绘制效果，其中 Q 值∈［0，1），用来评判网络社团结果显著性，当 Q 值>0. 3 时表明聚类显著；S 值用来衡量网络同质性，S 值>0. 5 表明聚类结果合理，该共词网络视图连线数量 E = 2328，Q 值 = 0. 8265，S 值 = 0. 9237，表明 1994—2022 年间审计研究的共词网络聚类显著且合理，没有孤立研究领域。

其间，审计研究已形成 195 个知识聚类，比较显著的聚类包括：#0 国家审计；#1 审计师选择；#2 审计费用；#3 企业金融化；#4 审计师行业专长；#5 媒体关注；#6 客户规模；#7 制度安排；#8 关键审计事项；#9 上市公司；#10 审计委员会；#11 国有企业；#13 企业数字化转型；#14 公共受托责任；#16 股价崩盘风险；#17 离任审计；#18 自然资产离任审计；#19 政府绩效审计（见图 4）。

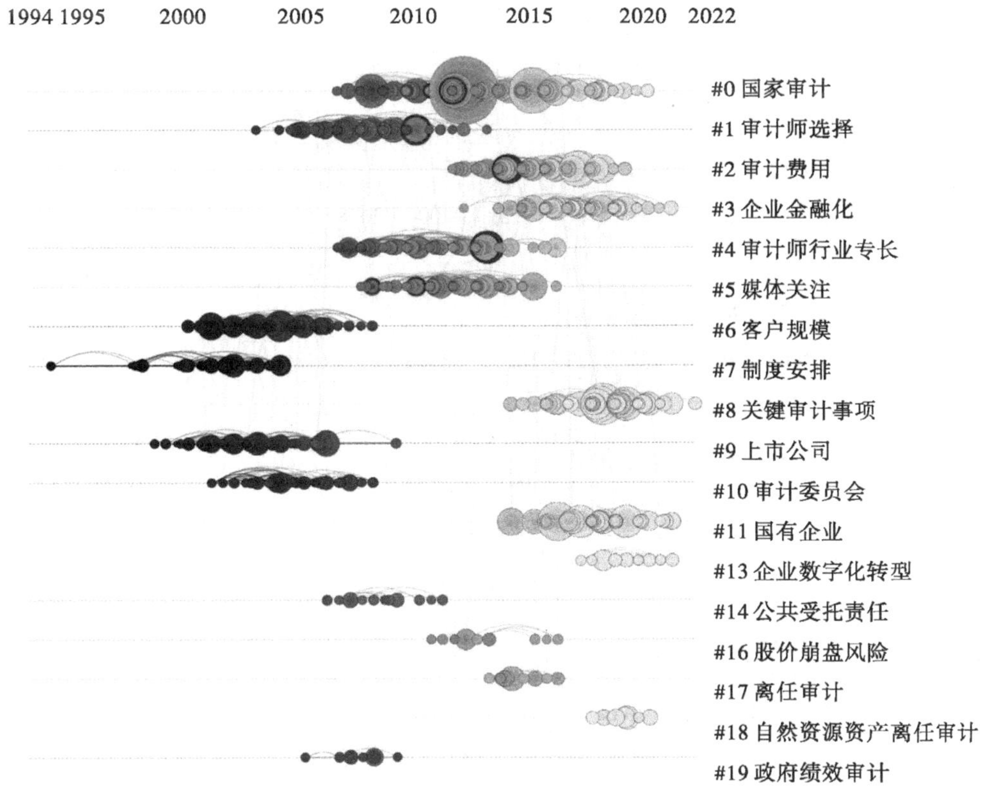

图 4　1994—2022 年间论文类审计研究文献的共词网络时间线视图

进一步将 CiteSpace. 6. 2. R2 的突发性检测模型参数设定为$\alpha = 2.0$，$\gamma = 1.0$，得到突现值排名前 23 的重要审计文献（见表 3）。1994—2022 年期间，研究热点依次涉及审计任期、审计意见、审计质量→内部控制→国家审计与国家治理、国有企业治理→审计师风险、关键审计事项。1994—2022 年期间前 25 大突现性关键词依次为审计工作、审计制度、审计方法、审计监督、企业审计、审计准则、审计人员、民间审计、审计环境、审计理论、内部审计、审计体制、上市公司、效益审计、公司治理、绩效审计、免疫系统、制度环境、国家治理、产权性质、审计收费、审计费用、审计意见、盈余管理、审计投入，如表 4 所示。

表 3　1994—2022 年期间前 23 大突现性审计文献

文献信息	突现值	起始时间（年）	终止时间（年）	1994—2022 年
李东平、黄德华、王振林，2001，“不清洁”审计意见、盈余管理与会计师事务所变更	12.43	2002	2006	
刘峰、许菲，2002，风险导向型审计·法律风险·审计质量——兼论“五大”在我国审计市场的行为	10.15	2002	2007	
刘斌、叶建中、廖莹毅，2003，我国上市公司审计收费影响因素的实证研究：深沪市 2001 年报的经验证据	9.59	2004	2008	
漆江娜、陈慧霖、张阳，2004，事务所规模·品牌·价格与审计质量——国际“四大”中国审计市场收费与质量研究	13.65	2006	2009	
陈信元、夏立军，2006，审计任期与审计质量：来自中国证券市场的经验证据	10.3	2008	2011	
刘家义，2008，以科学发展观为指导 推动审计工作全面发展	15.79	2010	2013	
刘峰、周福源，2007，国际四大意味着高审计质量吗——基于会计稳健性角度的检验	11.41	2010	2012	
尹平、戚振东，2010，国家治理视角下的中国政府审计特征研究	9.65	2011	2013	
张龙平、王军只、张军，2010，内部控制鉴证对会计盈余质量的影响研究——基于沪市 A 股公司的经验证据	10.43	2012	2015	
刘家义，2012，论国家治理与国家审计	54.41	2013	2017	

续表

文献信息	实现值	起始时间（年）	终止时间（年）	1994—2022 年
蔡春、朱荣、蔡利，2012，国家审计服务国家治理的理论分析与实现路径探讨——基于受托经济责任观的视角	15.16	2013	2017	
刘家义，2015，国家治理现代化进程中的国家审计：制度保障与实践逻辑	21.34	2016	2020	
刘启亮、郭俊秀、汤雨颜，2015，会计事务所组织形式、法律责任与审计质量——基于签字审计师个体层面的研究	11.02	2016	2018	
褚剑、方军雄，2016，政府审计能够抑制国有企业高管超额在职消费吗？	15.96	2018	2022	
陈丽红、张龙平、朱海燕，2016，国家审计能发挥反腐败作用吗？	10.23	2018	2022	
王艳艳、许锐、王成龙、于李胜，2018，关键审计事项段能够提高审计报告的沟通价值吗？	16.81	2019	2022	
翟胜宝、许浩然、刘耀淞、唐玮，2017，控股股东股权质押与审计师风险应对	11.88	2019	2022	
杨明增、张钦成、王子涵，2018，审计报告新准则实施对审计质量的影响研究——基于2016年A+H股上市公司审计的准自然实验证据	11.52	2019	2022	
路军、张金丹，2018，审计报告中关键审计事项披露的初步研究——来自A+H股上市公司的证据	11.52	2019	2022	
王木之、李丹，2019，新审计报告和股价同步性	11.52	2019	2022	
王兵、鲍圣婴、阚清华，2017，国家审计能抑制国有企业过度投资吗？	10.11	2019	2022	

续表

文献信息	突现值	起始时间（年）	终止时间（年）	1994—2022 年
池国华、郭芮佳、王会金，2019，政府审计能促进内部控制制度的完善吗——基于中央企业控股上市公司的实证分析	10.64	2020	2022	
李延喜、赛骞、孙文章，2019，在审计报告中沟通关键审计事项是否提高了盈余质量？	9.79	2020	2022	

表 4　1994—2022 年期间前 25 大突现性关键词

关键词	突现值	起始时间（年）	终止时间（年）	1994—2022 年
审计工作	33.39	1998	2002	
审计制度	19.34	1998	2008	
审计方法	15	1998	2008	
审计监督	14.58	1998	2004	
企业审计	13.03	1998	2000	
审计准则	12.1	1998	2011	
审计人员	10.21	1998	2002	
民间审计	9.06	1998	2005	
审计环境	12.46	1999	2005	
审计理论	9.66	1999	2005	
内部审计	17.3	2000	2006	
审计体制	10.84	2001	2008	
上市公司	16.34	2003	2009	
效益审计	16.36	2004	2009	
公司治理	13.16	2006	2009	
绩效审计	9.74	2008	2013	
免疫系统	9.93	2009	2013	
制度环境	8.65	2010	2017	

续表

关键词	突现值	起始时间（年）	终止时间（年）	1994—2022 年
国家治理	36.74	2012	2020	
产权性质	9.18	2015	2020	
审计收费	9.74	2016	2022	
审计费用	41.71	2017	2022	
审计意见	12.52	2017	2022	
盈余管理	9.07	2018	2022	
审计投入	8.74	2018	2022	

1994—2022 年期间，研究者组成了不同的研究团队，团队之间的合作往往通过群组的核心学者联结，同一聚类内部常见的网络类型为“师—生”合作，这表明我国的审计研究领域具有较好的延续性和学院传承性，25 篇文献的作者为“课题组”。排名前 10 位的高被引作者包括李爽（1526）、刘峰（962）、蔡春（876）、吴联生（793）、夏立军（713）、余玉苗（710）、王光远（668）、刘家义（579）；高产量被引文献作者包括蔡春（23 篇）、秦荣生（21 篇）、张龙平（15 篇）、李明辉（15 篇）、余玉苗（13 篇）、王会金（13 篇）、王光远（12 篇）、王兵（12 篇）、刘明辉（11 篇）、耿建新（11 篇）、宋常（10 篇）、张立民（10 篇）、张继勋（10 篇）、方红星（10 篇）、陈汉文（10 篇）等；强突现性作者包括文硕、胡春元、王光远、李树华、李爽、李东平、陈汉文、项俊波、夏立军、王跃堂等（见表 5），这些作者及他们的研究团队代表该阶段审计领域的核心研究力量。1994—2022 年间引文突现性检测结果（见表 3）显示，1994—2022 年间，审计研究热点的演进路径为：审计风险、盈余管理、审计委员会、审计合谋→审计定价、审计质量、审计师选择→国家审计与国家治理→关键审计事项。结合高被引论文、强突现性论文并结合相关作者，进一步挖掘 1994—2022 年重要审计图书类文献 451 册。

表 5　1994—2022 年期间前 25 大突现性作者

关键词	突现值	起始时间（年）	终止时间（年）	1994—2022 年
文硕	25.3	1998	2006	
胡春元	20.05	1999	2006	

续表

关键词	突现值	起始时间（年）	终止时间（年）	1994—2022 年
王光远	18.38	2000	2013	
李树华	24.83	2001	2007	
李爽	37.19	2002	2011	
李东平	20.1	2002	2007	
陈汉文	18.66	2002	2008	
项俊波	16.97	2003	2010	
夏立军	22.75	2004	2011	
王跃堂	17.65	2004	2013	
刘家义	23.93	2013	2016	
刘笑霞	18.74	2016	2022	
蔡利	20.66	2017	2022	
吴秋生	17.76	2017	2022	
褚剑	32.42	2018	2022	
温忠麟	22.75	2018	2022	
陈丽红	20.17	2018	2022	
王小鲁	19.85	2018	2022	
翟胜宝	17.28	2018	2022	
池国华	22.38	2019	2022	
陈运森	17.73	2019	2022	

注：已从结果中去掉外国作者及非审计研究学者

第二部分

1949—1979 年重要审计文献研究

本部分重点对中华人民共和国成立初期几位会计、审计名家的生平及他们的早期重要审计相关文献予以评析，重点阐述这些文献对于审计理论及实务的价值及贡献。虽然历史不能复制，但这些当代名家所遗留的学术精神、思想观点以及他们的人生历程，却值得我们这一代人传承与效仿。

《会计师查核决算表之原则与程序》

潘序伦先生翻译，1950 年出版的《会计师查核决算表之原则与程序》，是根据美国会计师公会 1936 年原刊，并依该公会历年审计程序公报修正翻译的。

《会计师查核决算表之原则与程序》序言部分详细介绍了决算表的性质、会计原则及其应用的一贯性、损益账的重要性、表示账户的基础、合并决算表及查账程序；正文各章以报表项目为依据，详细阐述了公司决算表的查核程序，并以案例的形式展示了资产负债表、损益表及会计师报告的式样。《会计师查核决算表之原则与程序》为审计人员开展决算表审计提供了标准原则及程序，为当时的审计工作开展提供了充分的借鉴。

借阅信息：

《会计师查核决算表之原则与程序》原版藏于中国国家图书馆，当前已无法借阅，仅可提供文档递送服务。

《审计学》

1. 潘序伦、顾询：《审计学》（商务印书馆，1935）

潘序伦与顾询先生主编，1935 年由商务印书馆出版的《审计学》，出版后受到广泛的好评与采用，多次再版。

该部《审计学》分上下两册，共三十二章，前三章是全书的基础理论部分，概述了审计的意义、目的、效益及种类。第一章开篇，作者便提出诸多问题引发读者深度思考："审计之对象，仅限于会计记录乎？审查自己之账目与审查他人之账目，意义有以异乎？审计之结果如未发现错误与舞弊，即为审计之失败乎？审计能否成为科学，与会计学之关系又何如乎？"编者进一步对以上问题作出解答，关于审计对象，他们认为"审计系以他人所作之会计记录为对象，自己检查自己所作之会计记录，严格言之，不得谓之审计"，明确了社会审计的主要对象，也说明了审计独立性的意义；作者详细论述了审计学与会计学的关系与区别，他们认为"审计的功用不仅为了证明会计的正确，并且要分析营业所得的结果，据以决定商业政策，改良内部组织管理制度，借以增加营业利益，在社会经济建设方面也具有较大的作用"，"审计积累了多数查账员检查各种会计的经验，得出一贯的体系而合于科学的原理，审计同样是一门完整科学理论"，这些观点否定了"审计是广义会计的一部分"的狭隘理解，并对审计理论的科学性予以说明①；关于审计目的，编者指出"审计的原有目的在于审查账目错误，而伴随社会经济的发达、企业规模不断扩大、内部牵制制度日臻完善，会计人员发生记账错误和发生舞弊的可能性会逐渐减少，审计的主要目的在于'提供财政状况及经营业绩的证明、改良营业政策及会计制度'"。第三章中，作者提出审计可以划分为"事前审计"及"事后审计"两大类，而事后审计以范围为标准可分为"详细审计、资产负债

① 何芹. 潘序伦先生的审计思想之回顾［J］. 中国注册会计师，2009（8）：87-90.

表审计、特种审计”，以时期为标准可分为“期末审计”与“分期继续审计”，作者进而在第五章中详细阐述了各类审计查账开始时的准备工作，包括“确认委托人地位、确认委托查账的目的及审查的范围、开具委托书、准备查账必要表格、准备被审计单位材料清单”等，并按照审计类别介绍了“一般查账程序和特别查账程序”，在这一章中，作者还说明了审计人员应具有的学识、经验、才能及态度，他们认为“会计师除具备根本经济学识及各种簿记会计专门学识外，还应具备各种商业常识”，“会计师执业前应首先在著名事务所具备两三年实习经验”，“需要对事、对物、对人有精细敏锐的观察，并提出公平准确的判断”，强调了会计师的职业道德。作者提出“夫学识经验及才能，在会计师固无一项可缺，然根本上究不若道德之重要。因社会环境，千变万化，利诱威胁，无所不用其极。会计师苟无强固之道德观念，则在执行职务之际，在可以代人舞弊，在可以为己舞弊。然会计师之为职业，实为工商企业保障信用而设，苟有不道德行为，而自丧其信用，则此项职业，即失去根本存在之理由，违背国家社会期望之愿意，可不慎哉”，他们将会计师职业道德标准集中归纳为“公正、诚信、廉洁、勤奋”四项，足见先生们对会计师职业道德要求的严谨性，而这一章的内容也堪称全书区别于当时审计学其他著作的一大特点。第六章中，作者阐述了应收账款、票据、存货、投资、固定资产、无形资产、负债、损益、盈余分配、特种审计等的审计细则与方法，并详细介绍了查核账册单据、查账报告书及工作稿编制等内容。该书各章后均附有练习题，取材于实务真实案例或由案例改编，有助于实务人员的借鉴、初学人员的掌握及练习。末章中，作者对我国会计师职业状况作了介绍，充分肯定了会计师的地位，并对未来审计执业范围作出了前瞻性预测，他们认为，会计师可以承担的业务包括“会计稽核调查证明鉴定事项”“会计清算事项”“会计组织事项、会计财政及商事之顾问指导事项和代办注册登记事物”“会计管理及整理事项和商业文件代撰事项”“纳税相关事项”等，时至今日，这些范围中仍有很多是会计师事务所的业务重点。

2. 顾询、唐文瑞：《审计学》（立信会计图书用品社，1941）

顾询与唐文瑞先生主编，1941 年立信会计图书用品社出版的《审计学》，首版于 1935 年由商务印书馆发行，在当时预设为高中商科或高级职业学校教科书。

该部《审计学》共包括 16 章，以国民政府时期的实际情形、商业习惯及民商法令为准则。前两章首先论述了审计的意义、目的、种类。第三章详细阐述了审计人员应有的职业能力及态度。第四章论述了查账的准备工作。第五章阐述了审计的基本方法，包括“顺查法与逆查法”“抽查法与精查法”，并说明了每种方法的使用环境及要点。

第六章论述了审查账册单据的普通手续。第七章详细介绍了现金、银行存款、应收账款及票据、存货、投资及递延资产、固定资产、负债、资本、购销货、费用及其他损益的审计细则。最后一章论述了查账报告书。书末附有练习题。

两部《审计学》作品，内容详尽细致、观点鲜明创新、文笔犀利流畅，足见这是前辈们对自己多年审计实务经验的切实总结和心血之作，尤其是几位先生对于审计基本理论的深刻认识、审计职业道德的严谨态度、审计未来执业范围的前瞻性预测，迄今仍具有很强的指导性意义。

借阅信息：

两部《审计学》原版均藏于中国国家图书馆，当前已无法借阅，仅可提供文档递送服务。

《审计实习集》《审计问题》《审计问题答解》《查账报告书及工作底稿》

为配合《审计学》的学习及审计理论的实务操作，商务印书馆与立信会计图书用品社出版了一系列案例集，包括唐文瑞先生编撰的《审计实习集》，钱乃澄先生编撰的《审计问题》及《审计问题答解》，顾询与钱乃澄先生编撰的《查账报告书及工作底稿》。

1. 唐文瑞：《审计实习集》（商务印书馆，1939）

《审计实习集》初版于1939年由商务印书馆发行，1940年再版，该书基于立信会计师事务所对中央机器制造股份有限公司的真实案例编撰而成，内容涵盖该公司各类表册、账簿、凭证、契据实物，例如结账试算表、应收账款余额表、应付账款余额表、结账前试算表、总分类账、现金收支簿、应付凭证登记簿、价目表、董事会决议、薪资凭证、存货记录表等。

2. 钱乃澄：《审计问题》《审计问题答解》（商务印书馆，1940）（立信会计图书用品社，1950）

钱乃澄先生主编的《审计问题》《审计问题答解》初版于1940年由商务印书馆发行，1950年由立信会计图书用品社再版发行。

《审计问题》提出了五十五则审计相关问题，《审计问题答解》对所有问题进行了解答，钱先生在序言中称该书“对于资产负债损益账目之舞弊，会计原理之错误，以及未被法令处理之账目，无不详细列举，搜罗无遗”，通过对全书的阅读，我们也深刻体会到钱先生言辞之恳切。前五十一则问题按照先资产负债表后利润表，并以资产及负债流动性依次排列，列示了现金、银行存款、应收款项、存货、有价证券、股权投资、保险基金、无形资产、建筑承造契约、固定资产、购置房地产、应付款项、长期负债、或有负债、股本、购销货、秘密开支、或有损失、投资收益、承销佣金、支出等各项业务审核、审查要点、程序，每一部分均按照其内容构成及业务顺序叙述各项内容的审计方法及相应案例；而后的四则问题介绍了审阅期末试算表、整理决算表工作底稿编制、查账工作底稿及报告书编制、查账报告书等内容；最后通过“华庚家具制造股份有限公司详细审计”“庆申纺织股份有限公司资产负债表审计”“祥茂百货股份有限公司资产负债表审计”三个习题综述前述各项问题，作为整个账目审计的实例，借以提高学者对查账程序、方法、编制工作底稿的掌握程度，训练其独立主持审计项目的能力。

3. 顾询、钱乃澄：《查账报告书及工作底稿》（商务印书馆，1936）（立信会计图书用品社，1950）

《查账报告书及工作底稿》初版于 1936 年由商务印书馆发行，1950 年由立信会计图书用品社再版发行。《查账报告书及工作底稿》以案例的形式，依据《审计学》阐述的方法原理，参照当时我国各项事业界及会计界的实际情形编撰而成。全书共分为四篇，将审计类别划分为资产负债表审计、详细审计及特种审计，对于特种审计的阐述，就查账目的及性质分类列举。作者开篇便提出“普通查账所出具的查账报告书，其内容可分为公函、证明书、报告书或说明书及表格四部分，但通常会计师查账后所出具的报告书并非皆须具备此四部分。有时会计师查账后，仅在委托人所编制的账表上，加注数语而为之签字证明；有时仅于决算表册之外，加具一证明书；有时于出具证明书外，并加具报告书或说明书以为补充；有时被查机关之账目，记载纷乱，内容复杂，其正确与否，殊难置信，故此不为出具证明书而仅为出具报告书，附以账表。至于查账员所出具的证明书，又可分为无条件之证明、有条件之证明两种”，而在该部书中，作者对于以上各种形式的报告书及工作底稿编写都列举了相应的案例。尤其在第一篇中，作者引入“内卫内衣股份有限公司”“华东造船股份有限公司”两个审计案例，将会计师事务所进行查账工作时所应用的全部表格、工作底稿及查账报告书一一列示，内容极为详尽；第二篇中，作者介绍了资产负债表审计，引入了邮政储金会业总局、益康造漆厂、万全水火保险股份有限公司、光明眼镜股份两合公司、仁昌商业银行、三阳纺织厂、东北电厂股份有限公司的审计案例；第三篇中，作者介绍详细审计，引入了管理中英庚款董事会、中华教育文化基金董事会、上海公共租界工部局、国债基金管理委员会、养生牛奶股份有限公司、中华电器股份有限公司、芜湖大盛机制面粉股份有限公司、维肖影戏院股份有限公司、华美橡皮股份两合公司、东南旅馆、中华胶木联合营业所、永安铁矿公司十二个审计案例；第四篇中，作者基于查账的性质及目的对特种审计分类列举了相关案例的查账报告书，例如调查自来水应否加价、检查舞弊、调查劳资纠纷、鉴定决算报告书、调查会计制度等内容。

这些审计案例性教材为会计师执业及审计教学提供了重要参考，其编写模式不仅在当时被人称颂，其后也成为编撰审计案例的效仿之作。同时，这些书目所载案例，也为现代学者研究民国时期的审计提供了极为丰富的历史资料。

借阅信息：

《审计问题》原版藏于中国国家图书馆，当前已无法借阅，仅可提供文档递送服务。《审计实习集》《查账报告书及工作底稿》仅能在网络平台购买到影印版资料。

《政府审计原理》《政府审计实务》

蒋明祺先生主编的《政府审计原理》初版于 1941 年由立信会计图书用品社发行，1944 年、1947 年两次再版。

《政府审计原理》以民国时期的政府审计为依据，重在阐述政府审计相关理论，全书分为七篇二十四章，潘序伦先生作序称"凡关政府审计之意义、机构、法规、程序、人员、制度、评价等，均就其有关问题，反复论究，灿然备具，良足觇理论之全貌；其间有抉发隐微，指陈得失者，尤堪称会计学术之幽光"。蒋先生在第一章开篇引出潘序伦先生及雍家源先生关于政府审计的定义，潘先生认为，"政府审计是会计之上的司法监督，以依据国家法规预算及经济原则，确认财政运用是否得当"，雍先生认为"政府审计是就各机关会计报告、账簿、凭证，由专设审计机关予以审核或证明，并就其关系事项，随时随地加以稽查"，由此，蒋先生进一步提出"政府审计，是由政府专设机关，对各级政府岁出入实现收付与发生权责的原因、事实与结果加以审核，并对其达成收付实现与权责发生诸程序及关系问题加以稽查，依政府法令与经济理则，纠正谬误、摘发诈弊、提供鉴证；同时揭示财务主管官吏的不经济、不合法、不忠于职务的行为，并检查行政效能，提供适当审计意见的制度"。该定义中包含政府审计主体、审计依据、审计目标、审计职能及作用、审计客体等多种要素，作者依次对定义的要素进行了分条目的解析，并按照这一定义，依据当时的《审计法》开展之后各章的撰写，现代有学者称"蒋明祺先生是我国审计理论史上第一个提出审计监督是经济监督重要组成部分的人①"；此外，蒋先生还从审计主体、审计对象、审计严密程度、审计依据侧重点、审计内容、审计独立性等方面论述了政府审计与社会审计的差异，进一步加深了读者对政府审计定义的理解。第二章中，蒋先生提出政府审计的对象包括"与预算执行相关事项，如核签收支命令、核定收入，核销支出""稽查财务上的一切行为""审定总决算"。第三章中，蒋先生认为政府审计按照不同的标准可以划分为不

① 郭华平．中国审计理论体系发展研究［M］．北京：经济管理出版社，2007.

同的类别，例如按照审计工作范围可以划分为“收入稽察、支出稽察”两类，按照审计方式划分为“就地审计、巡回审计、委托审计、送达审计”四类，按照审计程序划分为“普查审计、抽查审计、密查审计”三类，按照性质划分为“自发审计、被动审计、创辩审计、交代审计、合并审计、裁撤审计”六类，按照审计对象范围划分为“详细审计、实物审计、效果审计、特种审计”四类，按照时期划分为“定期审计、活期审计、分期审计”三类，同时解释了每类审计的内容及目的。第四章中，蒋先生提出“依据审计定义、对象、效果及分类，可以观察审计的职权”，总的来看，当时的政府审计涵盖了“监督政府所属全国各机关预算执行、审核政府所属全国各机关计算决算、核定政府所属全国各机关收入命令及支付命令、稽核政府所属全国各机关财政上不法或不忠于职务行为”等职权，作者根据《审计法》具体列示了监察院、审计部、审计处、审计会议的职权内容，并在第五章中说明了国民政府的审计职权具有“独立性、范围扩充性、效果切实性、撤除限制、合议精神、最终审定、就地运用”等特色。第二篇中，蒋先生通过四章篇幅说明了中央及地方政府审计机关组织的现状、历史沿革、有关问题及理论，并对 1929 年国民政府拟订的《审计法》（草案）提出质疑，他认为，“依照联综组织①的精神，审计系统的机构必须采用‘系属制’，即‘依行政系统划分’的制度”，即“审计机构应隶属于监察院，而非司法院，不能行使司法职权，只能行使监察职权”，而在审计的实施中，他提倡“以审计小组为基本机构执行审计职权”，与我国目前执行的“审计项目组”的概念极为相似。第三篇中，蒋先生通过三章篇幅介绍了民国时期审计法规的演进，当时现行《审计法》的内容、精义及与《审计法》密切相关的法规，例如《预算法》《会计法》《公库法》《决算法》等。第四篇中，蒋先生通过三章篇幅阐述了政府审计的程序，他提出“政府审计事务的执行，除了需要依照通盘筹划具体方案按期实施外，还要对执行的过程划定阶段，为部门分工提供准绳，为部门厘定处理提供顺序，提高审计效率与协调”，并详细介绍了政府审计的程序、办事细则的要点、审计行政计划的执行与考核要点等内容。第五篇中，蒋先生通过三章篇幅介绍了与政府审计人员相关的理论，包括政府审计人员的回避原则、职业资格及品质要求，以及对政府审计人员的管理理论。蒋先生认为，“政府审计与社会审计虽对象与性质迥异，但方法大致相同，故政府审计人员与社会审计人员资质也相仿，可以参照社会审计人员资质标准”，即必须具有会计师应有的“学识、才能与经验”，同时他也强调了政府审计人员的职业道德，例如“奉公守法精神、志洁行廉抱负、健强体魄、睿敏机智、谨慎、勤奋、谦和、信实、忍耐、决断”等；对于审计人员的管

① 国民政府时期，政府设计并推行了由财务行政、主计、国库、审计四大系统构成的既相互独立、自成体系，又相互协调、相互牵制的财计组织体制，称为“联综组织”。

理，蒋先生强调从以下几方面重点考虑，即“如何让审计人员各司其职”“如何让审计人员充分发挥效能”“如何使审计人员完成预期效果”“如何使审计人员安心供职并保持职业发展需求”，这些观点正结合了管理学理论对政府审计人员的管理之道，对于现代国家审计依然具有指导意义。第六篇中，蒋先生通过三章篇幅介绍了中华民国时期的审计制度。在中国审计制度发展历史及世界其他国家在当时所采用的审计制度，对于中国历代政府审计的叙述中，蒋先生划分了“周秦汉、晋隋唐、宋、元明清”四个时期，并在该章附录中加入了中国历代审计制度的编年表；而在对于世界审计制度的介绍中，他几乎考察了当时执行审计制度的所有国家，并对其制度特征加以概述。第七篇中，蒋先生通过三章篇幅对政府审计进行了评议，他提出“政府审计之建制，在我国，实与民主政体同光史乘，并自民国后发展进步，当时之审计制度，已有完善之楷模，审计行政，也多优良之效果”，然而蒋先生作为服务于政府审计的官员，依然从职权、组织、法规、程序、制度等方面，对当时的制度加以评议，提出诸多完善建议，例如，蒋先生认为，政府审计职权应“加强执行力、运用控制权、委托主计人员、参加审查总预算、检查行政效能等”，“审计法规必须适应制度进化，随时加以修订增删”，“审计程序是审计技术之上的准绳，可以包括办事细则、审计程序、工作标准、职位分类等项目”；蒋先生还说明了弹劾权与审计权的关联性，他提出“弹劾权与审计权，同属于监察权，监察委员会与审计部门同属监察院，工作颇多联系，关系极为密切，若再能重视联结互为匡补，必更能发挥效能，达成目的”，这实质上是国家审计与政府相关部门“横向融合”的理念。

配合《政府审计原理》一书，蒋先生编撰了《政府审计实务》，初版于 1942 年由立信会计图书用品社发行，重在阐述政府审计相关技术，全书分为五篇十五章，第一篇叙述了政府审计的准备事项，包括政府审计人员应有的态度、职能、性行、物质准备，查账应用技术、程序、工作底稿准备等；第二篇从普通公务机关财务审计、特种公务机关财务审计、公有营业机关财务审计、公有事业单位财务审计、省市地方财务审计、县地方财务审计六方面介绍了政府审计应用技术；第三篇从监督预算执行、稽查财务一切行为、审定总预算三方面介绍了政府审计的标准实务；第四篇介绍了政府审计的统制记录，包括审计事务记录、审计案件统计、审计工作与结果报告，可以说蒋先生是我国“提倡国家审计统计制度及报告制度的第一人”，他指出，“审计案件统计能够提炼审计记录之精华、明示审计政绩之趋势、规范公务统计之审计部分、充实审计报告之参考资料”，“审计报告能够陈述执行之进度、检讨行政之效能、提供考核之资料、备具计划之依据”；第五篇中，蒋先生介绍了政府审计的参考资料，包括审计有关法令、国库统一处理各省收支暂行办法、修正指出凭证单据证明规则。

蒋先生的《政府审计原理》《政府审计实务》两部著作，对政府审计的基本理论研究深刻、透彻，对政府审计实务总结详尽且具有创新性，代表了民国时期政府审计研究的最高水平[①]。蒋先生的一些观点和主张，在今天的国家审计理论研究及实务工作中依然具有很高的参考及借鉴价值。

借阅信息：

《政府审计原理》《政府审计实务》原版均藏于中国国家图书馆，当前已无法借阅，仅可提供文档递送服务。

① 陈元芳. 中国会计名家传略［M］. 上海：立信会计出版社，2013：169.

《银行内部审计》

《银行内部审计》由陈成耀先生编撰，于 1942 年由立信图书用品社发行，1949 年再版。

《银行内部审计》全书分为十章，第一章概述了银行内部审计的意义、目的、种类、方式、审计要点，陈先生认为“银行内部审计是指银行专设机关、指派人员、规定办法，对总、分、支行处一切账务、业务内容、办事手续、人事及设备等项目，开展的审查”，银行内部审计的目的在于“证明实务与账务确实性；纠正与改进会计制度及办事手续，增加管理效能，减少亏空舞弊的可能性，节省人事工作；以客观眼光考察分析总、分、支行处的存款、放款、汇兑及其他各种业务经营方针、实际状况，考察其是否与总行所定全体营业政策相符，是否可以获取利益或避免损失，并根据观察分析结果提出适当改善策略”。银行内部审计的要点在于“随时注意行内会计制度、办事手续及一切牵制制度严密与否”，并提出了很多查账时应具备的态度，例如“查账最忌苟安畏烦”，“查账时对于被查之事务员，尤其是会计人员，须处以谦让态度，而守相当之尊敬，遇有不明事项可请其说明”，“查账时不可有先入为主之观念，最初切勿存猜忌心”，等等，综合来看，对于审计人员职业道德的关注是所有立信审计类教材的一大特点，而古今中外，审计人员的道德素养也正是审计执业过程中非常重要的一个方面。陈先生提出三类银行内部审计方式，一是“运用内部牵制制度”，二是“银行专设掌管全行审计实务机关”，三是“银行专设掌管全行审计实务机关派遣赴外稽核往各分支行处查账”。第二章至第八章中，陈先生从会计记录错误审查、职员舞弊审查、内部牵制制度、一般账务审查、凭证审查、业务内容审查、赴外稽核七个方面详细介绍了这三类方式在银行内部审计实务中的应用，并列举了一些审计案例。第九章中，陈先生阐述了查账报告的编制内容及方法。第十章介绍了银行稽核处的事务、组织以及审核报表的手续、审查事项登记等内容。

陈成耀先生编撰的《银行内部审计》一书是介绍国民政府时期银行内部审计的成功之作，也是现存介绍内部审计的早期著作之一，在民国时期、中华人民共和国成立初期的会计、审计教学及培训中广泛应用并受到好评，而陈先生基于管理学理论进行内部审计研究，并形成关于银行内部审计的基本理论观点，为我国后期内部控制、内部审计思想的形成及发展奠定了良好的基础。

借阅信息：

《银行内部审计》目前仅能在网络平台购买到影印版资料。

《中国现行审计制度》

《中国现行审计制度》由许祖烈先生编撰，是立信会计图书用品社于 1947 年出版的，一部集审计史、审计理论及实务、审计事典于一体的书籍。全书共十三章，前三章及第十三章中，许先生阐述了我国古代审计的历史沿革及民国以后的审计制度；第四章至第八章、第十二章中，许先生详细论述了民国时期的政府审计理论及实务，包括审计组织、审计程序、审计方式、审计方法等内容，这些介绍与蒋明祺先生所编撰的《政府审计原理》相似；第九章中，许先生对当时的审计工作进行了概述，相当于那一时期的审计工作事典，内容涵盖战时县财务审计抽查、未设审计处前各省中央机关审计实务推行、公库收支审计、特种基金清查、派驻各机关就地审计、巡回审计与公有营业、公有事业机关审计、不定期派员赴各机关调查收支、监验被服粮秣等军需实物审计、稽查各机关购置变卖财物及营缮工程、经常审计等；附录中，许先生详细列示了当时执行的审计法令、与审计有关的各项重要法令及条文、废弃的审计法令等内容。

《中国现行审计制度》内容极为丰富、全面，虽在体系上具有一定的罗列性，但为现代学者研究民国时期乃至中国古代政府审计制度提供了丰富的资料。

借阅信息：

《中国现行审计制度》目前仅能在网络平台购买到影印版资料。

《社会主义会计的几个基本理论问题》

1962 年，顾准先生重返经济研究所期间，曾受孙冶方同志之邀，承担会计研究工作，完成了《会计原理》及《社会主义会计的几个基本理论问题》两部著作的编撰。其中《会计原理》七篇内容只剩第一篇留存；《社会主义会计的几个基本理论问题》第三稿在 1982 年经诸尚一、夏高波等人整理，与《会计原理》残卷一并，由上海人民出版社出版。顾准是“三位一体”立信会计实业的草创者，思想家、经济学家、会计学家、审计学家及历史学家，是我国提出“社会主义条件下市场经济理论”的第一人。

《社会主义会计的几个基本理论问题》系统阐述了会计的基本理论问题，包括会计的本质、任务及对象、会计主体、会计与国民经济的关系、会计记账方法等内容。关于会计的本质，顾先生主张“会计方法论”，他认为“会计是社会主义扩大再生产过程中各类经济单位系统地记录、计算、分析、报告、检查它的经济活动的方法”；关于会计的任务及对象，他提出“企业会计的任务是按照企业经济核算制的要求，从经济效果的观点尽可能对企业经营生产过程中一切经济活动做出经济估价，综合经营基金的循环和成本利润计算两者的企业会计科目体系”，“企业会计的对象是经营基金的循环和成本利润计算”，“是以社会主义经济整体中各类经济个体的经济活动为其对象”，与国民经济计算有较大差别；关于会计主体，顾先生认为，“运用会计方法记录、计算、报告、分析和检查它的经济活动的经济单位即会计主体”。在这部著作中，顾先生隐讳地指出会计方法并不存在阶级性，“复式记账法是一种纯粹的数学方法，方法本身并不包含什么阶级性的因素在内”。杨时展先生对顾准先生的著作给予高度评价，他认为“以顾准等前辈的著作为代表，对中国会计学术有重大启蒙作用、重大先行意义、作出重大贡献乃至饮誉世界”。

借阅信息：

《社会主义会计的几个基本理论问题》目前仅能在网络平台购买到影印版资料，该部著作收录于《顾准会计文集》。

《审计学教程》

1951 年立信会计图书用品社出版的《审计学教程》由李天民先生主编。该书的序言指出，“……十年前的著作，完全是站在会计师立场讲话，一切审计制度的实施，都是从保障企业的私利出发，当然与现阶段的实际情况，很难结合。特别是中华人民共和国成立初期，社会经济体系已经起了基本上的变化，为了配合新民主主义经济政策和各项财政政策，审计自应负担起‘公的责任’，更好地为人民大众的利益服务”。该部著作将查账员的范围拓展为会计师、财务检查人员、税务和金融查账人员，并将其职责定位为“保证国家税收计划、信贷计划和财务计划的完成”。同时，强调内部审计，在讨论各项目审计的过程中，专门讨论实施内部牵制及管制的原则。全书共五个单元，各重要项目的审计要点、审计原则和实务，都用分析的方法进行写作，并在每单元末附讨论提纲。该部著作为中国开展审计教育、培养社会主义审计思维方式奠定了良好的基础。

借阅信息：

《审计学教程》原版藏于中国国家图书馆，当前已无法借阅，仅可提供文档递送服务。目前我们收集到原著一部。

《国营企业会计》

余肇池先生主编、1952 年由立信会计图书用品社出版的《国营企业会计》是中华人民共和国成立后的第一本国营企业会计教材，是余先生基于我国学习苏联企业会计核算经验编著而成的，也是他成为国营企业会计研究专家的奠基与成名之作。

《国营企业会计》率先对国有营业会计的有关理论问题作出了精到的阐述。全书共十五章，不仅对与国营企业会计有关的事务，如会计制度、财务收支计划、经济核算制、会计科目、成本会计及例解、计划成本、基本建设会计、折旧基金、利润提缴及决算报告等，作了系统和全面的研究，并且对国营企业及会计与私营企业及会计的区别，从理论上进行了分析比较，以帮助当时的读者端正思想，效法苏联会计理论与思想。该书出版面世后，影响全国，成为国营企业会计蓝本。潘序伦先生评价该书“理论实务，兼收并蓄，且对我国公有营业会计制度之改进，尤多贡献，是诚我国会计文献之明灯，会计学者之津梁也”。

1956 年底至 1978 年党的十一届三中全会召开以前，我国经济监督部门大量撤并，经济监督活动终止，审计监督完全处于停滞状态，学校没有开设审计课程，出版社也没有出版过有关审计的书，出现了我国审计文献乃至财经类文献的荒芜时期。老一辈会计学、审计学名家用他们的早期著作开启了新兴萌芽社会与古老传统社会的较量，为中国改革开放后的现代会计、审计形成理性的知识系统及思想体系创造了条件，对发展中国现代会计、审计事业奠定了坚实的基础，千载之功勋，名垂于万世。

第三部分

1980 年至今重要审计文献研究

审计事业发展的40多年来，我国逐渐形成了以国家审计、社会审计和内部审计为核心组成部分的审计监督体系，审计实践不断发展并日臻完善，为审计科学研究创造了崭新、开放的探索环境及空间。审计教育事业的长足进步迫切需要大量审计教材及著作以适应审计队伍建设的要求，由此，财经院校、各级审计机关、内部审计机构和其他经济监督部门的会计学家、审计学家、专家、学者、实务工作者相继创作并出版了大量具有价值的论文、专著、教材、参考书、工具书，审计文献出版、发行日益兴盛，学术思想、论点百家争鸣，逐渐形成独具中国特色社会主义的审计理论。

20 世纪 00—10 年代出生的作者的重要审计文献

1. 陈荣法：《审计手册》《财政财务审计手册》

（1）**《审计手册》（经济日报出版社，1986）**

《审计手册》是一部审计专业工具书，全书共计 58 万多字，主体结构分为三大部分：第一部分为审计、会计法规选编；第二部分选收了审计工作中的常用词目，并作扼要解释，内容涉及审计的基本理论，企事业单位的财务收支审计、基本建设审计、经济效益审计、内部审计等，以及各种审计实务中的专业名词、工作程序、技术方法、计算公式，还有“审计案例”；第三部分是审计史、各国审计制度简介。

（2）**《财政财务审计手册》（中国发展出版社，1990）**

《财政财务审计手册》是《审计手册》的增订本，书中增加了联营企业、中外合资企业、对外贸易企业的财务收支审计等内容，全书由 16 章扩展为 34 章，附录包括当时的审计、会计、财政重要法规和审计指标公式。该部工具书切合实用，言简意明，是我国恢复审计制度后最早的一批审计辞书之一，出版后深受审计学界好评。

2. 管锦康：《多学科学术讲座丛书 17：审计学》《现代审计学原理》

（1）**《审计学》（知识出版社，1985）**

管锦康教授编写的《多学科学术讲座丛书 17：审计学》是我国恢复审计制度后的早期教材之一。该教材总计十二章，以国家审计为核心内容，基于当时的经济特色，阐述了审计的基本理论、审计组织和审计准则、审计的程序和方法、内部审计、审计报告、工业企业利润审计实务、工业企业成本审计实务、工业企业固定资金审计实务、工业企业流动资金审计实务、工业企业专项资金审计实务、商业企业审计实务、建设单位审计实务相关内容。在对审计基本理论的阐述中，管先生对审计的性质、对象、作用、目的和任务、种类、要素和目标作出了精练的概括，他认为，“审计是经济监督体系中的一种形式”，“不同于会计监督，具有独立性”；“审计的对象一般是被审单位的会计资料及其所反映的经济活动”；“审计主要有促进和制约两方面的作用”；“在我国，审计的目的在于确定被查单位会计资料及其反映的有关经济活动是否真实、合法、合理和准确，以求揭露问题，改进工作，防范错误和弊端，提高经济效益”；“审计种类可以划分为会计报表审计、合法性审计、管理审计三类”；“任何审计都必须具备三个要素，即标准、行动或原因、结果”。

（2）**《现代审计学原理》（立信会计出版社，1994）**

《现代审计学原理》以 1985 年出版的《多学科学术讲座丛书 17：审计学》为基础，在审计基本理论阐述以及审计实务介绍方面，根据我国的审计实践进行了修订。《现代审计学原理》是当时大中专院校审计学科入门教材，作者结合中外现代审计理论与方法，以国家审计为论述核心，并结合社会审计的内容，从审计的性质、对象、职能、假设、原则、标准、准则、类型、组织、证据、方法、技术、程序、报告和管理等方面阐述了审计的一般原理和方法。在这部教材中，作者对审计基本理论进行了重新认识，他提出“审计是一种具有独立性的经济监督”，“审计的独立性是审计的本质特征”；“审计关系包括审计人、审计授权人、被审计人三方面”；“审计学是研究审计的性质及其所包含的审计关系，以及由于正确处理审计关系而涉及的审计对象和方法等一系列理论的学科”；“审计对象是被审计人所承担和履行的经济责任”；“审计目标是审计对象的具体化，包括确切性、完整性、应有性、确计性、归类性、期限性、揭示性、相符性等基于真实性和合法性的目标，以及适当性、经济性、效率性、效果性、环境性等基于效益性的目标”；“审计职能包括证实和监督两种”；“审计假设体系包括四项内容，即经济责任可认性假设、经济责任可验性假设、审计可信性假设、审计可行性假设”，作者对这些审计基本理论问题的阐述，有效加深了当时人们对审计的认识，为审计实践的发展、审计教育的进步提供了切实的基础和素材。《现代审计学原理》受到当时开设会计、审计专业的大中专院校的广泛使用和好评，出版后先后再版四次，是当时最受欢迎的审计原理教材之一。

3. 李宝震：《审计案例》《中国审计简史》《国际审计》

（1）**《审计案例》（天津人民出版社，1987）**

《审计案例》是审计署成立后国家统编的高等财经院校审计学专业（专门化）和其他经济类专业审计基础理论课程的首批试用教材之一，1984 年由审计署委托李宝震先生主持编写。由于审计是一门实践性极强的专业课程，该书的编撰成员还包括张骞、康钟琦等高校学者及李必全、姚树人、顾京圃等经验丰富的审计实务工作者，1987 年 11 月由天津人民出版社出版。在编写《审计案例》过程中，李先生及其撰稿团队深入实际，通过对审计署、天津市审计局、吉林省审计局、福建省审计局、泉州市审计局、湖北省审计局、武汉市审计局等机关的广泛调查研究，在掌握大量审计案例资料的基础上，根据当时的审计法规和工作程序编撰成稿。全书以财政财务收支审计、经济效益审计、财经法纪审计和专题审计为大类别主线，每一类别案例又按照被审计单位行业类别进行详细规划，共选编 26 个案例，几乎涉及当时所有的典型审计业务。该部教材中，李先生提出“审计案例，就是从大量的实际审计资料中，加以综合整理，选择出生动而有代表性的审计事例编写出具有典型性的审计实例。它来源于实际，但又不同于实际，每个审计案例的解决，都从不同角度体现着一定的审计理论、原则和方法，及其在具体审计实务中的恰当而灵活的运用”。因而，对于每个审计案例的编纂，作者选用了一套基本模式，一般是从教学提示开始，先提示每一案例的教学及未来应用意义，然后详细叙述该案例的审计种类、审计方案和计划、审计证据和事实、审计的详细记录和工作底稿、审计报告等实际调研内容，最后对审计案例进行分析、研究和评价，揭示案例蕴含的审计理论、原理或方法。同时，由于各个案例的内容繁简有异，作者并非机械地运用这套模式进行罗列，所以该教材既不失统一性，又保持了一定程度的灵活性。

（2）**《中国审计简史》**（**中国审计出版社**，1989）

《中国审计简史》是《审计基础知识丛书》系列之一，由李宝震先生及王建忠教授共同编著。全书共分六章，将中国审计的发展历程按朝代划分为审计萌芽阶段、周代审计、秦汉三国审计、隋唐宋审计、元明清审计、民国时期审计六个主要时期，以极其精要的语言分别介绍了各阶段审计的产生、审计职官或机构的设置、实施审计的依据、审计的形式及程序、审计所用文书和审计习惯用语、审计教育与著作等内容，呈现了中国审计历史的概貌，揭示了各时期审计演变的关系。作者认为“物质资料的生产为审计的产生和发展提供了可能”，“审计萌芽可以追溯至夏朝”；“周代‘宰夫’的设置是审计职权独立建设的启蒙”，“秦、汉时期我国已经形成了日臻完善的上计制度，颁布《上计律》，汉末三国时期曹魏政权设置比部，是中国政府审计机构建设的最初尝试”；“隋、唐、宋三代审计逐渐成为独立、专门的具有司法性质的工作，隋、唐以比部掌勾稽文账，行审计职权，宋代出现专勾司、审计司、都磨勘司、勾院、提举账勾磨勘司等职位，是‘审计’一词最初使用的年代”；“元、明、清三代形成所谓的科道制度，导致审计独立性减弱，审计工作出现倒退境况”；“民国时期是中国近代审计产生和形成的阶段，形成政府审计和会计师制度，这一时期中国共产党也建立了人民审计机关，在一定程度上促进了审计发展”，这些观点与后期研究审计史的学者的观点形成了一脉相承的体系，为那一时代的审计事业发展提供了历史借鉴。

（3）**《国际审计》**（**辽宁人民出版社**，1990）

《国际审计》由李宝震先生和郝振平教授共同编撰，系统阐述了国际审计的含义和研究对象、国际上有关审计目标和标准的几种不同的观点、比较审计实务等内容。

4. 李鸿寿：《审计学》《审计案例》

20 世纪 80 年代初，审计学处于拓荒阶段，1984 年至 1985 年中央广播电视大学出版社出版的《审计学》《审计案例》《审计学参考资料》三部教材，由李鸿寿教授、赵友良教授、陈荣法教授合著，为探索创立适合社会主义市场经济体制的审计学科体系做出突出贡献。尤其是前二者，根据社会主义经济特点和 1982 年修订后的宪法精神，阐述了审计监督理论和实务，出版后受到审计学界及实务界的普遍赞誉，销量达 30 余万册，荣获上海市 1978—1985 年哲学、社会科学优秀著作奖，并经国家出版局审定作为我国首次在香港举办的图书展览会的展出图书。

（1）**《审计学》**（**中央广播电视大学出版社**，1984）

《审计学》共十章，主体结构分为四部分：第一部分用一章篇幅介绍了我国审计制度的发生和发展过程，详述了旧中国官厅审计制度、民间审计、革命根据地的审计工作、中华人民共和国成立以来财政监督的实施情况，并详细探讨了如何建立社会主义审计制度；第二部分用两章篇幅从审计的意义、对象和目的、种类、方法，说明了审计监督的一些原则问题，他们认为，“审计是通过对国家机关和企事业单位组织的财务收支以及有关经济活动的检查，以评价国家机关和企业事业组织财务活动和经济的合法性与有效性的一种监督手段或工具”，“审计的目的在于监督国家预算的执行，监督企业全面完成国家计划，加强和巩固经济责任制，揭露经济领域中的犯罪活动，维护财经纪律，促使企业健全财务会计制度”，“审计按照时间、范围、性质等依据可以划分为不同的类型，比如按时间划分为事前审计、事后审计，按范围划分为全部审计和局部审计，按执行机构划分为内部审计和外部审计等”，“审计的基本方法包括详查与抽查、顺查与逆查、调查与对证、分析与比较等”；第三部分用六章篇幅按照宪法规定并考虑审计程序及审计类别详细阐述了审计准备、审计实施、审计报告的要点及操作规程，对财务收支审计、财产物资审计、经济效益审计，以及财政收支审计的意义、对象、目的、实务进行了极为详尽的论述，根据《中华人民共和国宪法》（以下简称《宪法》）第九十一条安排了“财政收支审计”和“财务收支审计”两章，根据《宪法》第十二条安排了“财产物资的审计”一章，根据《宪法》第十四条安排了“经济效益审计”一章，并强调审计案件中的经济责任问题；第四部分，作者专门阐述了内部审计的意义、职能、组织及类别，他们认为，“政府机关、企业、事业单位内部建立的审计组织所进行的审计工作称为内部审计，在我国根据内部审计组织差异可以划分为部门审计和单位审计”，“内部审计的职能包括内部财务审计和内部管理审计两方面”，“其目的是帮助部门及单位实现有效管理”。《审计学》一书在内容安排上突出计划执行情况的审计，体现了社会主义审计的特色内容和体系。

（2）**《审计案例》（中央广播电视大学出版社**，1984）

《审计案例》按行业类别，列举了工业企业、商业企业、基本建设、行政机关的12个典型案例，并在最后两章设立了“材料”“货币资金审计”两个专题。在这些案例中，作者用生动、具体的实际事例，在案例形式上不求一律，极具代表性和普遍性，说明了审计人员对被审计单位如何进行了解，如何拟定审计程序、选用审计方法、编写审计计划，在不同行业的各类经济业务中可能存在哪些问题，哪些事项应该重点注意，以及怎样对检查中发现的疑点进一步追踪查证核实，怎样编写审计记录和审计报告，使读者能够对审计工作的全过程有基本了解。

这部教材中所阐述的基本理论及实务操作虽然带有民国和计划经济时期的历史痕迹，但在当时的环境下，上述基本概念的提出，对我国审计学的建立与发展，起到了较好的探索与奠基作用。

5. 厉声和：《审计学理论与实践》《工业审计》《现代审计学概论》《简明现代审计辞典》《高等审计学》

（1）**《审计学理论与实践》（广西人民出版社**，1983）

由厉声和、虞文钧合作编撰，于1983年7月由广西人民出版社出版的《审计学理论与实践》是我国改革开放以后第一部涉及审计理论研究的教材，全书共四部分十八章。第一部分用两章篇幅论述了审计的产生和发展，社会主义审计的性质、对象、作用、体系和内部控制制度；第二部分用十四章篇幅论述了企业审计、银行贷款审计、基本建设审计、税利审计、预决算审计的特点、目标、内容和方法；第三部分用一章篇幅论述了审计工作底稿和审计报告的性质；第四部分用一章篇幅探讨了国家审计机构的性质和建立的基本原则，并简要介绍了国外政府审计机构的情况。该部教材全面系统地论述了我国社会主义审计学的基本理论和实务，提出“社会主义审计是国家实行经济监督的手段”，“社会主义审计学是一门管理科学”；“调查和评价企业内部控制制度是现代企业审计的主要任务之一”，“内部控制为加强经济管理，完善经济管理体制提供了关键性的技术环节”。作者通过研究经济领域的错弊规律，论述各种错弊的表现形态及其所在，为确立审计重点、探索审计工作规律、建立审计程序和方法提供了科学依据。虽然用现代的观点来看，书中的大部分内容并非真正基于审计基本理论的研究，更多的是对审计实践的总结，但在当时审计理论知识极度缺乏、审计实践尚未开展的情况下，该书的出版仍然为推动实践发展、拓展审计教育起到了一定的作用。

（2）**《工业审计》（广西人民出版社**，1985）

工业审计是国家审计机构对工业企业实行经济监督的一种专业审计，在审计署成立初期，工业审计占据重要地位，故当时出现了一些专研工业审计的文献。由厉声和先生、虞文钧先生主编，于 1985 年由广西人民出版社出版的《工业审计》就是其中之一，作者提出“工业审计的对象是由工业企业的经营特点决定的”，由此，将工业企业审计划分为财务报表审查、财务收支审查、固定资产审查、材料采购供应审查、产品生产及其效益审查、产品销售及其效益审查、结算资金审查、利润审查等，并通过十一章篇幅进行了详细的阐述，为当时的工业审计实施提供了指导。

（3）**《现代审计学概论》（广西人民出版社**，1987）

1987 年 9 月由广西人民出版社出版的《现代审计学概论》延续《审计学理论与实践》的结构风格，并通过结合审计署开展实践以来的经验，以国家审计为主要视角，着重研究了审计的原理、原则和方法。全书共十五章，第一章介绍了审计基本理论，包括审计的概念、对象、阶级属性、作用、目标、依据、种类、原则；第二章至第七章及第十五章介绍了审计应用理论，包括内部控制制度、审计准则、程序及计划、审计方法、审计方式、审计证据及工作底稿、错误与弊端等内容；第八章至第十四章从财务审计、生产经营审计、商品流转审计、信贷审计、税务审计、预决算审计各角度详细阐述了审计的实施。该书是审计学专业的基础性教材，对审计教学及审计实务的进一步开展具有参考价值。

（4）**《简明现代审计辞典》（复旦大学出版社**，1988）

厉声和与程学书合编的《简明现代审计辞典》是中华人民共和国成立后第一部审计专业的工具书，全书收词 1000 条目，主要分为两部分，第一部分是审计专业相关条目，收编了审计基本理论、审计原理、审计准则、审计方法、审计证据、审计报告等有关审计学的专业名词，着重介绍了基本、必要的现代审计知识；第二部分是与审计业务有关的专业条目，收编了有关管理、会计、财务、公司、信贷等方面的专业名词。全书注重结合国外的理论成果及实践业务，附录中加入了国外名词的英汉对照表；对名词的释义力求准确、科学、全面，并注重审计的跨学科特色，虽然在现在看来一些名词的释义已经过时，但从当时的审计实践来看，绝对可以算作一部经典的参考书。

（5）**《高等审计学》（复旦大学出版社**，1991）

《高等审计学》将现代审计中的经营审计、管理审计与传统的财务审计融为一体，形成了理论与实务相结合的新型审计知识体系，是中华人民共和国成立后最早的适用于审计专业研究生的教材之一，突破了当时以国家审计为主的审计体系设计，在国家审计的基础上引入了社会审计、内部审计的相关内容，注重将审计与管理相结合、外部审计与内部审计相结合，并吸收了国际最新的审计理论。全书共二十二章，结构上可分为两部分，第一章至第十章、第二十二章论述了审计基本理论和方法，强调审计标准的国际规定，突出内部控制系统的评价，作者按审计的内容及目的，将现代审计划分为财务审计、弊端审计、经营审计、管理审计、规划审计、业绩审计、综合审计几种类型，在当时具有一定的创新性；第十一章至第二十一章阐述了企业审计实务，从固定资产审查、货币资金审查、劳动工资审查、材料采购供应审查、产品生产审查、产品销售审查、结算资金审查、利润审查、银行借款审查、基金审查各角度，详细介绍了各审计类型的目标、要点和方法，并强调审查企业经营活动和财务活动的效率、效果和效益，即绩效审计，与以往的教材相比也是一个创新点。该书的出版，为审计专业课程设置提供了新的参考，同时，书中包含大量的案例及操作细节指南，对于审计实务工作者也具有一定的实用价值。

6. 娄尔行：《审计学概论》《中华人民共和国的会计与审计》《经济效益审计》《会计审计理论探索》

（1）**《审计学概论》（上海人民出版社**，1987）

《审计学概论》是审计署成立后国家统编的高等财经院校审计学专业（专门化）和其他经济类专业审计基础理论课程的首批试用教材之一，1984 年由审计署委托娄尔行先生主持编写，1987 年 5 月由上海人民出版社出版，编写组成员云集当时审计学领域老中青三代成员，包括石成岳、朱德操、汤云为、唐清亮、方之龙、周勤业、管锦康、赵丽娟、鲍国明、黄忠堃、李若山、刘方锦、赵过之，并得到审计署领导的全力支持。《审计学概论》前言中明确指出“由于审计学实践性较强，并非一门抽象的、纯理论学科，学习审计学的目的在于学会怎样开展审计工作，知道在特定场合要审查什么，怎样进行审查；但是正确的实践又有赖于正确理论的指导，才能收事半功倍之成效”，故这部教材极为注重审计理论与实践并重，既能够阐明审计基本理论，又能够反映我国当时阶段的审计实践经验，同时借鉴了国外社会审计的方法和理论，促使国内研究扩大视野，拓宽思路。全书共二十二章，从内容结构上可以分为三部分：第一章到第八章、第十六章、第二十二章着重阐明了审计基本理论，从审计的必要性、审计对象、审计的本质、审计的职能、审计的产生与发展、审计的分类、审计的主体及依据、审计的证据及标准、审计的方法、内部控制制度及评审、审计程序、审计报告及档案等方面提出编者的论点，并对学术界各方观点予以注释，明确提出了一些审计基本概念，作者将审计定义为“专职机构和受委托的专业人员，以被审单位的全部或一部分经济活动为对象，进行审核检查，收集和整理证据，确定其实际情况，对照法规和一定标准，以判断经济活动的合规性、合法性、合理性和有效性，以及有关经济资料的真实性和公允性的经济监督、评价、鉴证活动”，并按照不同的标准将审计划分类别，例如，按照内容及目的分类为：财政财务审计、财经法纪审计及经济效益审计，其中经济效益审计就是对经济效益实现途径开发利用和实现程度的审计；按照主体分类为：国家审计、民间审计、内部审计。将审计证据定义为“证明被审单位经济活动真相的一切凭据，是证实审计命题和审计意见的资料和客观事实”，广泛借鉴审计实践成果及国外经验，介绍了核对法、查询法、比较法、分析法、顺查法、逆查法、详查法、抽查法等审计方法及其应用，并详细阐述了统计抽样技术在符合性测试及实质性测试中的应用策略，同时提出审计基本程序包括准备阶段、实施阶段、终结阶段。这些理论的阐述既是对实践的总结，亦是在实践基础上的发展，对指导审计实践发挥了不可磨灭的积淀性作用。第九章至第十五章、第十七章至第二十章中，作者又从财政财务审计、经济效益审计、内部审计三方面对审计实践经验予以概述，对未来审计实践开展提出新的方法和建议。另外，该书还开设了“中外合资经营企业审计”“电算系统审计”两个审计专题，探讨了当时随着改革开放及信息技术的发展，审计所面临的新问题。

《审计学概论》一书出版后受到财经类院校及审计人员的广泛好评，至 1992 年 2 月先后共印刷 13 次，荣列 1988 年度十大中文畅销书之一，荣获 1988 年上海财经大学校优秀教材奖、1992 年国家教育委员会第二届普通高等学校优秀教材全国优秀奖、1992 年财政部第二届全国财政系统大中专优秀教材荣誉奖、1994 年上海市哲学社会科学优秀成果三等奖，成为当时审计领域的重要指导性资料，也为后期审计教材编著提供了写作范式。

（2）**《中华人民共和国的会计与审计》（上海人民出版社，**1988）

娄尔行先生（主编）、上海财经大学与美国得克萨斯·达拉斯大学国际会计发展中心合作编写的《中华人民共和国的会计与审计》（英文版）是我国第一部用英文撰写并在国外出版的会计、审计类学术专著，系统阐述了我国会计和审计的历史、现状、制度、理论和瞻望，编写团队汇集上海财经大学王松年教授、石成岳教授、赵友良教授、钱嘉福教授、美国得克萨斯大学阿道夫·恩索文教授以及当时在读的博士生、硕士生。全书主体分为三部分，共十三章，出版后在美国、日本、印度等国家得到广泛传播，扩大了中国会计、审计的国际影响力，并得到一些国家的会计杂志和主要的国际会计组织的广泛推荐和评论，受到各国同行的普遍关注和好评，国际货币基金组织助理董事 A. 普雷姆·查德先生评论称“该部著作传输了关于中国政府和企业部门在会计审计实践中的组织机构和制度的信息，填补了国际货币基金组织中从事会计制度研究的专家们长期以来所感受到的空白”；印度学者贝纳基先生评论称，“这部中美合作研究的成果，以独特的笔触、高明的分析、精心安排的结构为国际读者了解中国会计、审计的现状和发展提供了机会”，“该部著作并未无谓地陷入探讨中国会计和审计诸多争议问题，而是以扼要分析的方式从经济、社会、政治体制等多种角度描述会计、审计活动的重要方面”；巴基斯坦学者穆罕默德·阿斯拉夫先生评论称，“这部专著不仅是综合性的研究成果，还揭示了会计和审计如何有助于监督和协调像中国这样的大国中央集权经济的管理”；美国密西西比大学学者格雷夫斯先生评论称，“该部专著的出版，标志着中国业已开始从事一个国家合作与交流的规划”。

1988 年，该著作荣获上海财经大学校优秀专著奖，1998 年荣获中华人民共和国教育部普通高等学校第二届人文社会科学研究成果经济学著作一等奖，堪称我国会计、审计领域的一部力作。

（3）**《经济效益审计》**（**中国审计出版社**，1989）

《审计基础知识丛书》是中国审计学会组织几十位从事审计研究的学者、专家、教授和审计工作者编写的第一部审计基本理论著作。《经济效益审计》是《审计基础知识丛书》系列之一，由娄尔行先生和唐清亮先生共同编著，全书共四章：第一章论述了经济效益审计的基本原理，阐明其含义、特征，并对经济效益的原则加以评价；第二章概述了经济效益审计的方法和标准；第三章和第四章详细论述了经济效益审计的两大基本类别，即业务经营审计和管理审计。经济效益审计作为现代审计的新发展，对审计理论及实务产生了重要影响，该书通过对经济效益审计的基本内容和方法进行简要阐述，为进一步开展经济效益审计的实务工作及理论研究提供了指引。

（4）**《会计审计理论探索》**（**立信会计出版社**，1993）

《会计审计理论探索》一书是娄尔行先生从自己历年著述中选录的会计、审计论文集，共三十篇，全书可粗略划分为会计理论、审计理论、中外比较会计、会计审计教学以及有关会计的国际会议述评五部分，可以让读者系统领略娄先生一贯的学术思想和丰硕的研究成果。该书收录的审计文献包括《试论审计的本质》《试论管理审计》《试论经济效益审计》《如何解决因会计和审计准则不同而带来的问题》《试论培养高质量的审计专门人才》五篇。《试论审计的本质》一文原载于《审计研究》1987 年第 3 期，是娄先生和其博士生唐清亮合作撰写的文章，该文中，作者指明“审计理论来自审计实践，是人们从审计实践中概括出来的合乎逻辑的、合乎客观事物发展规律的理性知识”，“审计理论是审计实践的抽象，是上升到理性高度的抽象”，并从审计理论体系的角度出发提出“研究审计的本质，要同时观察它的对象、类别、职能和作用”，“审计的本质要覆盖它的对象，它的类别，它的职能和作用”，“反过来，对象变化了，类别创新了，职能和作用发展了，对审计本质的认识就要做出相应的修改，不能墨守陈旧的概念”，其中指出“审计对象的认识，是掌握审计本质的关键”，“审计对象可以具体化为经济活动的合规性、合法性、合理性、有效性、真实性和公允性”，“审计具有监督、评价、鉴证三大职能”，“审计的作用可以归纳为促进和制约两个方面”，“审计是专职机构和受委托的专业人员，以被审单位的全部或一部分经济活动为对象，进行审核检查，收集和整理证据，确定其实际情况，对照法规和一定标准，以判断经济活动的合规性、合法性和有效性，以及有关经济资料的真实性和公允性的经济监督、评价、鉴证活动”。《试论管理审计》原载于《财经研究》1984 年第 1 期，该文阐述了我国在 20 世纪 80 年代末期开展管理审计的必要性、管理审计的内容及基本方法，作者将现代审计划分为财务审计、作业审计、管理审计三种，认为“管理审计是检查一个单位管理工作的素质，评价人力、物力、财力组织和利用的效应，目的是通过改进管理工作提高经济效益”，“管理审计的内容包括一切会影响经济效益的管理活动”。《试论经济效益审计》是娄尔行先生和其博士生汤云为合作撰写的，原载于《审计通讯》1985 年第 1 期，该文对经济效益审计的本质、目的、内容、特征、方法和程序等进行了探讨，叙述过程中列举了典型案例，作者认为“经济效益审计是挖掘潜力的建设性审计”，“是经济效益实现途径开发利用和实现程度的审计”，“综合性经济效益审计要坚持系统论观点”，“经济效益审计的方法和审计的通用方法类似”，经济效益审计也可以划分为“准备、试审、计划、实施、报告”五个阶段。《如何解决因会计和审计准则不同而带来的问题》一文原载于《会计研究》1986 年第 2 期，是 1986 年 3 月 1 日娄尔行先生在中国会计学会、香港会计师公会联合举办的“投资问题研讨会”上的发言稿，作者指出“解决因会计和审计标准不同而带来的问题，首先要承认差别的存在，其次分析研究差别的表现及其原因；然后谋求解决因此带来的问题”，并就当时中国会计、审计领域存在的国际差异问题提出了一些现实的解决策略，在当时得到与会人员的广泛认可。《试论培养高质量的审计专门人才》是娄尔行先生与竹德操教授、朱荣恩教授合作撰写的论文，原载于《中国审计》1987 年第 1 期，作者提出“审计学教学的基本思想在于明确培养目标”“建立符合培养目标的审计学课程体系”“使学生具有扎实的基础知识”“注意扩大知识面，进行通才教育”“注重学生能力培养”，并且应“积极学习国际先进经验”，“为培养高质量人才，各高校还要注重师资培养和教材建设”，“改革教学方法、建设审计实习基地、编写有思考性的习题并严格成绩考核”，为我国审计专业人才培养探索了许多有效的路径和独到的主张。

《会计审计理论探索》一书是娄尔行先生 60 年间从事会计、审计研究与教学的精华之作，在探索中提出了会计、审计的科学创见，对我国新经济环境下所遇到的会计、审计新问题在理论上进行了深入解析和方法开拓，以国际视角和开放性观念充分借鉴了先进的会计、审计理论和方法，并进行了本土化的改进研究。该书的出版为我国的会计、审计界提供了一份宝贵的学术财富，“惠施多方，其书五车”。

7. 杨纪琬、阎达五：《论“会计管理”》（《经济理论与经济管理》，1982 年第 4 期）

该论文提出“会计管理”的概念，强调会计的监督及管理职能，在关于会计的监督职能中提出“审计是从会计监督中派生出来的，是在特定历史条件下由于对会计工作本身需要进行专门监督而产生的”，并界定了审计的概念和历史发展，对于当时人们了解会计与审计的关系起到重要启示性作用。

8. 杨时展：《杨时展论文集》中的审计文献

《杨时展论文集》中收录了杨时展教授的 5 篇开创性审计研究文献，填补了审计科学领域的空白。

（1）**《国家审计的本质》**

《国家审计的本质》一文是杨时展教授在武汉学术报告会上的演讲稿，最初发表于《当代审计》1982 年第 2 期，在该文发表 20 周年之际，张杰明教授评价称“杨时展先生的这篇洋洋万言的文章，可以看作是一篇国家审计的宣言”。该文重点阐述了国家审计本质的政治意义，杨先生认为“近代审计是民主的产物，审计制度的发展，必然会推动民主的发展”，“无论国体或政体如何，国家审计，从其本质的方面来讲，都是巩固阶级专政的有力手段”，因此，研究国家审计本质问题“必须从民主和巩固人民民主专政即无产阶级专政这个高度来认识”，同时，他强调“没有受托责任，就无所谓审计，而审计之所以必要，也还是为了监督和验证会计责任贯彻的结果和贯彻的过程”，“没有现代民主，就没有因此而发生的充分体现人民意志这个要求，就没有现代政府的受托责任，也就没有现代的国家审计”，“随着民主制度的更进一步发展，人民不但将关心政府支出的合法性、经济性、效果性，而且将更关心它的连带作用，即社会的福利性”，从受托责任、现代民主角度来看，现代国家审计机关是“解除公共财产受托人责任的手段”，并充分论证了审计与受托责任、现代民主、社会主义民主的关系。

（2）**《审计的发生和发展》**

《审计的发生和发展》一文发表于《财会通讯》1986 年第 4 期，杨先生再度强调“审计因受审责任的发生而发生，亦因受审责任的发展而发展”，“而近代政府的受审责任，又是因民主主义的不断发展而不断发展的，民主越发展，受审责任的范围越广泛，内容越丰富”，杨先生进而以现代审计从 19 世纪末以来所形成的账项基础审计、制度基础审计发展历史为依据，论证了“审计是民主的反映，而民主则是现代国家审计的实质”。杨先生的这些思想被审计学界广泛认可和借鉴，至今仍具有强大的学术影响力。

（3）《**审计公设刍论**》

《审计公设刍论》发表于《财会通讯》1985 年第 7 期，杨先生提出“审计工作受一定公设的支配”，“建立审计公设理论有利于强化对审计的认识，并指导审计实践”，由此他提出了关于审计公设的六方面内容，即“会计责任性公设；会计责任可确定性公设；审计人员可信任性公设；内部控制的质与审计工作的量，公认会计准则的采用情况与会计报告的真实公允的相关性公设；证据的效力差别性公设；无反证判定公设”。杨时展先生是我国最早研究审计假设理论的学者之一，为我国审计假设的后续研究和理论构建起到了重要的铺垫作用。

（4）《**社会效益审计的设想**》

改革开放初期，迅速提高经济效益成为国家基本战略之一，但当时的企业对经济效益的认识存在偏差，杨时展先生对此进行了长期的研究，他将投资报酬率的相关理论、目标控制思想、受托责任学说加入提高经济效益的研究之中，形成了“以提高投资报酬率为核心，以增加销量、提高利润、节约投资为主要手段的提高经济效益的思想”，《社会效益审计的设想》发表于《财会通讯》1986 年第 8 期，杨先生在该篇论文中提出“社会效益是指一个会计实体的社会存在价值”，“社会效益审计是一种判明一个会计实体对整个社会有无存在价值的过程”，从宏观角度看包括“利润效益审计、生产力发展效益审计、充分就业效益审计、社会保险和教育审计、创汇效益审计、服务效益审计”等，将人们对审计的研究从“经济效益”提升至“社会效益”这一更为宏观的层面。

（5）《**中国注册会计师制度的沿革与发展**》

《中国注册会计师制度的沿革与发展》一文发表于《财会通讯》1995 年第 1—2 期，杨先生按北洋政府时期、国民政府时期、人民政府时期、《注册会计师法》时期四个阶段系统阐述了 1918—1994 年会计师制度在中国的产生与历史沿革，并以史为鉴、从国际视角对各时期会计师制度予以评鉴，指明了我国当时在注册会计师制度方面的潜在问题，例如“财政部领导的注册会计师及审计署领导的注册审计师的关系问题、注册会计师和事务所的独立性问题、通过立法来保证注册会计师事业的发展问题”等，为未来的会计师行业发展提供了参考。

9. 赵友良：《中国古代会计审计史》《中国近代会计审计史》《社会审计理论与实务》

（1）**《中国古代会计审计史》（立信会计图书用品社，1992）**

《中国古代会计审计史》中，赵友良教授首次将会计史与审计史合并编写，并在开篇阐明了会计与审计在本质上的差异。

《中国古代会计审计史》记述了从奴隶制时期到春秋战国时期，直至北宋到清末时期，会计、审计的产生、发展、完善过程，并论述了中国古代的会计、审计思想。全书共六编，第一编导论主要阐述了研究会计史、审计史的若干先决条件，作者认为，“古代结绳所记并非会计之事，而是政事”，故此“结绳记事”并非会计的起源，“私有制及文字发明是会计产生的先决条件”，而“审计是为了监督会计而产生出来的，具有对监督者进行监督的意义，它不是从会计中分离出来的，而是一个执法机关，属于上层建筑，是一个历史范畴”；第二编至第五编中，作者将中国古代会计审计发展史划分为四个阶段，即奴隶制时期到春秋战国时期、秦汉到魏晋南北朝时期、隋唐到五代十国时期、北宋到清末时期，并分别阐述了会计审计产生、发展、衰落的过程，作者认为，“奴隶制时期是会计产生的时期，而春秋战国时期是会计诸要素形成和审计产生的时期”；第六编中，作者总结了中国古代所形成的主要会计、审计思想。该部著作荣获财政部优秀教材奖，并得到会计、审计前辈的广泛赞誉，石成岳教授作跋高度评价赵先生的治学方法为“求其端、察其变、探其微”，娄尔行先生作序称赵先生“治学严谨，既于会计、审计学造诣很深，复擅长中国经济史”，并称该部著作“观点鲜明、繁简适中、体系完整”，“作者持之有故，言之成理，不贸然苟同，终成一家之言”，足见该部著作的创新性及对会计审计史研究的贡献。

（2）**《中国近代会计审计史》（上海财经大学出版社，1996）**

《中国近代会计审计史》总体划分为两编，第一编中，赵友良教授摆脱传统以 1840 年为界分割近代史与古代史的惯例，独到地将“法制化、规范化”作为划分近代与古代会计审计史的标准，并由此将 1912 年中华民国的建立作为中国近代会计审计史的开端，以法律制度而非史实为主阐述了 1912—1949 年中华民国时期的会计、审计情况，划分为北洋政府时期、国民政府时期的会计、政府审计及民间审计，具体包括北洋政府时期的预算决算制度、公款保管制度、审计监督制度，国民政府时期的财务行政制度、预算决算制度、超然主计制度、独立审计制度、公库出纳制度、联综组织制度、会计法制、会计制度建设、普通公务会计制度、公有营业会计制度、特种业务会计制度、民间审计等内容；第二编中，赵先生从近代中国传统思想与西方会计、审计思想的矛盾的角度，指明了中国历史上第一次会计学术论证与学派形成的必然性，介绍了中华民国时期十位大师的代表性会计、审计思想，包括潘序伦先生的会计与审计思想、杨汝梅先生的无形资产论、徐永祚先生的改良中式簿记、安绍芸先生的会计思想、闻亦有先生的会计思想、钱应清先生的会计思想、杨仲绵先生的公库会计理论、叶恭绰先生的铁路会计改革思想、王璟芳先生的审计思想、蒋明祺先生的审计思想。赵先生收集的大量的著作、史料，为读者研究会计审计史提供了重要线索。李鸿寿先生评价称“该书资料十分丰富，叙述却非常简练，至于逻辑严密，文笔优美，则其余事耳；作者舍烦琐的会计审计事实，而抓住近代会计审计法制化、规范化的特点写出，并以此作为划分古代与近代的标准，又极具创新性，是继郭道扬教授编写会计史料后的一本好书”。

（3）**《社会审计理论与实务》（上海财经大学出版社，2000）**

《社会审计理论与实务》共二十一章，分社会审计理论和社会审计实务两编。第一编，作者用八章篇幅阐述了社会审计理论，主要探讨了市场经济与会计师制度的关系、公众审计与社会审计的关系、审计与查账的关系、企业管理制度与审计的关系，社会审计的性质、特点、定义、职能、范围和目的，以及审计风险、审计假设、审计方法等问题，对于各项问题的阐述，作者注重基于我国所处的社会主义初级阶段的特色。第二编中，作者用十三章篇幅阐述了社会审计实务的相关内容，他认为，“审计实务是运用审计技术方法，检查审计案件，搜集证据以形成审计意见的具体工作”，在该部分的探讨中，他创造性地按财务指标和会计项目，如货币资金、存货、固定资产、资本公积、收入、费用、利润等分章叙述检查程序和方法，在当时具有一定的创新性。《社会审计理论与实务》是赵先生生前的最后一部力作，也是他用毕生的心血着力于会计、审计研究的集中体现。

20世纪20年代出生的作者的重要审计文献

1. 边恭甫：《财务审计》《审计学原理》《高级审计学》

（1）**《财务审计》（上海人民出版社，1987）**

《财务审计》从社会审计视角提出内部控制制度基础审计相关理论，并具体阐述了内部控制制度基础审计在工业企业、商业企业、建设单位、金融保险企业、行政事业单位、中外合资经营企业和世界银行贷款项目中的应用。

（2）**《审计学原理》（中国财政经济出版社，1988）**

《审计学原理》一书重点介绍了审计原理性知识，例如审计的主体、客体、目标、职能、作用、本质、属性，审计的分类、组织，审计方法，审计证据，审计依据，审计程序等。

（3）**《高级审计学》（辽宁人民出版社，1991）**

《高级审计学》一书汇集审计学基本理论、宏观及微观审计实务，涉及国民经济各部门，划分内部审计、社会审计、财政审计、金融审计、财务审计、经济效益审计等章节详细阐述了审计在不同行业的主要特点及其具体应用。

三部教材的内容结构较为相似，又存在一定的深层关系，是我国较早期的重要审计教材。

2. 常勋：《注册会计师业务研讨：对新执业准则的逐一评述》（厦门大学出版社，2007）

常勋以《企业会计准则》《中国注册会计师执业准则》及《中国注册会计师执业准则指南》为依据，对各项准则进行详细解析，并通过大量例子增强了该书的可读性。

3. 程能润：《审计学原理》（中国审计出版社，1990）、《审计学基础》（中国经济出版社，1986）

《审计学原理》和《审计学基础》在内容上有重叠。《审计学原理》作为我国改革开放后第一部国家统编的高等财经院校试用教材，比《审计学基础》一书增加了审计的标准、组织与管理的相关内容，并将案例融入各章节的介绍之中，就整体结构而言更为全面，理论的实务性也相对增强。全书共十五章，第一章介绍了经济监督与审计，作者认为“审计监督体系包括国家审计、部门审计和单位内部审计，是社会主义监督体系的最重要组成部分，是强化社会主义经济监督体系最有效的手段”；第二章、第三章中，作者介绍了审计基础理论问题，包括审计的起源、发展、本质、定义、目的、对象、目标、任务、职能和作用，作者认为“经济责任关系是产生审计的客观基础”，“两权分离或管理者内部的分权制度是审计赖以发展的社会条件”，“责任授予者对责任承担者所负责任的履行情况，由于在时间、地理、法律，特别是技术上的距离无法行使经常性监督检查是审计产生的直接原因”，因此“审计就其本质来说是具有独立性的经济监督活动”；第四章至第十五章中，作者详细介绍了审计的应用理论，包括审计的分类、证据和评价依据、方法、标准、组织与管理，作者用五章篇幅介绍了审计方法体系、审计查账方法、审计分析方法、审计盘点方法、审计调查方法、质量鉴定方法，详细阐述了各种方法的概念、形成过程、特点及应用规则，并引入了我国开展审计工作以后的具体案例以增强该部教材的实用性。作者利用审计机构组织、审计工作组织、审计文件组织三个层次，有条不紊地介绍了国家审计、内部审计、社会审计三个主体，审计的准备、审计的实施、审计的报告、审计的处理四个阶段，以及审计所包含的计划、底稿、报告、结论和决定、统计记录及报表等成果性文件，并通过“审计管理”一章将上述内容进行融合，阐述了审计质量管理、计划管理、档案管理、培训管理的意义及要点，全书结构极为巧妙而严谨，开创了审计原理写作的一个定式。程能润教授原创性、开拓性的审计理论研究在国内外审计学界具有重大学术影响，他提出的“审计动因的受托责任”理论，确定了审计监督评价职能的地位，确定了审计监督评价职能的内涵和外延。

4. 成圣树：《会计审计大辞典》（中国财政经济出版社，1991）

《会计审计大辞典》是我国第一部将会计、审计两个相关学科联系起来并结合邻近学科而编辑的综合性、多科性和交叉性的专业大型工具书，曾被翻译成英、日、法文等版本在海外发行。全书分为会计、审计、综合 3 卷，具体包括一般会计、国外产业会计、第二产业会计、第三产业会计、股份企业及合资企业会计、管理会计、国外会计、一般审计、财务审计、管理审计、国外审计、审计数学、电算化会计审计、会计审计史及会计审计相关学科 15 类，总计 160 万字，收录 6000 余个词条，各词条先按其性质归集于此 15 类别，再按学科体系性质连贯排列，对于重要概念不仅作出详细文字说明，还列举了相关表格或图片。该书由前全国人大常委会副委员长周谷城亲笔题书名，娄尔行先生作序，出版后荣获江西省社科优秀成果一等奖，并受到学术界广泛好评。葛家澍先生评价称《会计审计大辞典》"收词广泛全面且选词严格，编纂广而精，释文简明精当且富有深度"，并通过将会计、审计相融合，"有利于对会计和审计许多概念拓宽视野、深化认识，从而有助于促进会计学和审计学在我国的共同发展"。杨时展先生评价称该书"入录词条丰富且配置得当、内容新颖、体系科学"，它的出版是"我国会计学术发展史上的一项重大成就①"。

5. 葛家澍：《会计大典第十卷：审计学》《上市公司财务舞弊案剖析丛书》《审计基本理论比较：前后一贯的理论结构》

（1）**《会计大典第十卷：审计学》（中国财政经济出版社**，1999）

《会计大典》是由厦门大学和福州大学会计系联合发起，由葛家澍、余绪缨、侯文铿、陈荣凯主编，邀请多位教授、专家编著的一部具有专著性质的会计专业辞典，包括会计知识的主要部分，并在一个较高的起点上将编与著、介绍与评述完美结合。其中，《审计学》一卷作为大典的重要组成部分，由王光远编著，各章撰写分别由李若山、郭敏、谭菊芳、刘怀德、陈朝晖、范其辉、陈汉文负责。作者认为"审计是社会经济权责结构变动后的产物"，因此该部著作按照审计和受托责任的关系，将审计科学划分为财务审计和管理审计两部分，并认为"财务审计的本质是鉴证受托财务责任，管理审计的本质是鉴证受托管理责任，审计科学发展的大趋势必将是财务审计与管理审计的有机统一"。以上述思想为基础，全书分为两篇，第一篇七个专题，从审计理论的发生与发展、审计的基本假设、审计师的职业道德和法律责任、审计报告的标准化与准则化、审计理论中的实证分析、信息加工理论与审计决策、营销理论与审计的职业化和市场化阐述财务审计理论；第二篇八个专题，包括管理审计的基本概念、审计鉴证职能的发展、内向型管理审计与业务审计的关系、管理审计发生与发展的动因、鉴证准则和公认政府审计准则、公认内部审计准则、管理审计的评价标准、管理审计

---

① 葛家澍，杨时展．评《会计审计大辞典》（两则）［J］．当代财经，1992（6）：62-63.

鉴证的基本准则阐述管理审计理论，著作在深入、综合阐述中西方审计理论的基础上，对这些审计理论作出准确、全面的解释及分析，为审计学者及工作人员提供了较好的依据，为未来的审计研究提供了向导及工具，出版后得到审计学界广泛好评，1999 年荣获第十二届中国图书奖。

（2）**《上市公司财务舞弊案剖析丛书》**（**中国财政经济出版社**，2003）

《上市公司财务舞弊案剖析丛书》由葛家澍先生主持编写，是教育部人文社会科学重点研究基地 2001 年度重大研究项目“证券市场舞弊审计技术方法及规范研究”的成果，包括《注册会计师：经济警察吗?》《会计数字游戏：美国十大财务舞弊案例剖析》《美国公司文化：潘多拉的盒子?》《美国的公司治理：马奇诺防线?》《信息披露：实话实说?》五部专著，从公司治理、公司文化、审计、财务报告披露等不同角度对上市公司舞弊案件进行全方位、多层次的审视与剖析。《美国的公司治理：马奇诺防线?》由李维安教授主编，基于对美国公司治理的变迁探讨了美国公司内部治理重构和外部市场重构，提出美国公司治理发展趋势及公司治理全球化对中国的启示。《会计数字游戏：美国十大财务舞弊案例剖析》由黄世忠教授主编，全面深入地剖析了世界通信公司、安然公司、施乐公司、莱得爱得公司、美国在线时代华纳公司、百乐美施贵宝公司、山登公司、阳光电器公司、废品管理公司、南方保健十大财务舞弊案例的背景及舞弊的全过程，介绍了这些染指丑闻的上市公司的会计审计问题，剖析了审计失败对美国注册会计师监管模式和会计师事务所经营方式的潜在影响，从会计、审计、公司治理角度总结舞弊案的经验、教训及启示。《注册会计师：经济警察吗?》由李若山教授主编，堪称一部标新立异的作品，章节标题多采用疑问句表达，发人深省，例如“加冕后的经济警察们能随心所欲吗：审计方式的变革”“肚子重要，还是面子重要：注册会计师制度安排上的先天缺陷”“经济警察们的‘家庭模式’：有限比例责任，还是无限连带责任”等，语言简洁幽默又不乏理论性，在深刻反省众多财务欺诈案件的同时，剖析导致财务舞弊与造假的公司治理根源，揭示注册会计师在市场经济体系中的作用。《美国公司文化：潘多拉的盒子?》由薛有志教授等主编，系统分析、深入挖掘美国社会文化，尤其是基于资本市场的美国融资文化，并全面分析美国公司成长中的扩张文化，在此基础上建立美国文化对立又统一的双方，即所有者的股东投机文化和管理层的机会主义文化，并阐明这些深层文化因素对财务造假的深刻影响。《信息披露：实话实说?》由刘峰教授等主编，以 HPL 公司为例深入分析公司概况、年度报告、季度报告，揭示美国上市公司信息披露规律，即“不论定期信息披露，还是关于关联交易的信息披露、管理报酬的信息披露、重大事件的信息披露等方面都存在‘家丑’不外扬的潜规则”，作者将公司丑闻事件中的信息披露纳入这一规律描述框架中，并揭示人的自利属性与上市公司财务报告发展规律之间的内在关系，告诫上市公司“玩弄数字游戏，只能昙花一现；实话实说，才能赢得投资人信任”。

葛家澍先生称“《上市公司财务舞弊案剖析丛书》是一套发人深省的著作，依据案例事实及数据深入剖析，并以法律、原则、准则、道德为准绳，透过现象，挖掘财务舞弊深层因素，事实翔实、分析敏锐、论述严谨、语言风趣幽默、话题引人入胜，是一套具有可读性、知识性和科学性的作品”；陈毓圭教授评价称“葛家澍先生主持编写的《上市公司财务舞弊案剖析丛书》为我们探索注册会计师行业建设与发展提供了有力的思想支持，该书采用案例分析的方法无疑具有现实的说服力和极大的借鉴意义，对我们定位注册会计师在市场经济体系中的合理价值提供了重要借鉴”。

（3）**《审计基本理论比较：前后一贯的理论结构》（立信会计出版社，2009）**

《审计基本理论比较：前后一贯的理论结构》由葛家澍、吴水澎、郭道扬、王松年主编，对会计基本理论、业务理论进行了探索性研究，是融会计学术、会计知识、会计经验于一体，汇集不同学派、不同观点、不同主张的会计理论系列专著。该部著作开拓了审计理论研究的新格局，以系统科学为指导，在深入分析研究审计理论基本范畴关系的基础上，通过比较研究揭示了审计理论结构问题的历史发展逻辑关系的一致性与一贯性，以及科学关系延续与递演的系统性，建立了一套具有创新性的、前后一贯的审计理论结构。作者认为“所谓前后一贯的审计理论结构，其逻辑起点便显示在产权与出产权关系方面，对审计基础理论的研究只有从这一点出发，并围绕审计环境的变迁展开，才能体现出研究的科学性、系统性和前后理论关系在逻辑上的一致性”，由此作者提出，“推动审计的产生与发展的根本动因是维护产权，审计本质决定职能，审计基本职能表现本质，体现基本动因的要求；通过审计活动外在的基本职能——认证与免疫，理解审计的本质——具有独立性的、以认证为基础的经济免疫系统；审计目标是审计职能的具体化；审计理论体系的逻辑起点是基本动因，研究起点是基本职能”。该部著作将审计理论分为基础理论篇三章和应用理论篇七章，从不同视角进行系统、深入的比较研究，合理处理了中外比较研究与古今比较研究的关系，形成一个完整的理论体系。

郭道扬先生为该部著作作序称，审计的基本理论体系是一个整体，其各个构成部分，既相互关联，又相互制约，故对其包容的诸范畴的深入研究与全面比较分析，具有很强的指导性意义。同时，通过交叉形式的比较研究，有利于审计理论的改革与创新，促进审计基础理论研究从一个阶段推进到一个新的阶段。本书的突出特点是以审计实践为依据，先通过对审计职能问题的研究，建立起审计理论研究的支点，然后提出审计认证与监督的新的解释框架，最终把社会审计之认证、监督和评价与对内部审计、国家审计的认证、监督和评价统一起来进行比较研究，进而把财务审计、风险评估审计和绩效审计从职能方面关联起来进行比较研究。全书结构安排合理，逻辑关系构建严谨，理论基础扎实，理论与实际结合密切，并具有一定的说服力和感染力。最值得称道的是：作者立足于中国国情展开研究，既有独立的立场与鲜明的观点，又有切实的比较研究基础，做到了首尾一贯与前后一致。例如，作者对审计职业道德理论的研究中，不仅详细探讨了审计职业道德问题的起源、发展及其历史运行的基本规律，而且从审计职业道德立场上对其进行了分析，最终在对世界各主要国家审计职业道德框架比较研究的基础上，构建了我国审计职业道德的基本框架，充分体现了研究的创新性。又如，作者在对内部审计模式重点研究的基础上，还构建了以“监事会+审计委员会+内部审计部门”为特征的内部审计模式，这种具有创建性的学术观点，已经得到中国内部审计协会的充分肯定，并认为这是具有参考价值的研究成果，许多审计专家也对该著作极为认可，称之为“一部具有社会贡献与社会影响的力作”。

6. 侯文铿：《商业审计学》《审计辞典》《审计辞海》

（1）**《商业审计学》（辽宁人民出版社，1983）**

《商业审计学》是我国确立审计制度后编撰的第一批审计教材之一，全书共十一章，第一章概括介绍了审计的意义、任务、指导原则、种类、方法及审计工作组织机构和原则，侯先生认为审计是管理经济必不可少的重要手段，企业审计是企业综合性管理循环的一个重要环节；第二章至第十章从会计工作的审计、流动资金的审计、固定资产的审计、专项资金的审计、资金耗费的审计、税金和利润的审计、工业品流通业务的审计、农副产品流通业务的审计、粮油商品流通业务的审计九个方面详细阐述了商业企业涉及的各环节审计内容、要点、方法及流程；第十一章通过案例介绍了审计报告的编制方法及格式，为当时商业企业的审计实务提供了有益的参考。

（2）**《审计辞典》（福建人民出版社，1988）、《审计辞海》（辽宁人民出版社，1992）**

侯文铿最早的一部审计工具书是与黄忠堃共同编撰的《审计辞典》，而后由福建省会计学会和审计学会组织，侯文铿先生主持编写，并汇集 21 所大专院校和 17 个省市自治区的有关审计和会计专家共同编撰完成了《审计辞海》这部大型工具书。《审计辞海》收词 10000 余条，340 万字，全书共十七部分，涉及审计理论体系、审计组织体系、审计方法体系、审计法规体系、错弊形态审计、政府部门审计、生产部门审计、流通部门审计、金融保险审计、外商投资和内联审计、台湾审计、国际审计、比较审计、中外审计史、EDP 系统审计和审计案例等相关内容，覆盖面极其广泛，词条含义也极有深度。葛家澍先生称“《审计辞海》收词之全与广，涉及审计的领域之多，尚属罕见，在收词方面除力求全面、完备外，还将我国经济体制改革以来审计理论和实务不断涌现的新名词作为收集和表述的重点，对名词的解释，务冀科学、严密、准确、简练，并在前人的基础上有所发展，具有新意，体现了中国社会主义审计的特色”。《审计辞海》作为献给审计署成立十周年的一份厚礼，对于传播审计知识，为发展审计实务和理论研究都起到了有益的作用。

7. 李学柔：《社会审计》《国际审计》

（1）**《社会审计》（中山大学出版社，1997）**

《社会审计》是审计署审定教材，并被国家教育委员会立项为“九五”国家级重点教材，同时被中国审计出版社选入《当代审计书库》。

（2）**《国际审计》（中国时代经济出版社，2002）**

《国际审计》由李学柔、秦荣生教授共同编撰，是一部全面、系统论述国际审计的著作，是中国审计学会组织的“国际审计理论研究”的一项重要成果。全书总计十章，包括审计理论、国家审计组织、政府审计、内部审计、民间审计、审计准则、审计技术方法、计算机审计、环境审计等主要内容，既全面论述了国际审计基本理论，又详细阐明了国际审计的具体实务，资料翔实，将国际审计随着经济全球化、科学技术发展和社会进步的最新动态予以展现，在介绍一些主要国家审计的同时，总结了我国审计实践的做法和经验，并利用国际审计经验为中国特色社会主义的审计事业服务。作者在前言中强调“国际经济越是走向一体化，就越需要国际审计为其服务，就越需要进行审计的国际交流与协调”，《国际审计》的出版正填补了我国在国际审计研究领域的空白，推进了审计理论研究的国际化、现代化潮流。

8. 裘宗舜：《审计学》《西方民间审计》

（1）**《审计学》（中国财政经济出版社，1989/2003）**

1989年版《审计学》详细阐述了审计发展史概要、审计的种类、方法和程序，审计机构与审计人员，审计准则体系与审计评价标准，审计证据与审计工作底稿等内容，构建了比较完善的审计学教材体系，是我国早期的重要审计教材之一。2003年版《审计学》根据理论及实务最新发展适当进行了更新，是江西财经大学会计系的教材之一。

（2）**《西方民间审计》（中国财政经济出版社，1995）**

《西方民间审计》是我国较早介绍西方社会审计的著作之一，作者通过广泛收集美国、英国、澳大利亚、日本等国家关于民间审计的研究成果，通过对各种观点的描述、评价及比较，阐述其对民间审计的认识和观点。全书总计三篇十四章，在总论篇中，作者用三章篇幅简要阐述了西方民间的定义和职能、审计分类、审计理论的性质和结构、审计作用、审计准则、审计制度等内容，作者提出“审计是指站在公正立场的第三者对反映有关的经济活动与经济事项的报表的资料以及客观地收集证据，进行评价，从而证明与既定标准是否一致及其差异的程度，然后将审计结论传递给有关用户”的过程，审计具有“公正中立性、可验证性、客观性”等特征，“审计的职能是审计所固有的功能，鉴证职能是审计的基本职能”。在审计程序篇中，作者详细介绍了审计规划、审计执行、审计报告的相关内容。在审计实务篇中，作者依次介绍了销售与应收账款审计，采购、存货与销货成本审计，现金审计，财产、厂房和设备审计，投资审计，负债审计，薪金审计，业主权益审计的方法、技术和要点。该部教材较为完整地介绍了西方民间审计的理论体系、审计制度和技术方法，为后续社会审计教材写作提供了范例。

9. 石人瑾：《中日会计审计制度比较——日本的会计与审计制度》（立信会计出版社，1996）

《中日会计审计制度比较——日本的会计与审计制度》由石人瑾和根本光明共同编著，全书总计十五章，20 余万字，有中文、日文两个版本，中文版由立信会计出版社于 1996 年出版发行，日文版《中国及び日本の会計・監査制度》由日本中央大学出版部同年发行。该部著作从会计的发展、审计的发展、财务会计的现状、成本发展的管理与现状、成本管理的变迁和现状、责任会计、管理会计的应用、资金管理、财务报表分析、国家及地方自治体的审计、企业的审计制度、内部审计、会计业务电算化、会计教育等方面系统分析了中、日会计审计制度差异及共同之处，对于推动中日会计审计业务交流、学术交流及经济交流活动起到积极作用。

10. 王德升：《审计学基础》《各国审计制度比较》

（1）《审计学基础》（中国人民大学出版社，1988）

《审计学基础》一书由王德升与阎金锷教授共同编撰，是作者接受国家教育委员会委托编写的高等财经院校审计学专业（专门化）和其他财经类专业审计基础理论课程教材，被列为国家高等文科院校教材，为各大专院校广泛采用。全书共十五章，包括：审计的产生和发展；审计的意义；审计组织体系、审计的职能和审计工作的任务；审计机构和审计人员；审计的程序；内部控制制度的审计；审计证据和审计工作底稿；财政财务审计；经济效益审计；内部审计；审计报告；电算化审计；审计标准；西方国家的审计制度。该书以附录的形式介绍了我国及世界审计组织当时的最新法律、法规。作者认为，“审计是在一定的经济关系下，基于经济监督的需要而产生的”，“审计是具有独立性的经济监督活动”，“审计学是研究审计理论和方法，探索审计发展规律的一门社会科学”，“审计职能是审计所固有的功能，是审计理论的重要组成部分”，“审计工作任务的确定必须依据审计职能，同时也要适应国家在一定时期对经济管理和监督的要求”，“审计的基本方法是唯物辩证法”。该部教材重视探索和总结当时中国社会主义审计实践的经验，通过将当时开展的厂长离任经济责任审计、定期审计、行业审计、专项资金审计等各项审计的经验以及审计对于改革开放、宏观经济发展的作用等方面系统地归纳至各个章节以外，也批判性地吸收了国外审计理论的丰硕成果，突出国家审计有关问题的同时，兼顾社会审计、内部审计方面的问题，形成了可为后世借鉴的审计教材典范。

（2）**《各国审计制度比较》**（**中国审计出版社**，1989）

《各国审计制度比较》是《审计基础知识丛书》系列之一，由王德升教授独立编著。他在该部专著的绪论中指出，“世界上有许多国家，每个国家都有自己的国情。审计制度属于上层建筑，它是经济监督制度的组成部分，作为上层建筑，它要为经济基础服务，资本主义的审计制度要为发展资本主义经济服务，而社会主义的审计制度则要为发展社会主义经济服务。不同社会制度下的审计制度是有区别的，是有各自的特性的，即使在相同社会制度的国家之间，各国的审计制度也不是完全一样的，这是由各国的国情不同和历史文化传统不同所造成的。各国的审计制度之间虽然存在差异，但不管什么审计制度，其中都有一部分属于反映现代社会化生产的共同规律的东西，由于各国审计制度之间既有共性又有特性，所以各国之间就有可能相互学习、相互借鉴”。由此，王先生在详尽阐述、剖析和比较美国、英国、日本、法国、苏联、中国等最具代表性的国家的审计制度后，提出了各国审计制度在服务对象、经济责任审计、为宏观调控服务、独立性程序、国家审计机关的隶属关系与权限、国家审计的重点等方面存在较大的差异。同时，他指出各国审计制度的共性，例如“强调审计的独立性”，“强调作用在于为发展社会经济服务”，“国家审计、社会审计、内部审计并存”，“审计的主要类型包括合规性审计、财务报表审计、绩效审计三方面”，等等，并为我国审计理论及实践的未来发展提供了切实可行的建议。这些观点的提出为中国审计理论界及审计实务工作者了解国外审计发展历史与现状、借鉴国外审计经验、建立中国特色审计理论起到了建设性作用。

11. 王文彬：《审计学》《商业审计学》《基本建设审计》《审计辞典》《审计证据学综论》

（1）《审计学》（上海社会科学出版社，1984）、《商业审计学》（上海社会科学出版社，1984）

王文彬和黄履申编撰的《审计学》历经五年的反复改写才定稿，是我国恢复审计制度后早期的《审计学》教材之一。潘序伦先生作序称"这是一本理论联系实际，由浅入深，内容丰富，适应当前迫切需要的书"。全书体系较为完整，共十五章，前四章为理论部分，基于当时的政治形势，作者开篇介绍了社会主义审计与资本主义审计的根本区别、指导思想和审计人员素质条件，进一步阐述了审计抽样法的运用，这也是首次将抽样法加入审计教材中进行讲解，作者在之后对各项审计业务的介绍也是以审计方法为重点。第四章中，作者论述了内部控制制度的审计，并将其与企业财务审计相提并论，这在当时是极为超前的理念。第五章至第十三章阐述了财产物资及各项经济业务的审计，占全书三分之二的篇幅，内容包括货币资金、结算业务、银行借款、固定资产、材料、产品、工资、生产费用、产品成本、销售、利润、专用资金和各种基金等，内容详尽。第十四章介绍了财经纪律检查。第十五章介绍了审计报告书的意义、内容、程序和撰写方法，并列举了多种审计报告的范例。

该部教材囿于工业系统的审计，缺乏对其他方面的阐述，也是考虑到这个因素，王文彬、黄覆申、刘裕曾与何绍宋共同编撰了《商业审计学》一书。全书共十六章，前四章及第十六章与《审计学》一书类似；第五章至第十四章则以商业企业各项经济业务的审计实务为重点，对各行各业的商品流通审计分章、分节作了详细说明。该书被称为"审计人员的入门书"。

在当时审计教材极度缺乏的情况下，两部教材的出版对发展审计事业发挥了不小的作用。

（2）《基本建设审计》（西南财经大学出版社，1988）

王文彬与项斯培合著的《基本建设审计》，共五章，从审计基本理论着手，介绍了建设单位审计、施工单位审计、建设单位与施工企业承发包工作的审计等内容，在总结当时审计实践的基础上，进行了理论的拓展及未来业务开展的设计。

（3）《审计辞典》（上海三联书店，1990）

《审计辞典》选收 1376 条审计的专门用词，并慎选了与审计有密切关联的极少数其他专门名词，为当时的审计工作者提供了极大的便利。

（4）**《审计证据学综论》**（**上海三联书店**，1992）

《审计证据学综论》论述了审计证据的性质、特征、分类及来源，说明了如何科学地收集、审查、评价、判断、运用审计证据以及管理方面的问题。

12. 徐政旦：《内部审计学》《现代内部审计学》《内部控制制度及其评审》《内部控制论》《审计研究前沿》

（1）**《内部审计学》**（**上海人民出版社**，1989）、**《现代内部审计学》**（**中国审计出版社**，1997）

《内部审计学》是徐政旦教授、竹德操教授受审计署委托，为高等财经院校审计学专业（专门化）和其他经济类专业编写的审计基础理论课程的试用教材，该部教材是两位教授在对当时我国内部审计实际工作总结的基础上，吸收融合了国际有关内部审计的理论和方法编撰而成的，阐述了当时我国大中型企业、事业单位内部审计的基本理论和方法。作为我国第一本系统阐述内部审计理论与实务的审计教材，该书出版后受到会计学界和审计学界的重视，得到审计专家、学者、学生、工作人员及大中型企业经理、厂长等有关管理人员的厚爱，并得到审计部门及有关高校的一致好评，出版后多次再印。作者指出，“大中型企业要深化内部改革，提高经营管理水平，坚定地走自我积累、自我发展和提高效益的路子，离不开内部审计工作”。鉴于经济效益审计在内部审计中的重要地位，该部教材对经济效益审计方面的内容作出了充分的论述和细致的研讨。该部教材共31万余字，主结构包括五篇十八章，第一篇是内部审计的基本理论，论述了内部审计的意义、对象、职能、任务、特征、机构、人员、依据、证据、程序、工作方式和工作方法；第二篇探讨了内部控制制度审计；第三篇探讨了经济效益审计，具体包括计划目标管理审计、决策审计、资源利用效益审计、经济责任审计、经济合同审计的相关内容；第四篇阐述了内部财务审计，包括资本运用和资本来源的审计、费用和成本的审计、收入和利润的审计及会计报表审计的相关内容；第五篇论述了基本建设项目审计、投资联营审计和电子计算机会计系统审计等专题审计内容；附录部分摘录了国际内部审计准则，为读者增加了参考及研究内容，开阔了读者的视野。

《内部审计学》是对内部审计开拓性研究的理论成果总结，书籍结构分配层次分明、条理清晰，具有很强的理论指导意义，出版后受到审计学界及会计学界的一致好评。

徐政旦与朱荣恩教授合作编撰的《现代内部审计学》是审计署全国审计专业教材编审委员会审定教材，被教育部评为“九五”国家级重点教材，这部教材与《内部审计学》的结构相同，并融合了当时内部审计的最新理念及观点。全书共二十章，主体结构划分为总论、内部审计规划、内部审计实施、内部审计报告和后续审计四篇，总论部分用五章篇幅详细介绍了内部审计的概念、职能、作用、特征、机构、人员、程序、依据和证据等内容。作者认为“内部审计是我国审计组织体系中的重要组成部分”，并提出“内部审计是在本单位负责人的领导下，在单位内部设置独立的审计机构和配置专职的审计人员，根据有关的法规、制度，采用一定的程序和方法，对单位的财政、财务收支及各项经济活动的真实性、合法性和效益性进行检查和评价，提出报告并作出建议的一种经济监督活动”，“内部审计对象包括财政和财务收支活动、业务经营活动、管理制度和管理工作”，“现代内部审计的内容包括以财务活动为对象的内部财务审计和以经营管理活动为对象的经济效益审计”，“内部审计的对象决定了其职能、作用和审计程序”，“内部审计程序包括规划、实施、报告和后续审计四个阶段”。第二篇中，作者按照审计程序各阶段，详细阐述了内部审计的实务操作。在对内部审计实施和内部审计报告及后续审计的介绍中，作者以经济效益审计为重点并融合财务审计观念，对各个业务循环的审计进行介绍，包括销售、采购、生产、工薪人事、货币资金、存货、固定资产、理财等各环节，阐述过程注重深入浅出、理论联系实际，并独创性地设计了一系列流程图、测试图、调查表、分析表、测试表，内容极为精细，保证了读者理解并从理论上领会后付诸实际运用。

（2）**《内部控制制度及其评审》**（**中国审计出版社**，1989）、**《内部控制论》**（**辽宁人民出版社**，1992）

徐政旦教授认为，内部控制理论是现代审计学的基础。基于对内部控制的多年研究，并参考国外文献有关内部控制理论的发展和研究成果，徐教授与他的研究生先后编写了《内部控制制度及其评审》（1989）和《内部控制论》（1992）两部著作。《内部控制制度及其评审》是我国有关内部控制制度评审方法的第一本著作，结合当时我国企业的具体业务，阐述了各种业务的内部控制制度以及对之进行评审的方法。《内部控制论》阐述了现代内部控制的发展，提出内部控制结构的概念，并把内部控制制度的评价转移到内部控制结构评价上来，评析论述内部控制结构的评价方法，同时将内部控制结构的评价与风险的估量联系起来，以比较精确地估计审计风险，借鉴并创造性地论述了符合我国企业特点的内部控制流程图符号及编制方法，以及制度基础审计的具体开展方式。两部著作的出版，填补了我国内部控制研究的空白，为建立我国内部控制理论和方法体系做出了重要贡献。

（3）**《审计研究前沿》**（**上海财经大学出版社**，2002）

21 世纪初期，我国社会审计已经恢复重建近二十年，随着市场经济的发展，特别是资本市场的迅速发展，注册会计师职业迅速发展，当时我国已拥有注册会计师十多万人，其中执业会计师六万多人，并拥有一套初具规模的独立审计准则，社会审计已成为社会主义市场经济宏观监控机制中不可缺少的一个重要组成部分。然而，与蓬勃发展的审计实践相比，当时审计理论研究方面的发展明显滞后。审计作为一门学科，尚未建立较为完善的学科理论体系，尚未编著出一本相对比较完善的审计理论著作，极大影响了我国审计高素质人才的培养，同时也影响了我国审计学科的建设和审计实务水平的迅速提高。基于此背景，徐政旦先生与上海财经大学其他几位博士生导师自1995年开始带领博士生对审计理论前沿问题进行系统性、跟踪性研究，2002年由上海财经大学出版社出版研究成果《审计研究前沿》，2011年再版，作为会计审计专业研究生的教材。

《审计研究前沿》（第一版）共十七章，从审计与社会经济结构之间的相互关系、西方审计理论研究、审计理论研究方法、审计理论框架结构、审计本质、审计目标、审计假设、审计规范、审计证据、内部控制与制度基础审计、审计风险与风险导向审计、审计责任、审计质量、审计报告、经济效益审计、政府审计、内部审计各角度进行了探索性研究，提出了独到的见解，促进了审计理论研究的深入开展，并填补了审计理论著作方面的空白。第一版教材出版以后，世界社会经济环境及注册会计师行业的执业环境发生深刻变化，安然、世通的相继倒闭和安达信的崩溃令业内震惊，美国《萨班斯法案》的通过、公众公司会计监督委员会的建立、COSO《企业风险管理整体框架》的发布以及世界各国所采取的一系列措施，促进了全球资本市场向规范化方向发展。审计作为市场经济发展不可或缺的组成部分，如何应对这一现状成为审计理论学界及实务工作者共同关心的问题。由此，徐政旦先生与谢荣、朱荣恩、唐清亮合作编辑，并于2011年出版了《审计研究前沿》（第二版），引入现代风险导向审计理论，并根据最新国际审计准则和中国注册会计师执业准则的发展更新了相关内容，增加了“审计准则的国际比较”一章，在保持原教材体系完整性的基础上，增强了研究的前沿性。

在第二版教材中，作者认为“财产所有权和经营权的分离，是审计产生和发展的原因”，委托人和代理人之间的经济契约关系以及信息不对称问题也是审计产生的前提，审计作为整个公司治理体系不可分割的部分，在报告制度、激励机制、监督体系中发挥着不可替代的作用。作者提出，“任何一门成熟的学科，都应在总结实践的基础上形成一套完整的、相互关联的、合乎逻辑的框架结构”，“审计理论结构的研究要顺应审计环境的变迁而发展，顺应时代的变化而变革理念”，由此，作者提出了一个主次分明、相互联系制约的结构框架，审计内核包括“本质、目标、假设、概念、准则、程序方法、报告”几大要素，随着社会经济的发展，各要素内容及因素层次会发生变化；而各个要素及整个结构系统均受到政治、哲学、经济、文化、法律、科学发展、相关知识的影响。作者随后用九章篇幅着重阐述了审计结构中的各要素，并对各要素进行了详细理论界定，提出了一些独到的见解，例如，作者认为，“审计本质是审计职业界及社会公众对审计基本属性的认识”，学者对审计本质从审计方法、审计职能、审计作用等角度形成了不同的认识，比如方法过程论、经济监督论、代理论、信息论、经济控制论等，而“社会对民间审计提出的要求首先是对财务报表进行鉴证，因此鉴证是民间审计的基本性质”；“审计目标是特定环境中审计活动的既定方向和要达到的预定结果”，“审计目标是审计理论联系审计实践的桥梁、审计职业联系审计环境的纽带”；“审计假设是人们在审计实践中归纳总结出来的，但目前还无法对其本身从逻辑上加以证明的、对审计基本特征的理性化的感性认识”，并认为研究和确立审计假设应遵从抽象性、完整性、务实性、有效性四原则，以此为出发点建立了一套包括审计必要性假设和审计条件假设的体系，审计必要性假设部分着重阐述了审计的作用问题，即“经独立的注册会计师审计过的会计报表和信息比未经审计的会计报表和信息对其使用者更有用”，审计条件假设是对实现审计目标所必须具备的条件的设定，包括“审计客体、审计主体、审计范围、审计主要方法和作用、审计报告内容和意义”五方面；“审计规范是审计主体在审计工作中应当遵循的业务标准和行为标准”，构建审计规范至少要考虑审计规范权威性、适用的主体、应用的对象、实施的内容等因素；“审计证据是证明被审计对象有关事实存在与否的依据，其具体表现形式就是审计人员在审计过程中所使用的各种信息”；“审计质量具体表现为审计人员的质量和审计过程的质量，最终体现为审计报告的质量，其核心就是审计工作在多大程度上增加了会计报表的可信性”，“审计发展的历史，无论是从理论上还是从实务的角度分析，都是不断协调审计质量与审计效率矛盾的历史”；“审计报告的发展经历了一个多样化向规范化、标准化演进的历史”；“审计责任是会计师事务所及注册会计师在承办审计业务中所应履行的职责，以及因工作失误造成公众的损失而向社会公众承担的法律责任”。作者除从理论角度阐述了审计结构中的各要素外，还汇总了大量的审计文献及各国法律、准则资料，通过横向比较、历史研究、文献研究等手段为读者展现了审计理论前沿问题。此外，作者还通过类似专题的形式，概括阐述了绩效审计、政府审计、内部审计中的理论问题。《审计研究前沿》可称为审计理论研究，尤其是社会审计理论研究的典范教材。

13. 阎达五：《内部控制框架的构建》（《会计研究》，2001 年第 2 期）

阎达五教授与杨有红教授合作撰写的论文《内部控制框架的构建》被引频次 3100、下载次数 27873（截至 2023 年 6 月 30 日），在审计主题文献中排名第一。《内部控制框架的构建》从内部控制理论的嬗变视角出发，将内部控制理论发展的基本规律概括为三点：其一，“保证会计信息的真实性是内部控制发展的主线”；其二，“会计控制是企业内部控制的核心”；其三，“内部控制目标随公司治理机制的完善呈多元化趋势”。由此作者进一步指出，“维护资源的安全、保证信息可靠、提高经营的效率和效益共同构成内部控制的基本目标，而会计控制（含财务控制）始终是内部控制的核心”，“内部控制框架与公司治理机制的关系是内部管理监控系统与制度环境的关系”，“内部控制框架在公司制度安排中担任内部管理监控的角色，成为公司管理中不可缺少的部分”。在内部控制框架的构建中，“应采取双管齐下和分步走的战略”，内部控制框架构建中应抓住的关键问题是“健全管理机构，理清管理权责；确立董事会在内部控制框架构建中的核心地位；内部审计机构设置与科学定位；强化预算管理；建立具有操作性的道德规范与行为准则”。作者从基础理论出发，引导内部控制实践，为实务应用提供了具有操作性的建议，这篇论文是内部控制研究领域的经典之作。

14. 阎金锷：《审计知识手册》《内部控制评价应用》《改革中的会计与审计论文集：阎达五、阎金锷教授论文汇编（1991—1998）》

（1）**《审计知识手册》（天津人民出版社**，1989）

《审计知识手册》是一部审计辞书，包括审计一般、专业审计和附录三部分，共收集有关审计条目598条。“审计一般”部分对审计古今中外的基本知识作了重点介绍，包括审计及审计学的基本概念说明，如“审计、审计学、审计史学、审计职能、审计对象、审计任务、审计作用、审计责任、审计监督、审计关系人”等，中国古代审计相关概念说明，如“宰人、上计制度、御史监察制度、比部、审计司（院）、都察院、国民党政府审计部”等，以及世界各国审计史简要说明；“专业审计”部分比较系统地介绍了国内外工业、商业、基本建设、行政事业、金融、外贸等部门、单位的审计实务涉及的相关概念、各类技术方法、审查要点、审计部门及人员；“附录”部分罗列了国家审计、社会审计、内部审计截至1989年的相关审计依据。该书是一本知识性和实用性较强的审计工具书。

（2）**《内部控制评价应用》（中国人民大学出版社**，1998）

《内部控制评价应用》由阎金锷与陈关亭教授共同编撰，集结了作者十年理论研究和应用试点的科研成果，全书共四章，第一章阐述了内部控制从“内部牵制”到“内部控制”再到“内部控制结构”的发展过程，纵横考察了西方内部控制及其评价的定义、内容、形式、作用和局限性，在此基础上，紧密结合我国当时的国情，重塑了内部控制理论，进而在第二章至第四章中具体设计了内部控制评价的规范程序、操作方法和标准摸式，全面拓展了内部控制评价结果的应用范围和途径，并结合实际试点案例详细演示了内部控制评价在审计工作中应用的全部过程，为我国内部控制评价的实务应用提供了重要的理论依据。

（3）**《改革中的会计与审计论文集——阎达五、阎金锷教授论文汇编（1991—1998）》（中国人民大学出版社，1998）**

该论文集收录了阎金锷先生 1984—1997 年间发表的十篇典型论文，包括《审计的产生和发展》《从审计的产生谈审计的性质》《审计职能、对象、任务和作用的探讨》《构建审计理论框架初探》（发表于《审计研究》1995 年第 3 期）、《审计理论研究的新起点——审计理论结构探讨》（发表于《审计研究》1996 年第 3 期）、《经济效益审计性质、职能和概念的探讨》《内部审计初探》等，这些论文对审计基础理论作了大量卓有成效的研究，对推动审计科学发展起到了较好的作用。在《审计理论研究的新起点——审计理论结构探讨》《构建审计理论框架初探》两篇论文中，阎金锷先生以受托责任论为基础，指出建立审计理论框架的两种方法和思路：其一是“运用历史逻辑的方法，从审计历史发展过程中去寻找审计的性质及其规律性”；其二是“按照形式逻辑的思维和推理，形成审计理论体系”。他对当时“审计目标→审计假设→审计原则→审计概念→审计准则→审计规范”及“审计本质→审计假设→审计目的→审计信息→审计规范→审计控制”两种典型理论结构框架进行评价后，提出了“审计本质→审计目标→审计假设→审计原则→审计准则”的五层模式，这在审计学界产生了积极的影响。

15. 张以宽：《审计学基础》《商业审计》《企业财务审计》

（1）**《审计学基础》（中国商业出版社，1984）**

《审计学基础》是我国改革开放后最早期的审计学教材之一，全书总计十四章，第一章阐述了我国审计的发展演变、审计范围职能，着重探讨了审计的定义及其与会计的区别，作者认为“广义的审计包括审核和稽查两个方面”，具有“财政监督、经济监察、经济管理、经济公证、保护财产”职能，其种类按审计对象可划分为“财政财务审计、经济效益审计、财经法纪审计”；第二章介绍了社会主义审计的特征；第三章概述了审计组织及人员；第四章、第五章阐述了审计基本方法及程序；第六章介绍了内部控制制度审计的意义及内容；第七章介绍了会计基础工作审计的意义、作用、方法及要求；第八章至第十二章、第十四章按照会计科目类别分别阐述了货币资金、结算业务、商品流转业务、固定资产、国家资金、专用基金、费用、税金及财务成果、生产加工业务等的审计要点；第十三章总体叙述了会计报表审计的意义及操作流程。

（2）**《商业审计》（中国商业出版社，1988）**

《商业审计》以 1988 年公布的《中华人民共和国审计条例》为依据，系统阐述了以国家审计机关为主的机构对商业行政管理部门的管理活动、财务收支活动，国家商业企业、国家商业企业与外单位联合办的商业企业，以及国营商业系统所属的集体商业组织、中外合资商业企业的商品购、销、存活动和财务收支活动进行的审查和监督的相关理论及实务。

（3）**《企业财务审计》（经济科学出版社，1993）**

《企业财务审计》是张以宽教授根据审计的实务经验及最新发展对以往教材的体例、结构及内容进行重新规划而编撰成的著作。作者认为，“现代企业财务审计是由审计委托人、审计组织、审计人员、审计法规、审计对象、审计方法等因素构成的审计监督系统”，进而基于注册会计师审计依照会计科目次序重点阐述了企业财务审计的意义、内容、要点及方法。

张以宽教授编撰的审计教材在出版后广受好评，为初创及发展阶段的审计科学研究提供了丰富的资料及信息，对审计理论研究及审计实务的进一步发展起到良好的推动作用。

16. 竹德操：《经济效益审计学》（西南财经大学出版社，1991）

竹德操与吴云飞主编的《经济效益审计学》是我国早期的经济效益审计学教材之一，系统介绍了经济效益审计的基本理论。作者提出“经济效益审计定义应当从审计主体、客体、目的、方法、标准等方面概括”，“经济效益审计是由独立的审计机构和审计人员，对被审计单位或项目的经济活动及其结果进行综合的、系统的审查、分析，对照一定的标准，评定经济效益的现状和挖掘潜力提出提高经济效益的建议，促使被审计单位提高经济效益的活动”。作者进一步对业务经营审计的理论和实务、管理审计以及专题经济效益审计等内容进行了详细阐述，这些完整知识体系的构建对于经济效益审计的理论学习及实务开展具有参考价值。

20 世纪 30 年代出生的作者的重要审计文献

1. 崔建民:《当代中国经济大辞库(审计卷)》(中国经济出版社,1993)

《当代中国经济大辞库》是一兼具集权威性、理论性、实用性的大型工具书,整部作品包括 25 卷,其中"审计卷"部分专门阐述了审计相关问题,由崔建民审计长担任主编,汤云为教授担任常务主编。《当代中国经济大辞库(审计卷)》总计 185 万余字,共十九篇,内容包括审计学原理、审计证据、审计标准和审计准则、审计方法、审计抽样、制度基础审计、审计风险、审计责任、事业单位财务审计、工业审计、商业审计、基本建设审计、经济责任审计、国际审计、电算化审计等,取材广泛,覆盖面极广,内容丰富且具有创新性,注重理论与实务接轨,突出体现了审计学科体系的整体性。

2. 谷祺:《中国注册会计师实务》(东北财经大学出版社,1992)

《中国注册会计师实务》由谷祺、孙德金、金延政担任主编,毛岩亮、刘永泽、苏辉担任副主编,该书详细阐述了注册会计师及会计师事务所、外商投资企业相关基础知识,并介绍了企业会计核算、注册会计师涉外业务及国内业务、主要法规制度,1996 年获辽宁省教委人文社会科学研究优秀成果一等奖。

3. 康钟琦:《现代审计学基础》《审计学》

(1)《现代审计学基础》(立信会计出版社,2000)

《现代审计学基础》由康钟琦、顾芸主编,是立信会计丛书系列中的一本,总计九章,兼容国家审计、社会审计、内部审计知识,包括审计对象、审计目标和审计分类、审计机构和审计人员、审计方法和审计程序、内部控制及其评审、审计报告、审计准则、审计管理等内容，语言简洁、内容扼要，是一部适用于高等院校非审计专业学生的基础审计学教材。

（2）**《审计学》（经济科学出版社，2005）**

《审计学》是天津财经大学重点建设教材之一，该书在明确与审计相关的各个重要概念和理论基础的前提下，着重分析了影响审计活动的各项环境因素，重点论述了审计过程中的各项具体技术与方法，抓住各业务循环的不同特点分别详细讲解了具体业务和余额的审计程序，并且结合章节内容编写了一些典型的、较具代表性的审计案例，有针对性地设计了思考题和练习题，是一部适用于高等院校会计、审计专业和其他财经类专业本专科学生的教材。

4. 刘国成：《林业审计学》（黑龙江朝鲜民族出版社，1991）

《林业审计学》是我国林业行业唯一一本反映林业特色的审计学专著，为我国林业审计事业的发展翻开了新的一页，为规范、指导全国林业会计核算及审计监督发挥了重要作用。

5. 杨周南：《信息技术在会计和审计实务中的应用》（清华大学出版社，2003）

该著作分析了企业会计信息系统的应用、计算机环境下企业内部控制及审计等问题，并阐述了企业管理信息系统、会计信息系统和传统审计实务等相关领域的进展与趋势，是审计、会计信息化领域的开拓性著作。

6. 于玉林：《现代审计工作手册》《审计学》

（1）**《现代审计工作手册》（辽宁人民出版社，1988）**

《现代审计工作手册》是一部审计类工具书，对审计的基本理论和知识、各行各业如何进行审计工作进行了系统阐述，同时对主要审计会计法规及审计案例、中外审计史进行了简要介绍，是当时审计人员实务工作的重要依据和参考资料。

（2）**《审计学》（天津大学出版社，2006）**

于玉林先生主编的《审计学》一书是为适应21世纪会计、审计人才培养需求，集合南开大学、天津财经大学、中南财经大学、山西财经大学等高校知名教授、教师编写的系列教材之一，全书总计十三章，系统介绍了审计规范、审计方法、内部控制及控制风险评估、审计证据与审计工作底稿、审计程序、审计报告、财务审计、经济效益审计、经济责任审计等内容。教材的编写充分体现了于先生所倡导的“理论与实践相结合”的特点，各章知识介绍循序渐进、由浅入深，并且突出了审计信息化及当代审计研究成果，同时充分借鉴了国际最新的审计理论与方法，出版后被许多高校会计、审计专业作为参考教材。

20 世纪 40 年代出生的作者的重要审计文献

1. 曹慧明：《建设项目跟踪审计》（中国财政经济出版社，2005）、《建设项目跟踪审计实务》（中国时代经济出版社，2006）

《建设项目跟踪审计》及《建设项目跟踪审计实务》立足于建设项目跟踪审计实务视角，重点探讨了跟踪审计实务中迫切需要解决的问题，即如何在工程量清单计价模式下进行跟踪审计。作者按照准备、实施、竣工三个阶段阐述了建设工程跟踪审计的内容和方法，并分别结合装饰装修、安装、市政工程和园林的特点阐述了跟踪审计的实务应用。著作中的创新方法在省级审计厅得到广泛应用，并在全国范围得到推广。

2. 郭道扬：《中国会计史稿》《会计发展史纲》《会计史研究》

（1）《中国会计史稿（上、下册）》（中国财政经济出版社，1982/1988）

《中国会计史稿》上、下册被誉为“东方第一部会计史学专著”，该部著作不仅是一部会计史，还是一部会计、审计、财务史，著作“以时代为经，以会计、审计、公库、财务行政四种互相牵制的职能为纬，分官厅、民间两个系统全面阐述了中国财务、会计、审计发展的历史”。该著作上册总计六章，下册总计三章，全书按照原始计量与记录时代、夏商和西周时代、春秋战国时代、秦汉时代、魏晋南北朝及隋代、唐宋时代、元明时代、清代、中华民国时代的顺序，详细介绍了中国会计实务及会计学学术发展。

杨时展先生作序称，“该书毅然跳出二十四史、十通、历代会典、会要、《玉海》、《渊鉴》等陈陈相因的圈子，另辟蹊径，把目光集中于未经前任充分利用的出土文物上，大量引用《睡虎地秦简》《居延汉简》《流沙坠简》《汉晋西陲木简》《江陵汉简》吐鲁番古墓发掘简报、新疆出土文物、敦煌资料以及近代各家有关殷墟书契方面的著作等所记的第一手资料，令人信服地勾勒出中国会计发展的大体轮廓”，不仅为会计史学研究开拓了新途径，也为中国历史的写作提供了新思路。

该部书籍出版后在中国学界引发高度关注，潘序伦先生盛赞称《中国会计史稿》“填补了我国会计学的空白”。著名会计学家李鸿寿、李宝震、边恭甫等都给予这部书高度评价。该书出版后于 1985 年获湖北省首届社科成果一等奖，1988 年获财政部优秀教材一等奖，1995 年荣获全国高校首届人文社会科学研究成果一等奖，是当时会计、审计学界唯一一部获得国家最高奖项的著作。1988 年至 1990 年间，该部书籍先后被译成日文、英文在国外发行，在世界范围内形成广泛影响，成为美国国会图书馆、日本国立图书馆及西方 20 多个国家的一些主要大学的重要藏书。美国《会计百科全书》充分肯定该部书籍的历史地位；美国新泽西大学教授李露茜评价称，《中国会计史稿》是“东方的第一部著作，这部著作将有助于向全世界介绍东方的文明”；日本名古屋商科大学的津谷原弘教授、九州大学的西村明教授评论《中国会计史稿》的问世填补了世界会计史库中的空白，是东方第一部会计史学专著；杰克·古迪教授在《西方中的东方》第二章“理性与会计：簿记与经济奇迹”中，大篇幅评析郭道扬先生的《中国会计史稿》对于会计学术领域以及人文学科领域的世界性贡献。

（2）**《会计发展史纲》（中央广播电视大学出版社**，1984）

《会计发展史纲》是我国第一部会计史教科书。郭道扬教授依据会计发展的特有属性，分会计的起源、单式簿记的产生与发展、复式簿记的产生和发展、中国古代审计组织的产生与发展四个专题阐述了会计发生、发展过程中的历史概要。该部书籍出版后先后刊印发行达十余万册，被全国大多数高等财经院校选作参考教材。该书在 1987 年荣获国家教育委员会优秀教材奖，1988 年被译为日文，在中国乃至世界范围内引发广泛关注。

（3）**《会计史研究》（第一卷、第二卷、第三卷）（中国财政经济出版社**，2004/2008）

1999 年 4 月，郭道扬教授主编的《会计史教程》（第一卷）由中国财政经济出版社出版，2004 年该书更名为《会计史研究》，至 2008 年总计出版三卷，合计 280 余万字，是一部具有世界通史意义的专著性教科书。郭道扬教授在导论中强调，“我们为了现在就必须了解过去、研究过去，以在重大会计、审计问题研究中，形成历史、现实与未来的一体化研究格局，以在会计的发生、发展时空关系上铺设一座坚实的桥梁。这部书不只是用文字重现会计历史，而是为着揭示会计的历史发展规律，并通过历史与现实问题结合研究，探明未来发展的方向”。《会计史研究》总计三卷七个专题，创新性地摆脱时代束缚，将历史、现实与未来的问题贯穿在每个专题加以研究，划分为会计史、审计史的基本问题研究、特殊问题研究以及高层次问题研究三个部分，包括会计的起源、会计组织部门的产生与发展、会计法律制度史导论、古代国家会计立法建制的演进、现代国家会计法律制度建立的演进、未来会计法律制度演进基本态势、单式簿记的产生与发展、复式簿记的产生与发展等内容，将会计发展过程中所体现的基本思想、基本理论、会计组织、法治建设以及会计方法体系的演进予以统一，并包容了与会计相关联的审计学、理财学发展的重要问题，“内容横贯古今，史料兼容中外，既阐释了会计历史的演进规律，又展现了会计未来的发展态势”，再次向读者清晰印证了“会计史作为会计知识的海洋，会计思想的宝库，是会计文化中的文化，会计理论中的理论”。该书出版后先后被评定列入“九五”国家级重点教材，“十五”“十一五”国家级规划教材，《会计史教程》（第一卷）荣获 2002 年全国普通高校优秀教材一等奖，是具有广泛世界影响力的会计史学教材。

3. 李凤鸣：《审计学》《审计学原理》《内部控制学》《审计方法》《审计技术方法》《经济责任审计》《现代经济效益审计》

李凤鸣教授在审计理论与方法研究及内部审计和经济责任审计研究方面，始终处于国内领先地位，在内部控制系统研究方面填补了国内空白。

（1）**《审计学》（安徽人民出版社，1990）、《审计学原理》（南京大学出版社，1990）**

周舜臣、李凤鸣教授主编，于 1985 年由安徽科学技术出版社出版的《审计学》是我国恢复审计制度后早期审计学教材之一，当时被全国 17 所高等学校和安徽省自学考试委员会选为教材，也是全国高等教育自学考试指导委员会推荐使用的教材。截至 2001 年，该书发行 61500 册，曾荣获安徽省社会科学优秀成果一等奖。

1990 年，李凤鸣教授主编，由安徽人民出版社出版的《审计学》被盖地教授称作“一部富有新意的著作”，盖地教授认为全书具有三个特点，即“体系完整、结构合理”“内容充分，理论具有创新性”“实务适用性及可操作性”。全书主结构分上、下两篇，上篇共十三章，系统、全面地阐述了审计的产生与发展、审计的地位与属性，审计的客体与主体、审计假定、审计规范、审计种类、审计证据、审计方法、审计计划、审计程序、审计工作记录、审计报告、审计管理；下篇共十二章，概述了内部控制的审计、会计资料审计、货币资金和结算业务的审计、材料物资审计、固定资产审计、专用基金和借款审计、商品经营业务审计、主要费用审计、成本计算审计、利润形成与分配审计、管理审计、经济责任审计。作者在吸收中外现代审计理论研究成果的基础上，提出了很多全新的观点，发表了许多精辟的见解，例如，他认为“审计产生于授权管理”“审计假定可以划分为基本假定和特种假定两大类”“审计规范由审计准则和审计标准构成”“审计种类可以按照主体与客体进行有层次的分类”，并首次提出审计的“直查法、重制法”，针对我国审计制度化、规范化和法制化要求引入“审计管理”，为当时的审计实践提供了新的理念。

李凤鸣教授最早编撰的《审计学原理》教材是 1990 年 1 月由南京大学出版社出版的。李凤鸣教授通过对当时审计领域的统计和预测提出“到 20 世纪 90 年代中期审计人员会出现严重缺乏”的观点，认为培养审计人才是当务之急，为了满足各层次审计教育的需求，作者根据当时最新的审计制度及实务特点，并考虑到教学需要，建立了新的理论体系，充实了新的实务内容，教材既注重审计理论知识的介绍，又注重审计的可操作性。全书共包括十六章，第一章到第四章简要介绍了审计基本理论，之后作者用十二章篇幅着重阐述了审计人员的行为过程、行为方法与应遵循的行为规范，并结合具体的经营业务阐述了审计要点与方法，内容完整、层次清晰，易于学习人员掌握。1993 年，李凤鸣教授主编的《审计学原理》被审计署全国审计专业教材编审委员会立项为全国统编教材，1997 年由中国审计出版社出版，是中华人民共和国成立后第二部教育部统编教材，保持了 1990 年版教材的思路和风格，出版后受到极大好评，先后印刷三次，并于 2000 年由中国时代经济出版社发行修订版，发行量超过 8 万册。修订版中，作者依据宪法中的有关规定以及《中华人民共和国审计法》《中华人民共和国注册会计师法》编写，以我国国家审计为主线，同时兼顾内部审计与注册会计师审计的基本理论、基本方法与基本知识，着重将最一般的、普遍适用的审计理念传达给读者。1997 年及 2000 年版教材中，作者在继承传统审计理论的基础上，着重阐述了现代审计的理论和方法，在重点论述我国审计理论和方法的同时，有选择地介绍了国外的审计理论及方法。全书包括十二章，作者首先提出“审计是一种被授权的、具有独立性的综合经济监督活动，审计产生于授权管理；任何审计都是一种证实行为，其根本目的在于研究或解除被审计者应承担的经济责任”，“经济监督是审计的基本功能”，“独立性是审计监督的最本质的特征”，另外，审计的基本特征还包括权威性和公正性，“审计权威性的关键不在于法律赋予它的地位，而在于审计人员自我塑造的形象在公众心目中的地位”，对审计的产生与发展、职能与作用、对象、目标和分类等基本理论进行了简要介绍。在随后的章节中，作者以审计主体、审计客体、审计授权和委托人这三个所有类型审计均具有的基本要素，将国家审计、社会审计、内部审计的内容进行了极为完美的融合，介绍了审计组织与人员、审计依据与审计证据、审计工作底稿、审计程序、审计报告，详细地阐述了审计技术方法、审计抽样方法、制度基础审计方法和电算化系统审计方法，并在最后两章概括地介绍了审计准则和审计管理。2006 年

1 月、2008 年 9 月、2011 年 2 月、2014 年 6 月、2015 年 4 月、2019 年 12 月，《审计学原理》由复旦大学出版社再版六次，至今已经发行到第七版。2006 年版教材根据《国家审计基本准则（修订版）》，新修订的《中华人民共和国会计法》，审计发展规划、社会审计及内部审计的最新准则、规范及实践，新增“审计职业道德与法律责任”和“风险基础审计”两章，并对其他章节进行了大范围修改，教材扩展为十四章，新增及修订内容达 20 余万字，修订范围达到 80%以上，原著由 28 万字增至 40 万字左右，这一教材结构的设计基本成为后续各版教材的一个模板，并在每版教材中根据最新的国内外审计理论及实践发展增加或删减内容；最新的 2019 年版以《审计法实施条例》《企业内部控制基本规范》等最新条例、规范为修订依据，体现了近几年审计法规、理论与实践的最新发展，如《中华人民共和国审计准则》、新修订的注册会计师审计准则及指南、内部审计实务指南等，不断加强对“审计职业道德与法律责任”的关注，对“风险基础审计”的深入理解，对“企业内部控制”的应用等。《审计学原理》出版以来，先后成为审计署统编重点教材、教育部推荐使用教材，获评 2001 年江苏省优秀教学成果二等奖，2002 年教育部国家级优秀教材二等奖，“十一五”及“十二五”普通高等教育本科国家级规划教材、国家级优秀教材，并被列为国家级精品课程建设项目，这些足以说明这部教材在中国审计教育及审计事业发展中的地位及深远影响。《审计学原理》也成为作者编撰审计学基本教材的一个规范，例如，1999 年 6 月、2006 年 4 月由北京大学出版社出版及再版的“九五”“十五”全国成人高等教育规划教材《基础审计学》也是类似的结构及思路，不仅被成人教育及自学考试选用，也被很多普通高等教育院校列为首选教材。

（2）**《内部控制学》（中国商业出版社，1992）**

李凤鸣教授最突出的学术贡献是完成了内部控制基本理论和设计的研究。20 世纪 80 年代末他便提出“随着改革开放的深入，加强内部控制，对于改善企业素质、增强活力非常有必要”。1992 年 10 月由中国商业出版社出版的《内部控制学》一书，填补了我国在内部控制系统研究方面的空白，同时也是其后续著作《内部控制设计》（经济管理出版社，1997）、《内部控制与风险防范》（经济科学出版社，1998）两部教材的雏形。1994 年，《内部控制学》获江苏省第四次哲学社会科学优秀成果三等奖，1995 年获全国高校人文社科优秀成果二等奖，2002 年及 2012 年，该教材由北京大学出版社两次再版，2005 年获江苏省优秀教学成果一等奖。《内部控制学》为内部控制建立了理论及实务体系，作者深入地研究了内部控制的概念、产生与发展的过程及原因、内部控制在整体规划管理中的地位，并建立了内部控制的理论依据以及内部控制的标准、组织与评价，重点探讨了内部控制制度的设计问题，即内部控制制度设计的原则与方法、内部牵制的设计、制度文件的设计、小型单位的制度设计、管理控制实务与设计、会计控制实务与设计、内部审计控制实务与设计。《内部控制学》和《内部控制设计》将现代管理学、现代会计学和现代审计学进行了交叉研究，开创了一门新的管理学科，同时在理论上通过对控制论、系统论、信息论的融合，建立了内部控制的理论框架及制度设计的主要原则。作者还开发了内部控制课程及课程群的建设，为内部控制的人才培养做出突出贡献。其《内部控制与风险防范》通过对内控理论应用的阐述，强化了在企业中的操作性。而后，李凤鸣教授为了开拓内部控制在政府管理方面的应用，主持完成了江苏省哲学社会科学“九五”规划重点课题“政府论控制学”的研究，并出版了专著《政府控制学》。

（3）《**审计方法**》（**中国商业出版社**，1991）、《**审计技术方法**》（**北京大学出版社**，2001）

1984 年，李凤鸣教授首次提出了审计方法体系的构想，1991 年，他与周学民共同编撰的《审计方法》一书由中国商业出版社出版，完善了这一设想。作者认为，“审计方法服务于审计目标，贯穿于审计全过程”，他们根据系统论的观点提出“审计方法应包括审计规划方法、审计实施方法和审计管理方法”，其中审计规划方法包括“审计计划的制订方法、审计人员的委派方法、审计程序的确定方法”，审计管理方法包括“主体管理方法、质量管理方法、信息管理方法及办理诉讼方法”，审计实施方法是达成审计目标最主要的方法包括“系统型审计方法，例如顺序检查法、范围检查法、依赖制度检查法；抽查审计技术，例如判断抽查技术、统计抽查技术、属性抽样应用、变量抽样应用；制度审计技术，例如制度调查技术、健全性测试技术、符合性测试技术；审计记录方法；审计评价方法；审计报告方法”。对于审计方法体系的构建及系统型方法、重置法、直查法和审计评价的具体方法的创造性描述及应用解析是《审计方法》一书的特色和创新之处。1993 年，该书荣获国内贸易部哲学社会科学优秀成果三等奖，被列为 21 世纪财经类基本用书。

2001 年，李凤鸣与王会金合著的《审计技术方法》，从审计方法体系的框架中脱离出来，着重阐述了与证据搜集有关的技术方法，即账目基础审计方法、制度基础审计方法和风险基础审计方法，全书共十二章，前两章主要阐述审计方法的含义、发展、体系、假定以及与审计证据、审计依据、审计程序的关系；第三章、第四章专门阐述了账目基础审计的六种基本方式和十大技术方法；第五章至第七章专门介绍了制度基础审计依据的主要理论，制度基础审计的含义、内容、要点、程序和技术方法，以及抽查审计方法；第八章、第九章专门阐述了风险基础审计的含义、程序和技术方法；最后三章介绍了错弊审计方法、管理审计方法和计算机审计方法。该书的实践性及操作性很强，出版后成为很多高等院校财经类专业的本科生教材，同时被选定为审计学专业自学考试的指定教材。

（4）**《经济责任审计》**（**北京大学出版社**，2001）

1987年由安徽人民出版社出版的《厂长经理离任审计》、1990年由中国商业出版社出版的《商业经济责任审计》及1993年由中国商业出版社出版的《经济责任审计》三部文献是李凤鸣教授根据我国实行经济责任制的实际需要，全面总结各种经济责任审计现状的成果，书中探讨了经济责任审计的历史沿革，并建立了其理论和方法体系。

2001年7月由北京大学出版社出版的《经济责任审计》是李凤鸣教授、时现教授合作编写的，作者依据国家审计发展的最新经验及法律、法规，阐述了经济责任审计的基本理论问题。全书共八章，主要内容包括审计程序、审计方法、审计评价、风险与管理、现状与未来等，全面总结了我国实行经济责任审计的现有经验，深入探讨了其本质需要，作者在一些焦点难点问题上提出了独到看法，例如，经济责任审计报告和审计结果报告在内容和撰写方法上的区别问题；被审计领导干部应当负有的主要责任和直接责任的界限和内容问题；经济责任审计应遵循的重要性原则问题；经济责任审计的评价内容界定，及评价方法使用问题等。审计学界认为，该著作极具针对性、可操作性、理论性及权威性，成为广大审计工作者及管理干部的必读书目之一，被列为21世纪财经类基本用书。

（5）**《现代经济效益审计》**（**中国商业出版社**，1993）

1993年11月由中国商业出版社出版的《现代经济效益审计》由李凤鸣和陈东合作编写，论述了经济效益审计的含义、沿革、特征、内容、标准、方式、程序和方法，介绍了企业业务经营审计、管理过程审计、管理部门审计及行政事业单位的绩效审计等内容，出版后荣获1997年江苏省第五次哲学社科优秀成果三等奖，被列为21世纪财经类基本用书。

4. 李金华：《中国审计史》《中国审计25年回顾与展望》

（1）**《中国审计史》**（**第一卷、第二卷、第三卷**）（**中国时代经济出版社**，2004—2005）

《中国审计史》由李金华审计长主编，2007年该书英文版 *History of Audit in China* 由 Foreign Languages Press 发行。该部著作承载了审计署及全国审计专家的集体智慧，历时三年编撰而成。郭道扬先生作序称，该著作“是我国专业史研究方面的一部鸿篇巨制，它上下涵盖数千年，包容了中国古代、近代与现代审计发生、发展的各个历史时期，系统地阐明了中国审计历史运行的基本过程及其规律”，“综观全书，它在我国专业史研究领域具有开拓性，在以史为据对中国审计史全面展开研究方面具有修史的严谨性，而在进行历史分期研究与突出对重要历史阶段研究方面又具有撰史的逻辑性”，是迄今中国审计史研究中最权威的作品。《中国审计史》第一卷总计九章，全面展现了西周至清末三千余年间中国审计的发展历程，并把古代审计放在历史的背景中予以考察，全卷贯穿着两条主线，“一条是以勾考账簿为主，审查钱粮收支真实性，类似于今天的财政财务收支审计；另一条是以考核官吏财政经济方面的治绩为主，与行政监察职能紧密结合的审计活动”。由此作者根据不同时期审计的主流形式和历史发展形态，以宋代为界，将中国古代审计大体分为两个时期、五个发展阶段，即官计审计阶段、上计审计阶段、比部审计阶段、三司及审计司审计阶段、科道审计阶段，详细介绍了不同阶段审计的含义、职能、法律法规及特点等。李学勤先生称该卷书对中国古代审计史的分期极具创造性，是对中国古代史研究的一项重要贡献，而这部书也充分“体现出鉴古知今的实际效用”。

《中国审计史》第二卷包括上、下两篇，上篇叙述了中华民国时期的审计，阐述了民国时期占统治地位的历届政府的审计史，包括北京政府时期、南方革命政府时期、国民政府建都南京时期、国民政府移驻重庆时期的审计，以及国民政府返迁南京时期的审计；下篇叙述了中国革命根据地的审计，分为土地革命时期、抗日战争时期、解放战争时期三个阶段。第二卷的时期跨越自 1912 年孙中山在南京创立临时政府开始，至 1949 年中华人民共和国定都北京结束，虽然相较于古代审计史极其短暂，仅仅三十八年，却是我国“比较全面地建立现代审计制度和体系的时期”，具有重要突出的历史地位。这卷著作的出版为民国审计史研究打下了坚实基础，同时引发了审计学界对民国审计史的研究热潮。杨天石先生称这卷书是“一本大有益于社会的好书”。

《中国审计史》第三卷在整套书籍中具有更为重要的地位，包括上、下两篇，系统阐述了社会主义市场经济建立时期全方位进行审计改革、实现审计改革宏伟目标的全过程，全面总结与充分肯定了我国审计改革的历史经验和成就，向国内外弘扬了现代中国审计发展中所出现的史无前例的进步，反映了我国审计由古代至近代向现代发展的历史逻辑关系及遵循历史发展客观规律的演进结局，内容安排上，除了对现代国家审计通史进行研究外，还分别对军队审计、内部审计、社会审计分专题进行了深入探讨，并根据我国“一国两制”的特色，对港澳特区与台湾地区的审计进行了专门研究，突出了研究的系统性、完整性，充分反映了我国现代审计发展的特殊性。郭道扬先生称：“我们不仅已从《中国审计史》第三卷中看到当代中国审计在改革创新中求发展，已把中国审计事业的发展推进到一个崭新的历史阶段，而且我们还从第三卷中看到中华人民共和国审计更加光辉灿烂的未来。”

《中国审计史》的编撰填补了审计史学研究的空白，是抢救和保护中国审计历史文化遗产的一项重大工程，张以宽先生认为：“《中国审计史》这部著作把握审计发展主线，探索审计发展规律，丰富翔实，论点明确，论证有力，对中国审计史各历史阶段的评议都具有独到的见解，是审计史学研究的成功之作，不仅受到审计界、教育界人士的欢迎，也得到许多历史学界专家、学者的赞许。”

（2）**《中国审计25年回顾与展望》**（**人民出版社**，2008）

2008年由人民出版社出版的《中国审计25年回顾与展望》是对1983—2008年间伴随改革开放进程，社会主义审计监督制度的回顾和总结。该部著作包括综合篇、专题篇和展望篇三部分，综合篇以李金华同志访谈的形式，对25年来不断探索中国特色审计之路进行了经验总结；专题篇以审计署各司局和各事业单位总结的形式，对建立和完善中国特色社会主义审计监督制度进行了系统回顾；展望篇以审计署领导同志专题文章的形式，对中国审计未来发展进行了思考和展望。该著作极为清晰地展示了1983年至2008年25年间审计工作发展的基本脉络，对进一步完善审计监督制度起到了积极作用。

5. 李若山：《论审计与社会权责结构》《审计疑难案例解集》《现代管理科学在审计中的应用》《审计学》《审计案例》

（1）**《论审计与社会权责结构》**（**中国财政经济出版社**，1991）

《论审计与社会权责结构》是李若山教授的博士论文，也是中华人民共和国成立以来第一批公开出版的会计审计博士论文之一。作者通过剖析古今中外的一些审计历史活动，结合当时仅有七年的审计具体实践，探索适合我国国情的审计理论结构体系，为建立和完善中国式审计监督体系做出了相当大的贡献。该论文共三部分，第一部分着重讨论了审计产生和发展的社会动因，作者指出“社会经济职能的分解、经济责任的价值化及可计量性、经济责任的复杂程度”是审计产生和发展的三要素，进一步论证了审计如何在这些社会因素形成之后脱颖而出，又如何根据这三个因素的变化而发展；第二部分，作者着重对我国当时施行的审计体制进行考察，总结了当时审计工作的成绩和经验，进而分别对国家审计体制、内部审计体制、社会审计体制的状况分别进行了论证，从审计的社会原因指明它们的特征；第三部分从我国社会经济权责结构出发，讨论如何进一步完善中国特色审计系统，作者认为“从理论研究上，要具有超前意识，阐明审计方向及目标；在实际完善步骤上，要与整个经济体制发展措施同步，避免时滞与早熟；在完善过程上，要注意与内外环境协调，尽可能对某些环境缺陷予以改造，在统筹兼顾的情况下，使整个审计系统随社会经济权责结构的变动以最佳方式耦合到应有的位置中去”。李教授通过社会经济权责结构角度研究现代审计活动，不仅开阔了学者视野，同时也为深度挖掘审计本质开拓了思路。《论审计与社会权责结构》是一部具有广泛影响力的论文著作。

（2）《**审计疑难案例解集**》（**江西科学技术出版社**，1992）

《审计疑难案例解集》是李若山教授主编的第一部审计案例教材，涵盖 64 个案例素材，包括我国工交、商贸、行政、企事业单位的典型案例以及国外颇具影响力的案例，在强调审计实务技术的基础上，通过对各种典型审计案例的整理、剖析和诠解，透过案例揭示各类审计的实质与内在联系。杨树滋同志作序称："该书风格独特，摒弃传统从审计计划书到审计决定的模式，以案情简介、疑点分析、线索追踪、案情真相及案例诠解的方式，对每一案例进行解剖，读来引人入胜，学有所思，学有所得"。

（3）《**现代管理科学在审计中的应用**》（**中国经济出版社**，1994）

《现代管理科学在审计中的应用》中，作者首先简要阐述了现代管理科学理论构成及其与审计的关系，提出"审计本身隶属于宏观管理体系的一个环节"，进而利用八章篇幅系统研究了风险管理学、预测学、运筹学、控制论、信息学、心理学、公共关系学、市场经营学的基本原理及在审计工作中的运用的重点、作用及方法，拓展了审计理论边缘，为完善审计理论、技术及实务提供了的理论基础。

（4）《**审计学**》（**辽宁人民出版社**，1995）

20 世纪 90 年代初期，李若山教授在立足中国审计实务特点的基础上，将国外审计实践中运用的最新理念和技术手段与传统审计学理论框架完美衔接，为会计、审计专业本科生提供了一套较为完整的、崭新的审计学知识框架，基于我国独立审计准则，借鉴美国审计准则和国际审计准则，围绕审计人员进行审计决策的过程，全面系统地阐述了有关审计学的概念、原理和方法，并在教学中提倡双向式案例教学方法，为会计、审计教学改革做出了重要贡献。1995 年由辽宁人民出版社出版的《审计学》是李若山教授主编的第一部审计学教材，是 20 世纪 90 年代中期厦门大学葛家澍先生、余绪缨先生主持编写的会计系列教材之一，该册教材全面介绍了国家审计、社会审计、内部审计的基本概念、基本知识及基本程序。对于审计基本概念的阐述，作者以国际惯例为基点，系统介绍了审计定义、审计假设、审计独立性、审计重要性、审计风险等重要概念及不同学派的最新观点，揭示了现代审计理论及规则的发展演进过程；对于审计基本知识的介绍，作者为突出审计在现代市场经济中的作用，系统论述了与审计相关的各类知识要点，涵盖审计职业道德、法律责任、内控制度及评价、审计证据与工作底稿、审计计划与程序、抽样审计等内容；对于审计基本程序的介绍，作者在借鉴世界发达国家社会审计实务的基础上，结合我国具体实践系统介绍了一套较为严谨的审计基本程序。

（5）《**审计案例**》（**辽宁人民出版社**，1998）

《审计案例》是供全国注册会计师后续教育使用的系列丛书之一。该教材以介绍国外审计诉讼案例为主，提出审计诉讼案件的发生"要么是审计理论滞后于审计实务，使得审计政策的制定者无法预见到可能发生的新情况，没有及时制定应有的新准则，导致了审计实务界的失误；要么是审计实务界对现有的审计准则、法规或制度缺乏应有的理解，使审计过程偏离了应有的轨迹"，"因此，几乎每一个重大审计案例的发生，都会对审计理论与实务界产生举足轻重的影响"，"对每一个重大审计案例理论根源的挖掘，对经验教训的总结是世界各国审计理论与实务界的惯例"。这部教材的编著正是以此为原则，秉承作者的案例写作逻辑，划分传统与典型审计，金融证券行业审计案例，工交、商业、运输及医疗等行业审计案例，非会计报表类审计案例四部分，涵盖30个美国及英国审计界的经典案例素材，例如世界上第一例上市公司审计案例"英国南海股份公司案"，美国第一例与第三者责任有关的审计案例"弗雷德·斯特公司审计案"，美国第一例上市公司计算机舞弊审计实例"美国权益基金公司审计案"，美国第一例与证券交易法有关的审计案例"巴克雷斯建筑公司审计案"等，通过对这些案例背景、判决等的阐述和分析，详细阐述了这些案例对注册会计师行业的影响和启示，揭示了案例背后隐藏的深层次审计理论问题，并通过对审计失败原因的经验教训总结，为开展注册会计师后续教育提供了有益的资料。

6. 李爽：五部审计实证著作、《审计英语》

（1）五部审计实证著作（中国财政经济出版社，2002—2004）

2002年至2004年间由中国财政经济出版社出版的《审计师变更研究：中国证券市场的初步证据》《中国证券市场中的审计报告行为：监管视角与经验证据》《审计定价研究：中国证券市场的初步证据》《会计信息失真的现状、成因与对策研究：会计报表粉饰问题研究》《会计信息、独立审计与公共政策》五部著作，由李爽教授和吴溪教授合著，是我国较早的关于中国审计市场与行为的经验研究著作，填补了我国关于"审计师变更""审计师定价""审计报告行为"的实证研究空白，对推动实证方法在会计、审计中的应用发挥了重要作用。

《审计师变更研究：中国证券市场的初步证据》以数据统计分析及实证方法为基础，全面、深入、系统地考察了我国证券市场中独立审计师变更的总体特征、主要影响因素、市场反应、信息披露现状、上市公司选择会计师事务所的行为、潜在不利经济后果及监管政策。

《中国证券市场中的审计报告行为：监管视角与经验证据》以注册会计师的审计报告作为行为研究对象，特别是对一些具体的审计报告行为和特殊背景下的审计报告行为进行了深入、细致、独到的研究。作者开篇提出两个核心概念，其一为"审计意见可避性"，是指"因审计客户与注册会计师之间存在分歧而产生的、可通过遵照注册会计师的意见对报告进行调整而避免被出具的、由于违反公认会计准则的处理等事项而发表的审计意见”；其二为“审计意见变通”，是指“审计客户管理当局通过各种努力与注册会计师谈判并达成共谋，使原本在性质上比较严重的意见类型变成比较缓和或轻微的意见类型，或将原本表达明晰、易懂的行文措辞变为隐讳、难懂的行文措辞等情况”。由此自第一章开始专注于监管视角，围绕多项监管政策或措施分章展开探讨，包括脱钩改制、独立审计准则与审计报告行为，审计意见变通，以及其他主体的审计报告行为透视等内容。

《审计定价研究：中国证券市场的初步证据》基于中国上市公司自 2001 年度报告起强制公开披露的审计及相关服务收费信息，利用描述性统计分析对我国“审计定价”在实务中存在的问题及对这些问题的具体规范展开探讨，包括审计及相关服务收费信息在中国证券市场首次披露的特征及意义、审计定价与审计任期的经验、审计定价与监管信号及风险评价、上市公司再融资动机与审计定价、年度审计定价与中期审计定价等内容。

《会计信息失真的现状、成因与对策研究：会计报表粉饰问题研究》系统分析了财务报表舞弊问题，具体介绍了财务报表舞弊的基本理论、主要类型与方法及财务报表舞弊中的博弈等内容。

《会计信息、独立审计与公共政策》是一部论文集，围绕会计信息、独立审计、公司治理及公共政策等主题，收录了 15 篇论文，其中 4 篇运用案例研究方法阐述了公司会计及信息披露行为及其内在动机；5 篇利用实证研究方法阐述了审计失败、配股政策变迁伴随的会计信息特征、非经常性损益信息披露、预亏公告的及时性及监事会的治理效果评价；其他 6 篇是对审计机关、注册会计师职业规则制定过程、审计意见的市场反应机制、上市规则修改及会计双重披露差异等相关研究作出的评价。

这五部著作虽然是对中国证监市场经验研究的初步证据，但其研究成果为证券监管部门、投资者、审计职业界的监管政策制定提供了必要且合理的解释和参考依据，为会计、审计理论研究展现了全新的视角。

（2）**《审计英语》（中国财政经济出版社，2003）**

《审计英语》由李爽教授与白蔚秋副教授合作编撰，全书总计十九章，参照当时美国大学流行的审计学教材，并追踪审计发展的前沿和热点问题，内容覆盖审计范围、类型、审计准则、职业道德、审计师法律责任、审计程序和方法等内容，各章均对审计专业词汇及术语进行了注释，为读者学习西方国家现代审计理论与方法、熟悉并掌握审计业务用语、推进审计国际交流提供了参考。

7. 廖洪：《审计比较研究》（武汉大学出版社，1996）

《审计比较研究》由廖洪和余玉苗教授共同编著，该著作对世界重要国家的国家审计、社会审计及内部审计模式、准则等内容进行了比较研究。作者概括了三种审计的主要模式，其中国家审计主要模式包括立法型、司法型、行政型、独立型；内部审计的主要模式包括所有权导向型、经营权导向型、所有权和经营权双重导向型；社会审计的主要模式包括民间自治型、政府干预型及国家督导型，该部著作的系统性介绍对于当时的审计学习及实务工作具有指导性作用。

8. 刘大贤：《审计学》（机械工业出版社，1984）

该著作是我国恢复审计制度后早期审计学教材之一，1995 年由首都经贸大学出版社再版，为我国刚刚起步的审计工作提供了及时、必要的理论指导，具有十分重要的理论价值和实践意义。该书以社会审计为主线，全书共十二章，首先对一般审计原理进行了叙述，进而通过审计循环阐述了审计实务。作者充分考虑了高等职业教育的特点，注重理论与实务的结合，全书层次清晰，语言简练，通俗易懂。该著作不仅成为当时流行的审计教材，也受到审计实务工作者的广泛欢迎。

9. 乔春华：《审计委员会的理论与运作》（中国时代经济出版社，2007）

该著作由乔春华和蒋苏娅教授共同编著。作者首先介绍了国内外审计委员会的发展，进一步构建了审计委员会相关理论框架，包括委托代理理论、公司治理理论及组织理论；分析了我国审计委员会的运作，对审计委员会的章程、开会（包括次数、人员、内容、形式）、报告（应向董事会、股东会、证监会报告）及自我评价提出了建议。该著作在审计委员会的理论基础、性质、目的等方面多有创新，有很强的操作性，是上市公司审计委员会成员及董事会、高管人员的重要研习用书，也可作为证监人员、注册会计师、内部审计师以及高校财经专业教师和研究生的研究资料。

10. 汤云为：《现代审计管理》《注册会计师业务操作与风险控制丛书》

汤云为教授主编的《重置成本会计论——物价变动的会计对策》是我国第一部系统论述物价变动会计的专著，填补了我国会计学研究在这一领域的空白；在审计领域，汤教授基于审计方案、审计基础理论推演出审计概念、审计准则、审计程序和实务，初步构筑了审计理论的演绎体系，这在我国属于首创，受到审计理论界的高度重视。他的审计著作主要包括《现代审计管理》《注册会计师业务操作与风险控制丛书》。

（1）**《现代审计管理》（立信会计出版社，2001）**

《现代审计管理》是在总结我国审计管理实践经验和吸取国外审计管理成功经验的基础上撰写的，汤教授将现代管理学理念有机嫁接于审计理论之中，系统阐述了审计管理的基本理论、基本方法和基本技能。全书包括十五章，主体结构分为审计管理原理、审计管理体制、审计管理职能、审计管理专题四篇，作者开篇提出“审计管理是适应审计工作发展而发生和发展起来的一项重要工作，是审计工作在新的历史时期更好地促进社会生产力发展的必要保证”。第一篇中，作者用两章内容阐述了审计管理原理，介绍了审计与管理的渊源及关系，并阐述了审计管理的基本原则与方法，作者认为“审计管理是对‘管理的管理’，属于管理范畴”，“审计管理是审计系统中为了使审计工作得以顺利进行，实现审计的预期目标，由国家对各类审计组织的各项活动，或由各类审计组织对组织内部的各项活动，以人为中心进行的协调活动”；“审计管理职能具体包括审计计划、审计组织、审计领导、审计控制、审计创新”五方面，“它们是指导审计管理实践的准则”，“各项审计管理的职能都有自己独特的表现形式”，其中“审计计划职能通过审计决策和审计计划制定的形式表现出来”，“审计组织职能通过审计组织机构设计和审计人员配备表现出来”，“审计领导职能通过审计领导者与下属的关系表现出来”，“审计控制职能通过对审计计划执行情况的信息反馈和纠正措施表现出来”，“审计创新职能则通过其他审计管理职能的所有活动表现自身存在和价值”，“审计管理工作一般都是从计划开始，经过组织、领导到控制结束”，“而创新在审计管理循环中处于轴心位置，是推动审计管理循环的原动力”。第二篇开始，作者详细阐述了审计管理各层面的内容。在审计管理体制中，作者首先介绍了审计组织管理的意义、原则、内容和体系，进而用“政府审计”“民间审计”“内部审计”三章分别阐述了各自的管理组织和体制。第三篇“审计管理职能”中，作者用四章的篇幅重点介绍了审计计划、审计组织、审计控制等职能及其管理要点。第四篇中，作者阐述了审计准则，审计职业道德，审计职业责任，审计人事、信息与档案管理，计算机审计管理等多个专题。整部著作内容全面，并结合了管理学、哲学、经济学的最新理念，为当时的国家审计、社会审计、内部审计提供了具有实操性的管理理论和方法。

（2）**《注册会计师业务操作与风险控制丛书》（中国时代经济出版社，2002—2004）**

由徐政旦先生担任主审、汤云为教授主持编写的《注册会计师业务操作与风险控制丛书》包括十五部专著。

《注册会计师法律责任理论与实务》由李若山教授和周勤业教授共同编著，总计七章，首先通过总结国外注册会计师法律责任的发展及演变过程，揭示了注册会计师法律责任的社会成因，详细介绍了注册会计师在行政法规下的行政法律责任、注册会计师在民法下的民事法律责任、注册会计师在刑法下的法律责任等内容，并提出了注册会计师避免法律责任的一些有效措施。

《内部控制评价》由朱荣恩教授编著，全书总计十二章，第一章和第二章论述内部控制理论和方法，第三章至第九章论述内部控制实务，第十章至第十二章论述内部控制检查和报告。

《模拟财务信息的编报与审计》由胡春华编著。“模拟财务信息是假定公司现在的架构在报告期初已存在且无转变，按报告期各年实际存在的公司各构成实体，以实际发生的业务为基础，按公司现在执行的会计政策来编制和报告报告期各年度的会计信息”，由此作者结合证券市场21世纪初期发生的与模拟编报财务信息有关部门的问题，借鉴国外经验，阐述了证券市场需要模拟编报的财务信息、模拟财务信息编报与审计的若干理论问题、企业改组上市时模拟财务信息的编报与审计、企业合并时模拟财务信息的编报与审计等内容。

《财务信息与非财务信息的鉴证》由杨春胜编写，全书总计五章，在介绍业务流程的同时说明注册会计师应在鉴证业务中注意的问题，主要包括财务信息与非财务信息鉴证发展、财务信息与非财务信息鉴证的基本准则、证券市场的财务信息与非财务信息鉴证、非证券市场的财务信息与非财务信息鉴证、财务信息与非财务信息鉴证的新方向等内容。

《审计业务取证》由贾文勤编写，作者提出“审计业务取证和风险控制是注册会计师工作的基本内容，贯穿于注册会计师审计业务的全过程，也是注册会计师围绕审计目标获取审计证据、控制审计风险、出具审计报告、提出审计意见的重要步骤”，由此用五章的篇幅介绍了审计准备阶段的审计取证与风险控制，实施符合性测试、实质性测试的程序，审计终结与审计报告等内容。

《验资》由黄华麟编著，详细阐述了验资的基本概念、前期准备、业务实施、验资报告和验资档案管理等内容。

《计算机审计实务》由金光华编著，全书总计十章，系统介绍了注册会计师对计算机信息系统的审计、注册会计师计算机审计风险、注册会计师审计业务电算化、注册会计师计算机辅助审计手段、计算机审计软件系统、计算机辅助审计网络系统、计算机舞弊及其控制与审计、财务收支审计实务等内容。

《购货与付款循环审计》由王延明教授编著，介绍了购货业务内部控制的符合性测试和交易的实质性测试、应付账款审计、固定资产和累计折旧审计等内容。

《生产循环审计》由董秀琴编著，重点阐述了工薪和人事循环、工薪和人事循环控制测试及实质性测试、生产循环审计、存货的审计等内容。

《筹资与投资业务循环审计》由朱荣恩教授编著，以筹资与投资业务循环审计的理论为框架，结合实际中的典型案例分析了筹资与投资循环的审计程序和方法，以及控制和防范审计风险的措施。

《销售与收款循环审计》由赵世君教授等编著，全书总计四章，详细阐述了销售与收款循环的业务流程、涉及的主要凭证，销售与收款的主要内部控制，销售与收款循环中涉及的会计报表项目的实质性测试，销售与收款循环审计的潜在风险与控制等内容。

《货币资金审计》由王振林和陈希晖共同编著，介绍了货币资金审计基本理论及方法，并详细阐述了货币资金内部控制及其评审，现金审计，银行存款审计，其他货币资金审计的程序、技术及重点等内容。

《建筑项目审计》由祁延农教授等编著，建筑项目是国家或企业增加固定资产的一种经济活动，建筑项目审计涉及国家审计机关、企业内部审计部门和社会审计组织，全书总计六章，首先对建筑项目审计的特点、职能、作用、分类、内容等进行了系统阐述，进而对以盈利为目的建设项目开发单位会计报表审计，非盈利为目的建设项目财务收支审计、建设单位法定代表人经济责任审计，建设单位审计业务操作与风险控制等方面涉及的程序、方法和重点进行了详细探讨。

《离任审计》由郑石桥教授等编著，全面系统地阐述了离任审计的定义、特点、内容、职能、作用、技术及方法，并分章对离任审计风险控制、财务责任、管理责任、法纪责任和社会责任、离任审计报告进行了详细介绍。

《企业资产重组财务顾问》由尚志强编著，首先概括介绍了资产重组的概念及种类，进而分章探讨了财务顾问的几项重要工作、资产重组财务顾问业务中的风险及其防范等内容。

汤云为教授在该丛书序言中提出，“面临上市公司会计造假的恶性案件陆续披露，注册会计师诚信遭到社会严重质疑”，“会计师事务所只有提高风险意识，加强风险控制，完善风险审计技术，才能巩固其在证券市场地位”。这套丛书整体偏重于指导注册会计师的实务操作，不仅全面涵盖注册会计师的各项业务，而且着重将“风险控制”理念融入注册会计师业务操作的全过程，贯彻到参加现场审计的每位会计师及每项工作，出版后得到了审计实务工作者的广泛好评，成为一套“指南类”丛书。

11. 王广明：《中国独立审计》《独立审计经营战略》

（1）**《中国独立审计》（湖南人民出版社，2002）**

该著作由王广明、谭宪才、雷光勇共同编著，对会计师事务所、注册会计师及注册会计师行业监督进行了系统阐述，对指导注册会计师实务工作具有重要参考价值。

（2）**《独立审计经营战略》（西南财经大学出版社，2002）**

该著作由王广明和刘桂良共同编著，系统阐述了社会审计的经营战略问题。全书分上、下两篇，上篇为内部管理篇，介绍了供给导向的风险基础审计和审计质量控制；下篇为市场发展篇，介绍了品牌经营战略和会计师事务所发展战略。该著作对于协调审计质量与效益、发展中国审计市场具有重要参考价值。

12. 邢俊芳：《社会主义经济与审计监督》《现代中国审计事典》《经济效益审计》《最新国外绩效审计》《效益审计：中国模式探索》

（1）**《社会主义经济与审计监督》（人民日报出版社，1991）**

《社会主义经济与审计监督》是一部涉及内容广泛的文集，由作者编撰成为一个具有内在逻辑的体系，在一定程度上反映了我国现代化建设和经济改革的进程，以及审计理论与实践的发展，是一部具有学术价值和应用价值的论著。该著作汇集作者在1978—1990年间撰写的54篇研究经济问题和审计监督的文献，作者为审计署机关刊物撰写的《审计工作任重道远》《审计战线的光荣任务》《在实践中不断提高审计工作质量》《把审计科研工作提到议事日程上来》等十几篇社论展示了她注重研究审计中具体问题的务实精神，以及理论联系实际的撰文作风。

（2）**《现代中国审计事典》（中国审计出版社，1995）**

《现代中国审计事典》是中华人民共和国后出版的第一部审计事典，是邢俊芳承担国家社会科学基金项目所完成的一部著作，也是适应审计实践需求而完成的一部作品，在一定意义上也可称为一本具有简史性质的审计“入门”书。“事典不同于辞典，它不是对审计名词的概念解释，而是着重说明与审计相关的各项事情的来龙去脉”，并且要求“将每件事情的历史、现状和趋势解释清楚”，《现代中国审计事典》主要记述了“审计署成立以后中国审计的发展以及审计工作的基本情况，并且按照审计活动的时间顺序划分条目，自成体系，成为一部系统介绍中国审计情况的著作”。全书共分五部分：社会主义审计制度建立前的沿革（1949—1981）、改革开放中审计制度的建立（1982—1984）、改革开放中审计制度的发展（1985—1988）、治理整顿和深化改革中的审计监督（1989—1991）、审计制度发展的新阶段（1992—1995），涉及的方面非常宽泛，既阐明了整个审计工作的发展情况，又介绍了各行业审计的基本情况，阅读后可了解自中华人民共和国后至 1995 年我国审计发展的概貌。

（3）**《经济效益审计》（人民出版社，1995）、《最新国外绩效审计（上、下）》（中国时代经济出版社，2004）、《效益审计：中国模式探索》（中国财经出版社，2005）**

邢俊芳与吕文基合著的《经济效益审计》是邢女士最早的效益审计作品，是她承担社会科学基金项目而编撰的专著。全书的显著特点是注重实用性，强调从实际出发，作者将效益审计与财务审计结合起来，通过对我国经济效益审计的历史、现状和发展趋势的深入挖掘，提出有助于提高国民经济效益的对策，这也是邢女士在研究经济效益审计的一个特点和始终贯通的一个理念。该著作共包括十六章，从结构上可划分为三个部分。第一章和第六章介绍经济效益审计的基础理论，第一章中作者提出“经济效益审计是指对被审计单位经济效益现状进行评价，挖掘提高经济效益的潜力，推动整个国民经济和企业的经济活动目标的实现，即达到以尽可能少的劳动消耗取得尽可能多的劳动成果的目的”，进而“从经济效益的职能、作用和发展经济效益审计的意义等方面对经济效益审计的基本概念加以论述；从经济活动的层次、审计时间、审计内容入手阐述了经济效益审计的种类；同时还分别论述了经济效益审计与财务审计、经济活动分析的关系”；第六章中，作者介绍了国外经济效益审计的概念及其产生和发展的情况，并总结了我国开展经济效益审计试点的情况、特点和成效。第二章至第五章中，作者简要介绍了经济效益审计的应用理论，包括确立经济效益审计标准的原则和评价经济效益的指标体系、经济效益审计的技术方法体系、经济效益审计的主要程序及各阶段的要点、经济效益审计报告等内容。第七章至第十六章中，作者详细阐述了经济效益审计在各领域的应用，包括宏观经济效益审计、微观经济效益审计、行政事业单位的效益审计三方面内容，详细阐述了各种类型经济效益审计的概念、意义和审计程序、重点、内容、方法等，尤其对于微观经济效益审计的论述极为翔实，具体涵盖管理审计、设备利用效益审计、资金利用效益审计、劳动力资源利用效益审计、生产经营效益审计、成本效益审计等方面，并通过第十六章的案例对理论内容的应用进行了具体描述，增强了全书的实用性。这部著作堪称经济效益审计实务工作的一册指南。

《最新国外绩效审计》由邢俊芳、陈华、邹传华共同编著。该书根据 1990—2001 年西方发达国家绩效审计发展动态，从数百篇绩效审计译文中精选 32 篇审计学术代表作编撰而成，是审计署成立以来第一部绩效审计权威性论文集，其中《亚洲发展中国家和工业化国家的绩效审计——谋求发展的机会》是由加拿大审计长埃尼斯. M. 戴伊在世界银行的支持下，历经近一年时间调查所完成的调研报告，具有重要的参考价值；《国际绩效审计展望》《经济效益审计的特点》《绩效审计的定义、目标和局限性》《绩效审计要素》《绩效审计的技术和报告》《效率审计指南》《综合审计方法》《综合审计构思》《管理审计》等文献从基础理论角度，阐述了绩效审计的相关内容；而《瑞典效益审计》《美国的效率审计》《德国绩效审计》《泰国如何开展绩效审计》《加拿大综合审计的特点》等论文又从各国审计实践的角度概述了绩效审计的经验及问题。2004年，该部著作再版，全书重新划分为调查篇、综合篇、经验篇、争鸣篇、质量技术分析篇、方法篇、报告篇、内部审计篇、案例篇，将相关论文进行融合，并加入了作者的评价及理论构建，详细阐述了绩效审计的历史、职能、程序、方法、目标，并介绍了世界主要工业化国家和发展中国家绩效审计的现状、做法、经验及有代表性的绩效审计案例和审计报告等内容，为审计学者及实务工作者提供了极其重要的参考，也体现了邢女士作品注重历史考察与现状结合及重视实用性的特色。

《效益审计：中国模式探索》可以说是一部具有理论指导、实践示范、操作指南的权威著作，充分展示了作者在效益审计方面的累积研究成果，也汇集了我国审计署实务及理论研究人员的集体智慧。全书分上、下两卷，上卷涵盖综合、理论、技术方法、政府效益审计、公共财政效益审计、投资项目审计、审计调查、企业审计及典型经验九篇，下卷包括报告及实例两篇。该著作开创性地公开了我国在效益审计实务中的典型报告和实际案例，尤其是深圳市审计局的效益审计实务经验及香港特别行政区审计署的实际审计案例，极具典型性和权威性。另外，囿于我国当时效益审计实务，作者巧妙地借助比较研究法挖掘国际经验中可借鉴的思路与方法，并利用实证研究法遴选构建“模式”的理论、方略、技术保障及实践路径，既充分展示了中国效益审计的发展历史，又总结了我国在效益审计中的信息、动态及经验，进一步提出了未来中国效益审计的设想，引导人们去思考国家审计的本质、功能及对提升公共资金使用效能、强化社会责任、保护环境、资源利用的经济性、服务社会大众等方面的作用。该书出版至今产生了巨大的社会影响力，被评价为“我国效益审计研究的首选著作”“中国审计现代化总体框架下之效益审计模式图谱”。

13. 张晓岚：《持续经营不确定性审计意见的异质性研究》《持续经营审计判断质量的改进研究》

（1）**《持续经营不确定性审计意见的异质性研究》（立信会计出版社，2010）**

该著作由张晓岚和张文杰共同编著，作者基于对持续经营不确定性审计意见异质性的理论解析，对中国证券市场持续经营不确定性审计意见进行描述性统计分析，并对持续经营不确定性审计意见形成过程、经济后果及延展路径的异质性进行了实证检验。

（2）《**持续经营审计判断质量的改进研究**》（**立信会计出版社**，2011）

该著作由张晓岚和张超共同编著，作者基于现代质量管理学中的质量改进理论，整合有限理性理论、审计判断构成要素理论和审计判断质量评价标准，构建审计判断质量改进的实现框架，并对持续经营审计判断质量改进的动因进行剖析，构建审计判断质量改进措施的实现途径，并对改进效果进行试验检验。作者提出“审计判断主体因素是影响审计判断质量的主要因素”“专家系统是改进措施的恰当载体”“承载改进措施的专家系统能在不同程度上有效地改进持续经营审计判断的质量水平”等重要观点。

张晓岚教授的两部著作是我国首次对持续经营审计意见进行专门研究的作品，拓展了审计意见的研究视角，对于审计人员恰当判断持续经营、避免审计失败具有参考价值。

14. 朱小平：《商业审计》《电算化审计》

（1）《**商业审计**》（**地震出版社**，1988）

《商业审计》是我国确立审计制度后编撰的第一批审计教材之一，全书重点介绍了商业审计的基本概念、审计内容、要点、方法及流程，为当时商业企业的审计教学及实务提供了有益的参考。朱小平教授主编的《审计》于 1996 年由北京科学技术出版社出版，《审计学》于 2002 年由中国人民大学出版社出版，构建了人大版审计教材的框架体系，为后续教材的发展奠定了良好的基础。

（2）《**电算化审计**》（**中国财政经济出版社**，2004）

《电算化审计》是 21 世纪高等教育系列教材之一，由朱小平教授与宛燕如副教授合作编写，涵盖电算化审计基础理论、电子审计证据、电算化审计风险、电算化审计技术方法、电算化审计软件、电算化会计信息系统开发过程审计等内容，是我国较早系统介绍电算化环境下如何开展审计的教材，对于审计教学具有重要参考价值。

20 世纪 50 年代出生的作者的重要审计文献

1. 陈朝豹：《领导干部自然资源资产离任审计的胶州探索》（中国时代经济出版社，2017）

陈朝豹和于江宏等编著的《领导干部自然资源资产离任审计的胶州探索》是山东省审计科研所对胶州市领导干部自然资源资产离任审计工作经验的全面总结和探索。作者通过具体案例重点介绍了胶州市领导干部自然资源资产离任审计的经验，为其他省市的自然资源资产离任审计提供了丰富的经验参考。

2. 陈志刚：《实用审计管理》《深圳绩效审计案例选编》

（1）**《实用审计管理》（中国审计出版社，1991）**

该著作详细介绍了审计管理的含义、内容、作用和方法，审计管理的现状和问题及管理科学的基本原理在审计工作全过程中的实际应用，是我国早期研究审计管理的一部著作。

（2）**《深圳绩效审计案例选编》（中国时代经济出版社，2006）**

该著作涵盖深圳市审计局在2002—2005 年间完成的 19 个绩效审计项目，详细介绍了深圳市审计局根据审计项目的资源运用目标和绩效审计内容，为其他省市绩效审计的开展提供了丰富的案例素材。

3. 陈志强：《审计理论探索》（中国矿业大学出版社，2002）

该著作包括五个部分，内容涵盖审计本质、审计目标、审计假设、审计理论结构、审计中的重要概念，对审计基本理论进行了详细的概括，并提出了作者的一些核心观点，是早期研究生教学的重要参考资料。

4. 方宝璋：《宋代财经监督研究》《中国审计史稿》

（1）《宋代财经监督研究》（中国审计出版社，2001）

南京审计学院财政金融系主任蒋大鸣教授在该书的序言中评论，“迄今尚无如此全面、系统研究宋代财经监督活动的专著问世，这部专著正填补这一学术领域的空白。其在研究方法上有独到之处，最主要的体现在运用历史学、政治学、法学、经济学、管理学的理论来研究宋代财经监督问题，将有关学科的理论有机结合起来，用以分析历史现象，并总结出一些带有规律性的东西。同时，在研究中，将传统史学和当代史学方法结合在一起，做了有益的尝试，这也从一个方面开拓了史学研究的新领域。专著体现了‘古为今用’的精神，其总结出来的经验和教训，虽距今已逾千年，但对于以此分析当今社会现实和反腐倡廉，都具有重要的借鉴意义，并从此还可以分析出一些更深刻的东西”。

（2）《中国审计史稿》（福建人民出版社，2006）

《中国审计史稿》系统阐述了中国历代审计的内容、机构、对象、职能、方式方法、立法以及审计制度实施中的得失利弊，总结了可资借鉴的经验和教训，并揭示了其发展的规律性，作品总计 50 余万字，综合运用历史学、审计学、管理学、经济学理论研究了中国审计史的相关问题，史料完备准确，包括正史、编年史、诸子百家、经籍、各种政书和典章制度、金石、简牍、文书、档案、年鉴等，论证充分、论点公平，堪称跨学科研究方面的典范之作，为中国审计史的研究开辟了新的天地[①]。

5. 冯均科：《中国审计体系研究》《审计关系契约论》《审计问责：理论研究与制度设计》《注册会计师审计质量控制理论研究》《会计师事务所业务质量管理》《基于国家治理视角的“审计清单”与审计整改效果研究》

（1）《中国审计体系研究》（陕西人民出版社，1998）

该著作是 1996 年国家社会科学基金课题“我国审计体系研究”的研究成果，全书总计八章。作者以概念界定为逻辑起点，首先概括分析了我国审计体系研究的状况及存在的问题，提出审计体系整体研究方法，为审计体系研究提供了理论定位，进而从

① 李颖．跨学科研究的典范——评方宝璋著《中国审计史稿》［J］．江西财经大学学报，2007（1）：22.

“审计一般”出发，对审计体系的基本理论问题进行专题研究，并通过比较研究，将审计体系的时间、空间限定于我国的制度特色，最后对我国审计体系的结构原理、环境影响、构成特点及动力要素进行了详细分析，并通过问卷调查研究构建了我国审计体系的理想框架，对中国审计的理论体系、组织体系、规范体系和方法体系作了较为系统的研究与探索。

（2）**《审计关系契约论》（中国财政经济出版社，2004）**

该著作是冯均科教授在其博士论文基础上修改发行的著作。作者首先运用系统分析方法、经济分析方法对审计关系契约链、审计关系契约进行了探讨，在此基础上通过对中外审计契约关系人权利与义务的制度设计的比较研究，以及对我国审计关系主体契约状况的实地调查，结合政策分析与经验归纳，对我国审计关系中的扭曲现象进行了剖析，提出了审计关系主体契约的修正方案和有关政策建议，并将道德调节作为契约调节的补充，建立了初级的道德性审计关系模式的理论框架。作者认为，“审计关系契约理论是审计学的新范式”，“现实的审计关系是由契约发起并规定的，针对审计关系人之间可能的‘关系集’所设计的三个契约，依次组成了具有密切联系的‘契约链’，审计委托人是契约链的核心人物”，因此“我国审计契约制度的改革，应以审计委托人制度创新作为突破口，建立‘上市公司公众监督委员会’制度，并从道德性承诺、道德的自律、道德的他律三个方面建立道德性审计关系模式，对契约调节进行补充”。

（3）**《审计问责：理论研究与制度设计》（经济科学出版社，2009）**

该著作是2007年国家社会科学基金项目“国家审计问责制度的研究”的研究成果，全书总计九章。作者以国家为逻辑起点，提出“国家审计是对国家政治权力的制衡”，进一步构建国家审计问责制度的远期目标、过渡方案和微调策略，并利用调查研究法考察国家审计机关、被审计单位内部审计机构、注册会计师对国家审计问责制度的评价，有针对性地提出审计问责制度改善建议。该著作在广泛调查研究和理论分析的基础上，提出了建立适合中国国情的国家审计问责制度的建议，对提高国家审计监督的有效性和影响力、保证国家权力运行的有序性具有积极作用。

（4）**《注册会计师审计质量控制理论研究》（中国财政经济出版社，2002）、《会计师事务所业务质量管理》（大连出版社，2009）**

这两部著作基于社会审计视角，深入研究了会计师事务所各项具体业务所涉及的质量管理及控制问题，从人力资源开发、管理制度构建、管理流程等方面提出了事务所的质量控制体系构建。

（5）**《基于国家治理视角的“审计清单”与审计整改效果研究》（经济科学出版社，2021）**

该著作由冯均科与魏明共同编著，作者基于国家审计现状，通过对审计清单发展、结构、理性、功能等基础理论的阐述，详细探讨了审计清单与审计整改效果的关系，为推进审计整改效果，进一步开展持续审计监督提供了丰富的参考信息。

6. 傅元略：《计算机审计》（上海人民出版社，1999）

《计算机审计》由傅元略和庄明来共同编著，总计十五章，不仅阐述了会计电算化系统审计的一般技术和方法，而且突出了审计自动化，介绍了会计电算化系统内部控制评价、抽样审计、审计计划和审计底稿管理的自动化等内容。作者深入探讨了信息技术对审计人员的挑战、我国计算机审计亟待解决的问题以及审计人员的知识结构等理论问题，为审计的宏观管理和审计人员的知识更新提供了有益的参考意见。

7. 耿建新：《审计学》（中国人民大学出版社，1999）

耿建新教授与宋常教授共同编撰的《审计学》是会计系列教材之一，最早版本为 1999 年在阎达五先生主持下完成，出版后得到各高校广泛关注，而后在 2001 年、2002 年、2007 年、2017 年、2020 年陆续再版，是一部极具生命力的教材。该部教材将读者范围定位为非注册会计师方向的会计学、财务管理学及其他相关学科的高年级学生，内容参照国际审计准则和我国的独立审计准则、政府审计准则进行编写，以注册会计师审计为中心线索，兼顾政府审计、内部审计相关内容的体系，按照各个会计要素的基本格局对相关内容进行阐述，包括审计基本理论、审计组织体系及审计规范、审计的分类和方法、审计证据与审计工作底稿、审计程序、内部控制及评价、财务报表审计与管理层声明等十六个章节，内容全面，具有较高的权威性。在审计实务的有关章节中，作者加入了案例分析、调账要求等，可操作性突出。《审计学》第四版被指定为普通高等教育“十五”国家级规划教材、教育部推荐教材，获评 2009 年全国精品教材；第五版被选为“十二五”普通高等教育本科国家级规划教材，获得国家级教学成果奖。

8. 林忠华：《审计感悟》（立信会计出版社，2016）

该著作是一部反映审计工作和审计历史的权威文集，其中收录了 31 篇审计论述文章、45 篇审计评论文章、81 篇审计新闻稿以及 16 篇反映作者审计工作经历的附录，充分展现了作者对审计实务工作的探索及思考，对于从事国家审计工作的人员具有重要参考意义。

9. 刘家义：《经济效益审计的基本方法》《现代成本审计》《商品流通企业审计》《中国特色社会主义审计理论》

刘家义掀起了国家审计实务及审计理论研究的高潮，他首创的国家审计本质“免疫系统”论，定位于国家治理的高度，讨论了国家审计的本质属性，在国际领域得到广泛赞誉，扩大了审计“中国模式”在世界范围内的影响力。在审计理论研究领域，刘家义审计长主编了多部著作，包括《经济效益审计的基本方法》《现代成本审计》《商品流通企业审计》《宏观调控与财政政策》《中国特色社会主义审计理论》等。

（1）**《经济效益审计的基本方法》（四川科学技术出版社，1985）、《现代成本审计》（四川科学技术出版社，1986）**

这两部著作是刘家义审计长在四川省审计局就职时期的姊妹作，是他基于我国当时缺乏经济效益及成本审计书籍的状况，为满足审计、财政等部门领导干部阅读及高等财经院校教学参考而编撰的作品，作者在研究社会主义市场经济特点，总结中华人民共和国成立以来经济建设、经济效益管理和成本管理实践经验的基础上，根据《宪法》规定和党中央关于经济体制改革的基本精神编写而成。《现代成本审计》一书总计五部分，包括成本审计基本理论、成本规划审计、成本管理审计、成本核算审计、成本效益审计相关内容；《经济效益审计的基本方法》重点探讨了经济效益审计的理论及实务相关问题，两部著作在广泛借鉴国外发达国家经济管理和监督经验的同时，密切结合中华人民共和国成立以后的查账经验，并运用系统论、信息论、控制论等现代管理科学知识，对社会主义物质资料再生产过程中经济效益及成本审计监督的理论和实务问题进行了全面阐述。作者在当时便提出社会主义审计科学体系应包括财务审计、财经法纪审计、经济效益审计、成本审计等，作者认为“成本审计，是指审计人员和经济管理者为了降低劳动耗费、减少劳动占用、提高经济效益，对社会经济活动进行的监督、调节、控制、考核和评价”。这些基本理论问题及方法的解析，对于推动当时的审计实务及理论发展发挥了重要作用。

（2）**《商品流通企业审计》（中国审计出版社，1996）**

该著作以从事商品流通活动、独立核算的各类经济性质和组织形式企业，以从事商品流通活动为主营业务的其他企业以及这些企业在境外设立的机构和企业为研究对象，重点研究了国家审计机关对这些企事业单位财政经济活动、资产负债与损益状况和有关经济活动、经营行为等独立进行审计监督的原则、要求、内容、重点、环节、方式、方法、技术等内容。全书分上、下两篇，上篇按照资产、负债、权益、损益的顺序介绍了一般形式的商品流通企业审计要点；下篇阐述了特殊形式商品流通企业审计的要点，包括经营主渠道企业审计、公司制企业审计、商品期货交易审计、境外企业审计四章内容。该书结构合理，内容全面，体系完整，是当时发行的“商品流通企业审计”作品中最受欢迎的著作之一。

（3）**《中国特色社会主义审计理论研究》**（**中国时代经济出版社**，2013）

该著作是中国特色社会主义审计理论研究课题组的最终研究成果，以国家审计理论为核心内容，涵盖审计本质、审计功能、审计目标、审计基本特征、审计方式方法、审计管理、审计规范化、审计信息化和审计文化九个专题，以宏观的视野和深刻的阐述，对中国审计机关建立 30 年来审计工作的基本经验进行了系统总结，对审计工作规律进行了深入探索，丰富和发展了中国特色社会主义审计理论。2015 年 8 月中国时代经济出版社及商务印书馆发行该书修订版，对审计在发展中所面临的新要求、新形势进行了重新总结，对审计本质、职能、作用的基本认识进行了更新。《中国特色社会主义审计理论研究》出版后受到理论及实务工作者一致好评。蔡春教授认为，该著作“是一部具有里程碑意义的国家审计理论著作”。秦荣生教授认为“该著作不仅思路清晰、结构严谨，具有权威性，而且内容全面系统、观点鲜明，论述精辟，准确深刻。该书以中国特色社会主义理论为指引，始终把握指导审计实践的出发点和着眼点，对国家审计的重要问题从理论上作深入阐述，从审计本质、审计功能、审计目标、审计基本特征、审计方式、审计管理、审计规范化、审计信息化和审计文化九个方面，用精练的语言，全面准确地阐述了中国特色社会主义审计理论的历史地位、重大意义、时代背景、实践基础、主要内容和实践要求，足以启发审计理论和实务工作者重新去思考什么是中国特色社会主义审计理论，以及国家审计的定位和向何处去的问题”。该部著作“是广大审计理论工作者和实务工作人员的权威读本，是构建中国特色社会主义审计理论体系的宏伟篇章”。

10. 刘世林：《审计基础》《审计原理与实务》《基础审计》《审计发展与创新：经济责任审计及其发展目标研究》《经济责任审计理论与实务》《政府绩效责任审计及其评价模型》

刘世林教授的研究领域主要涉及审计基本理论、国家审计理论及实务、内部审计理论及实务，尤其在经济责任审计方面卓有贡献，创新地提出“指标导向审计”模式。刘世林教授主编审计类著作及教材十余部，包括《审计原理与实务》《基础审计》《审计发展与创新：经济责任审计及其发展目标研究》《政府经济责任审计》《政府绩效责任审计及其评价模型》等。

（1）**《审计基础》（高等教育出版社，1994）、《审计原理与实务》（高等教育出版社，2000）、《基础审计》（中国财政经济出版社，2009）**

《审计基础》是全国中等职业技术学校试用教材之一，全书总计十二章，系统阐述了审计的基本概念、目标、职能、任务、组织、依据、规范、分类、项目、程序、方法等基本理论，依次介绍了资产价值验证、资产数额验证、财务信息验证、内容控制系统及其评价、企业经营管理审计、财政税务审计、金融审计、投资项目审计、绩效审计等的含义及实务要点。2000年版的《审计原理与实务》是中国高等职业技术教育研究会与高等教育出版社组织编写的高等职业教育财经类系列教材之一。该部教材的主体结构划分为审计基本理论和方法、企业审计实务、政府审计实务三部分，内容较之1994年版教材有较大调整，在企业审计实务部分重点论述了企业资产、负债、所有者权益、损益会计核算和企业经营管理活动等方面的内部控制系统审计、财务收支审计和经济效益审计要点，从注册会计师事务所独立审计、政府审计和内部审计的合理性、合法性和效益性审计角度揭示了企业审计工作的实务操作程序；在政府审计实务中，还着重介绍了国家财政、金融、税收、固定资产投资和建设等方面的内部控制系统审计、财政财务审计、绩效审计等内容，从政府审计合法性、有效性角度阐述了国家行政机关和企事业单位审计的实务操作方法。

《基础审计》由中国财政经济出版社出版，是普通高等教育“十一五”国家级规划教材和21世纪高等职业教育规划教材，2009年1月及2013年3月再版。该书总计十四章，划分为审计基本理论、审计基本方法和审计基本业务操作三大部分，突破了以往审计基础教材重理论、轻技能的传统格局，重点介绍了审计的一般程序和确定审计取证对象的方法和审计取证的方法、审计工作底稿和审计报告的编制方法以及内部控制系统的评价方法等内容。审计基本理论部分，作者从审计的产生和发展出发，明确指出“审计是国家政治、经济制度中的重要组成部分，是在一定的社会生产力水平上为适应某种生产关系的需要而建立的一种社会约束机制”，从本质上说，“审计是一种具有责任关系独立性和主体地位独立性的监督控制”，在此基础上，作者对审计主体地位、审计目标体系、审计对象形式、审计项目、审计组织的体系和层次、审计准则及规范进行了详细介绍。第三章开始，作者对审计实务操作的阐述按照现代管理的要求，将企业审计划分为财务报表审计、资产审计、负债审计、所有者权益审计、损益审计、经营管理审计和经济责任审计等内容。与其他审计学教材相比，该部教材强化了对经济责任审计的介绍，为经济责任审计建立了一套规范、合理、公正的评价模式，既突出了财务收支审计的内容，又明确了经济效益审计的要点，在审计实务的操作程序和方法设计的介绍中将国家审计、社会审计、内部审计进行了科学的整合和有机的衔接，有利于培养本科生、高等职业技术学生及初学者的实际动手能力。

（2）**《审计发展与创新：经济责任审计及其发展目标研究》（广东科技出版社，2003）、《经济责任审计理论与实务》（中国时代经济出版社，2006）、《政府绩效责任审计及其评价模型》（中国时代经济出版社，2011）**

《审计发展与创新：经济责任审计及其发展目标研究》由刘世林教授与周友梅、吴德林共同编著，是一部专门研究经济责任审计发展与创新的专著，也是作者耗费五载潜心研究的呕心之作。全书主体结构包括三部分，第一部分介绍了经济责任审计的现行模式，包括三章内容，通过对经济责任审计所历经的“厂长（经理）离任审计”“企业承包经营责任审计”“党政机关领导干部和国有控股企业事业单位主要负责人任期经济责任审计”三个阶段历史演变，对经济责任审计的基本内容进行了规范性概括，揭示了经济责任审计产生和发展的历史原因和一般规律，为构建经济责任理论框架提供了客观依据；第二部分探索了经济责任审计程序与标准，包括三章内容，通过对经济责任审计工作实践的调查分析，根据经济责任审计的实际工作要求，突破常规审计程序与方法体系，开创性地构建了一套较为系统的经济责任审计评价标准和指标体系；第三部分阐述了经济责任的审计环境、风险与发展目标，包括三章内容，通过深入分析我国经济责任审计所面临的内、外部环境问题，揭示了经济责任审计风险的内容和产生方式，有针对性地提出了一套风险规避、控制与防范体系，并提出了经济责任审计的发展目标。作者认为未来“经济责任审计必然向政府绩效审计和企业管理审计过渡和分野”。2006 年，作者在该著作基础上再次修订，完成《经济责任审计理论与实务》一书。

《政府绩效责任审计及其评价模型》是刘世林教授关于经济责任审计研究的最新著作，全书共五个部分十章内容，第一部分阐述了政府绩效责任审计的基本理论和模式，由政府绩效责任审计导论和政府绩效责任审计需求及其模式两章组成；第二部分介绍了政府绩效责任审计信息处理方法体系，由政府绩效责任审计评价模式和政府绩效责任信息的整合方法体系两章组成；第三部分介绍了政府经济责任审计评价指标，由政府绩效责任审计评价指标和政府绩效保证责任审计评价指标两章组成；第四部分介绍了政府绩效责任审计的基本内容，由政府绩效责任审计的内容和政府绩效保证责任审计的内容两章组成；第五部分介绍了政府绩效责任审计评价模型，由以绩效责任为主导的审计评价模型和以绩效保证责任为主导的审计评价模型两章组成。

以上三部著作是对我国经济责任审计理论的系统性总结，通过分析现实环境和潜在问题，构建经济责任审计评价标准和指标体系、绩效责任审计评价模型，这是作者对于审计理论方面的重要创新，为经济责任审计、绩效责任审计实务提供了有益的指导。

11. 刘永泽：《行政事业单位内部控制制度设计操作指南》（东北财经大学出版社，2013）、《行政事业单位内部控制实务操作指南》（东北财经大学出版社，2016）

两部教材在系统介绍行政事业单位内部控制目标、要素、原则及方法的基础上，分别针对行政事业单位组织层级内部控制以及业务流程层面各环节的内部控制设计进行了详细介绍，包括预算控制、收支控制、资产控制、建设项目控制、会计控制、合同控制，进一步阐述了行政事业单位内部控制和自我评价；不仅介绍了行政事业单位内部控制制度设计及实务操作的原理，还穿插引用了大量的实际案例，尤其是对于主要风险和关键控制措施的讲解几乎都附有对应案例。两部教材为行政事业单位设计和完善自身内部控制制度提供了指导与案例支持，同时为学生学习和了解行政事业单位内部控制提供了参考材料。目前《行政事业单位内部控制实务操作指南》已发行至第三版。

12. 孟焰：《西方审计学》（立信会计出版社，1996）

该教材系统介绍了社会审计基础理论和实务方法，全书总计十八章，分为上、下篇，上篇介绍了社会审计的基础理论、职业道德及法律责任、审计程序、审计技术、审计证据和工作底稿、内部控制、计算机对审计的影响及审计报告；下篇重点介绍了各项目的审计程序。该教材注重通俗性和实用性，是我国早期重要的教学参考资料。

13. 欧阳电平：《电算化会计与审计：原理、设计、应用》（武汉大学出版社，2000）

该教材深入浅出地阐述了电算化会计信息系统的基本概念、基本原理、基本方法和技术以及电算化会计信息系统的审计，并为学生设计上机练习和综合实例，是电算化实验课程的重要参考资料。

14. 潘琰：《审计质量与审计诚信机制——基于制度与案例的思考》《内部控制》

（1）《审计质量与审计诚信机制——基于制度与案例的思考》（经济科学出版社，2006）

该著作从宏观视角探讨了社会审计质量和审计诚信机制的构建，对隐匿在诚信危机表象之下的转轨时期的制度缺陷进行了理论探讨和经验检验，在审计质量的本质、审计诚信的形成机理与机制重构、审计失败的原因和社会审计招投标问题等方面得出了一系列有价值的结论。

（2）**《内部控制》（高等教育出版社，2008）**

该教材涵盖内部控制的最新发展及经典案例，构建了基于风险管理整体框架的内部控制的教学内容体系，2008 年再版发行，被选为普通高等教育“十一五”国家级规划教材及高等学校会计学专业、财务管理专业核心课程教材。

15. 邵伯岐：《中国监察史（第一部）》（中国审计出版社，1991）

该著作系统介绍了我国不同时期经济状况下的监察制度及中国吏制的发展，是我国第一部研究监察发展历史的重要作品。

16. 石爱中：《西方企业审计学》《审计研究》《固定资产投资审计案例》《信息系统审计实务》《国家审计信息化与国家治理》《国家审计信息化发展报告》《国家审计信息化创新模式成果报告》《国家审计信息化持续发展研究报告》

（1）**《西方企业审计学》（北京理工大学出版社，1989）**

《西方企业审计学》由石爱中、张立民、赵丽娟共同编著，并经李宝震先生主审，是当时财经院校会计专业、审计专业的本科生教材。全书共十七章，参考了当时流行于欧美各国及日本的审计教科书，尤其以阿伦斯与洛布贝克合著的《审计学》及美国注册会计师协会公布的《审计准则说明书》为蓝本，以美国企业审计为重点，系统介绍了现代西方企业审计的基本理论、企业审计的程序和方法，并阐述了各种经济业务审计内容和方法。该书出版后被当时开设会计、审计专业的大部分高校作为西方审计学课程的教材，具有广泛的学术影响力，为后续介绍国外审计的教材、著作提供了经典体例和规范。

（2）**《审计研究》（经济科学出版社，2002）**

《审计研究》是高等院校会计硕士研究生系列教材之一，该系列教材由于玉林教授主持编写，《审计研究》一册由石爱中、胡继荣主编，顾芸、张继勋、杨俊峰担任副主编。作者在前言中阐述道，“审计实务已经存在数千年，但审计理论的形成却是近几十年的事情，毋庸置疑，审计一直是在非理性条件下发展的”，“审计历史演进至 20 世纪，人们突然发现堂而皇之的审计正身处法律诉讼的浪潮之中，面临着为生存、为信誉而战的窘境，非理性审计已经走到尽头”，那么“理性审计是什么”成为近几十年全世界会计、审计学家研究的主要问题，“审计不能盲从于经验，必须拥有一套自身的理论，审计工作应该遵从自身的内在规律”。因此，诸位作者合作编撰了《审计研究》一书，总结几十年审计理论研究的精辟观点、文献，试图得出能够被审计学界认可的理论观点，为审计理论研究和研究生教育做出贡献。《审计研究》作为最早的审计理论教材之一，创建了规范的写作结构，全书共分十二章，在第一章中，作者提出“审计理论的产生应以审计学专著的出版为标志”，他们将审计理论发展划分为审计理论的探索、审计理论的奠基、审计理论的确立、审计理论的发展、审计理论的最新发展五个阶段。作者认为“最初的审计学专著多表现为对审计实务的评价和总结，对良好的审计操作程序的探讨和规范”，呈现出片段式审计理论著作，审计理论的奠基阶段以 1961 年《审计理论结构》的出版为标志，这一著作堪称审计理论发展的奠基之作；审计理论的确立阶段以 1972 年《基本审计概念说明》的出版为标志；审计理论的发展以 1978 年《审计理论——评价、调查和判断》为标志；而实证审计理论的进步，为审计理论创造了更为广阔的研究领域。第二章中，作者提出“审计概念体系是构建审计理论结构的基石”，“是指导审计实践的路标”，审计概念体系包括十项重要内容，即受托责任概念、审计独立性概念、合理的职业谨慎概念、审计职业道德行为概念、审计法律责任概念、公允反映概念、审计证据概念、审计意见概念、重要性概念、审计风险概念，由此作者进一步阐述了具有代表性的审计理论结构的基本框架，并依据基本框架的结构层次用八章篇幅详细阐述了审计目标、审计假设、审计组织、审计准则、职业道德与审计责任、审计风险、内部控制、审计环境等内容，体现了整部教材的系统性、综合性特点。最后两章中，作者对当时比较前沿的管理审计及国际审计发展予以简要论述，突出了整部教材的前沿性、创新性特点。该教材的出版为会计及审计硕士教育、审计干部后续培训提供了重要的参考资料，也是我国系统研究审计理论的重要著作之一。

（3）**《固定资产投资审计案例》（中国时代经济出版社，2006）**

该著作精选了审计署和地方审计机关十三个优秀固定资产投资项目，为固定资产投资审计的进一步开展提供了丰富的参考信息。

（4）**《信息系统审计实务》（中国时代经济出版社，2012）、《国家审计信息化与国家治理》（中国时代经济出版社，2012）、《国家审计信息化发展报告》（中国时代经济出版社，2013）、《国家审计信息化创新模式成果报告》（中国时代经济出版社，2013）、《国家审计信息化持续发展研究报告》（中国时代经济出版社，2014）**

这五部著作全面总结了“金审工程”开展后，国家审计信息化的理论及实务创新。《信息系统审计实务》依照我国审计指南总体框架，结合审计组织开展实务工作的相关经验对信息系统审计相关理论及组织方式、应用控制及一般控制审计、项目管理审计、信息系统审计方法等内容进行了详细阐述，对审计人员开展信息系统审计具有重要借鉴意义。《国家审计信息化发展报告》总结研究了计算机现场审计理论与实务、计算机联网审计理论与实务、数据式审计模式理论与实务、信息系统审计理论与实务、计算机审计数据标准理论与实务、计算机审计方法体系理论与实务、数字化审计管理模式理论与实务、统一组织审计项目管理模式理论与实务，同时还对国外计算机审计进行了综述性研究。《国家审计信息化创新模式成果报告》重点介绍了信息化背景下审计组织模式的主要创新经验。《国家审计信息化与国家治理》及《国家审计信息化持续发展研究报告》是两部论文集，收集了国家治理与国家审计信息化的系统定位、发展目标、发展方向、人才素质、数字化工作模式和规范国家公共权力运行、国家审计职能业务发展的信息化持续发展研究和利用新技术推进计算机审计的持续发展等方面的优秀论文，是对国家审计信息化研究的一次有益探索。

17. 孙宝厚：《最新中国审计实用全书》《中外合资合作企业审计实务》《审计人员常用刑事法律知识读本》《国家审计理论专题研究》《国家审计业务专题研究》《国家审计案例研究》《国家审计案例研究教学手册》《国家审计发展回顾与思考》

（1）《最新中国审计实用全书》（国际文化出版公司，1994）、《中外合资合作企业审计实务》（甘肃人民出版社，1995）

《最新中国审计实用全书》包括五部分，涵盖审计基本理论、审计实务、审计常用经济和法规制度、名词解释；《中外合资合作企业审计实务》是针对外资企业审计的实务的总结。两部著作是20世纪90年代初期审计人员从事实务工作的重要参考资料。

（2）《审计人员常用刑事法律知识读本》（中国时代经济出版社，2009）

该著作涵盖刑法、刑事诉讼法相关理论知识以及财经领域和审计实践中常见的罪名等内容，是审计人员了解刑事法律知识的重要参考资料。

（3）《国家审计理论专题研究》（中国时代经济出版社，2019）、《国家审计业务专题研究》（中国时代经济出版社，2019）、《国家审计案例研究》（中国时代经济出版社，2019）、《国家审计案例研究教学手册》（中国时代经济出版社，2019）

以上四部图书均由孙宝厚教授组织编著，编著者全部来自国家审计机关，为植根于审计实践工作且热爱审计研究的人员。

《国家审计理论专题研究》包括十二个专题，内容涉及国家审计环境、国家审计假设和基本原则、国家审计的本质和职能、国家审计业务类型、国家审计管理体制、国家审计质量管理、国家审计结果运用等方面，是对国家审计涉及专题的一次全面总结。

《国家审计业务专题研究》包括十个专题，内容涉及审计计划管理、审计现场管理、非现场审计、大数据审计工作机制、审计取证、审计报告、审计查出问题整改、审计质量控制等审计实务，尤其是比较创新的工作。《国家审计案例研究》《国家审计案例研究教学手册》包括十四个专题，涵盖国家重大政策措施落实情况跟踪审计、自然资源审计、生态环境审计、扶贫审计、财政审计、金融审计、企业审计、社保审计、投资审计、地方党政主要领导干部经济责任审计等。作者在每个案例中深入浅出地介绍了国家审计的基础知识和审计思路、审计流程、关键环节等，为审计人员开展审计提供了实践探索经验，是审计干部和审计专业硕士学习、研究审计的有益参考资料。

（4）**《国家审计发展回顾与思考》（中国时代经济出版社，2019）**

该著作收集了审计机关实行“抓重点，打基础”方针时期的工作回顾，涉及经济责任审计、审计法修订、金审工程发展、中国审计信息化标准化及国际化发展、金融审计、环境审计、内部审计等主题，是对审计工作的一次全面总结。

18. 孙坤：《独立审计质量保证论》（东北财经大学出版社，2005）

该著作对保证社会审计质量问题进行了系统研究，剖析了制约审计质量的各种因素，构建起由政府、注册会计师职业组织、会计师事务所和注册会计师群体四个层面构成的审计质量保证体系，并对每个层面在这个质量保证体系中的地位、角色及如何发挥作用进行了全面的分析，对于保证社会审计质量、避免审计失败具有参考意义。

19. 田雍：《中国审计家丛书》《审计百科全书》

（1）**《中国审计家丛书》（地震出版社，1988—1989）**

1988—1989年间《中国审计家丛书》由田雍主编，在审计署、全国审计专业教材编审委员会及高校专家、教授指导下完成，由地震出版社陆续出版发行。该部丛书包括《中国审计概要》《内部审计概论》《经济责任审计》《商业审计》《基本建设审计》《工业企业经营审计》《对外贸易审计》《中外合资经营企业审计》《财政税务审计》《建筑企业审计》。这套丛书比较全面、概括地论述了我国当时各项审计活动的基本理论和方法，涵盖审计基本理论，并结合各项审计的基本特点讲述了实务操作技巧，为审计理论及实务提供了有益参考。

（2）**《审计百科全书》（地震出版社，1993）**

《审计百科全书》由田雍、王永庆、毛岩亮共同编著，中国管理科学研究院经济管理研究所组织编写，是一部审计类工具书。作者基于对1983—1993年间审计工作实践的大量调研，系统阐述了审计历史、审计基础理论和方法、财务审计基础、经济责任审计基础、经济效益审计基础、财政税务审计、金融审计、工业企业审计、商品流通企业审计、外资审计、邮电审计、基本建设审计、文教行政审计、军队审计、计算机审计、西方审计、审计管理、审计法、审计组织等二十六项内容，收录词目 2000 余条，对审计工作的实践起到了积极的指导、推动作用。

20. 王家新：《国家审计的政治经济分析》（上海三联书店，2013）

《国家审计的政治经济分析》是一部关于国家审计基础理论研究的专著，全书总计十章，前三章中，作者从政治、法理、文化视角系统分析了国家审计与国家治理的深层关系机理，揭示了国家审计的政治本质、法理依据与文化内涵，明确指出“从根本上说，我国国家审计是对国家行政权力在经济领域运行的监督，是与我国人民民主专政制度相适应的，从政治上看，我国国家审计制度也是政治制度的一种安排”，“政治制度决定国家审计的性质及地位”；“国家审计具有‘第四种权力’的独立性、专业性、公益性和监督性的独特品质”，“它的权力配置模式是在对所有与公权力有关的国家机关进行监督时只对法律负责”；“国家审计对形成秩序文化、平民文化、廉政文化和责任意识具有重要作用，是推进现代文化繁荣发展的推动力”。第四章至第八章中，作者全面阐述了国家审计在公共责任、政府预算、国家权力监督、生态环境治理、政府绩效管理中发挥的职能和作用，强调“国家审计已处于政府治理、市场治理和社会治理体系的重要枢纽和节点地位”。最后两章中，作者通过历史研究法、比较研究法探讨了我国国家审计的历史发展脉络及国家审计在不同国家治理模式中的地位、职能和作用，客观分析了我国国家审计制度特色，并提出了审计制度未来变革的策略。谢志华教授评价，“该书视野宏大、笔触深刻，系统地分析了国家审计在国家治理中的地位和作用，对于国家审计的基础理论发展无疑具有重要的学术价值和现实意义”；秦荣生教授评价称，“该书的出版，是王家新教授所率领的南京审计学院对我国审计高等教育、审计学科发展，特别是对国家审计基础理论研究的一个重大贡献”，“是我国国家审计理论研究中极具学术价值和影响力的创新之作”。

21. 王华：《会计师事务所审计质量保证机制研究》（东北财经大学出版社，2007）

《会计师事务所审计质量保证机制研究》是由王华教授、姜虹教授主持的财政部重点会计科研课题的最终研究报告，作者提出“会计信息质量是证券市场乃至整个国民经济正常运行的基础”，“会计师事务所是保证会计信息质量的‘最后最后一道防线’”，“注册会计师行业充分发挥作用的核心在于提高审计质量，而保证审计质量的关键在于构建一个有效的会计师事务所审计质量保证机制”，由此，作者以社会系统论为研究起点，以保证审计质量为最终目标，着重对审计质量的评价标准、会计师事务所外部监管体系、会计师事务所内部质量控制体系进行了系统研究，并构建了一个由公众监督、行业自律、内部治理相结合的质量保证机制框架，相应地提出了保证、控制审计质量的可操作性政策建议，对社会审计改革具有切实的参考意义。

22. 肖文八：《军队审计》《军队审计文书写作》《军队审计应用文写作》

（1）《**军队审计**》（**中国审计出版社**，1991）

肖文八教授被称为我国军队审计学科“设计师”。《军队审计》是我国第一部系统介绍军队相关审计理论与实务的教材，被选为首批军队院校优质课程和国家精品课程，获全国优秀教学成果二等奖和军队院校育才奖金奖。

（2）《**军队审计文书写作**》（**军事科学出版社**，2004）、《**军队审计应用文写作**》（**军事科学出版社**，2011）

《军队审计文书写作》在详细阐述军队文书写作基本理论的基础上，对军队审计机关公文、军队审计普通文书、军队审计专业文书、军队审计案例、军队审计科研论文分别作了介绍。该书重点介绍了审计公文写作的基本理论和常用方法，详尽列举了审计公文写作容易出现的各种问题，并且结合大量事例进行了详细讲解示范。两部著作具有较强的实操性，对军队审计工作具有重要参考价值。

23. 肖泽忠：《计算机审计》（中国商业出版社，1990）

该著作首先系统阐述了计算机审计的概念、产生与发展，电算化系统对审计的影响，计算机审计的目的和内容，计算机审计程序等内容，作者认为，“计算机审计是审计人员用手工的或电算化的审计方法、技术和程序对电算化或手工信息系统所进行的审计”，“计算机审计的对象并不局限于会计信息系统，还包括效益审计、管理审计和经营审计”。但由于当时审计实务的限制，作者仅对电算化会计信息系统的审计进行了详细介绍，包括电算化信息处理基础、电算化信息系统的一般控制、应用控制、电算化信息系统开发审计、内部控制系统的初步审核和评价、内部控制系统的详细审核和评价、内部控制系统的符合性测试、计算机程序的测试方法、数据文件的实质性测试、计算机舞弊和审计、计算机审计案例等内容，附录中节录了美国会计总署审计准则——电算化系统的审计标准及审计标准文告第 48 号——计算机处理对检查财务报表的影响。该著作是我国关于计算机审计研究的早期著作之一，对于我国计算机审计发展具有重要参考价值。

24. 谢获宝：《市场营销审计研究》（武汉大学出版社，2003）

该著作对市场营销审计的历史发展、理论基础、内涵分析、主体与客体、审计程序进行了规范分析，对我国企业运用市场营销审计状况进行了实证分析，是我国第一部专题研究市场营销审计的作品，对于企业对市场营销审计的有效运用具有重要参考意义。

25. 谢荣：《市场经济中的民间审计责任》《中国注册会计师职业发展战略》

谢荣教授编著了多部审计相关著作及教材，包括 1994 年 2 月由上海社会科学院出版社出版的《市场经济中的民间审计责任》，2000 年立信会计出版社出版的《中国注册会计师职业发展战略》，2000 年立信会计出版社出版的《财务总监与注册会计师的沟通与合作》，2002 年上海财经大学出版社出版的《审计研究前沿》，2004 年经济科学出版社出版的《商业银行内部控制系统研究》，2004 年中国财政经济出版社出版的《证券公司内部控制系统研究》，2011 年经济科学出版社出版的《高级审计理论与实务》。

（1）**《市场经济中的民间审计责任》（上海社会科学出版社，1994）**

《市场经济中的民间审计责任》是谢荣教授在徐政旦先生指导下，基于其博士论文编撰而成的，该著作以“审计责任”为中心论题，全书总计六章。作者在第一章中通过论述民间审计与嬗变社会环境的关系，说明民间审计对市场经济的重要作用在于“提高经济信息质量及可信性，增强整个市场体系运行的有序性”；“促进专业技术服务社会化，提高整个市场控制机制的效率”；“促进各组织内部控制制度的健全和完善，提高企业管理的素质”；“改善投资软环境，推进改革开放进一步发展”，由此指出民间审计责任研究的必要性。他认为，“明确审计责任是确立民间审计职业地位的重要条件”，“是促进提高审计质量和审计实务水平的有效手段”，“是加速审计理论研究的动力”。第二章中，作者首先提出“民间审计的社会责任是指民间审计人员在承办审计业务中所应履行的职责，以及因工作失误造成公众的损失而应向社会公众承担的法律责任”，第三章、第四章进一步系统研究了民间审计的职业责任和法律责任，并着眼于解决审计人员的责任范围、责任对象以及因一般过失、重大过失、推定欺诈和实际欺诈引起民事责任和刑事责任等问题作出了详细的分析。作者认为，“审计责任是一个由审计目标范围和审计行为依据所组成的二维职责域”，“审计责任域的第一维是由审计的目标范围所确定的”，“审计责任域的第二维是由审计行为依据的审计假设和审计准则所确定的”。由此，作者通过四章篇幅全面探讨了审计责任与审计目标、审计假设、审计准则、审计程序的关系。全书理论鲜明且富有开创性，结构严谨且富有层次性，弥补了我国审计理论在民间审计责任研究方面的空白，是一部具有重要现实意义与指导作用的作品。

（2）《**中国注册会计师职业发展战略**》（**立信会计出版社**，2000）

《中国注册会计师职业发展战略》由谢荣教授与李树华、王建春共同编撰，是对我国注册会计师职业发展方向进行的专题研究。全书共五章，第一章中，作者概述注册会计师职业在市场经济体制中的作用，提出影响注册会计师职业发展的最基本因素在于两方面，“其一，对注册会计师制度与其所处的经济环境之间相互关系的认识”，“其二，对注册会计师职业总体发展战略的认识”；第二章中，作者根据审计理论要求并结合我国当时的注册会计师职业实际，提出注册会计师职业发展总体目标在于“把我国的注册会计师职业发展成为一个真正独立的、公平竞争的、用于承担社会责任的职业，一个能最大限度地满足市场经济发展要求的、与国际接轨的职业，使我国注册会计师职业在建设社会主义市场经济体制、保障正常的社会经济秩序、维护国家、企业以及社会公众的权益中发挥更大的作用”；第三章至第五章，作者从注册会计师的个人素质、会计师事务所的体制、注册会计师职业团体的组织模式和职能等方面提出了发展构想，对当时注册会计师的职业发展起到了一定的指导作用。

26. 谢志华：《审计管理》（中国商业出版社，1990）

《审计管理》是我国第一部“审计管理”研究专著，全书共十章，包括审计管理的产生、本质、内容，以及审计预测、组织管理、计划管理、人事管理、业务过程管理、质量管理、信息管理、科研管理、审计效果考核等内容。杨树滋教授评价称：“该书结构严谨、取材新颖、内容丰富、文论确切，从宏观和微观两个方面论述了社会主义审计的管理工作，对于提高我国审计工作水平，提高审计工作效率及质量，具有现实的、积极的意义。”

27. 杨树滋：《内部审计概论》（中国财政经济出版社，1988）

《内部审计概论》由杨树滋与鲍国明共同编撰，是我国改革开放后最早发表的内部审计学方面的代表性著作之一。该教材共八章，详细阐述了内部审计的特点、内部审计的职能和任务、内部审计的种类和程序、内部控制体系及其评价方法、内部审计管理体系、会计决算审计、经济效益审计、经济责任审计等内容。该教材以我国当时的工业企业内部审计实践为基础，借鉴国际内部审计发展经验，建立了一套较为完整的社会主义内部审计理论与实务体系。

28. 尹平：《图表式审计技巧示范》《审计规制论》《政府审计理论与实务》《政府审计学》《政府审计教学改革与创新研究》

（1）**《图表式审计技巧示范》（中国财政经济出版社，2001）**

《图表式审计技巧示范》由尹平和王会金教授共同编撰，全书总计十二章，作者以图表、表格的特殊形式介绍了货币资金审计、应收及预付款项审计、存货审计、投资审计、固定资产审计、无形资产和递延资产审计、流动负债审计、长期负债审计、所有者权益审计、收入成本费用审计、会计报表审计的常规检查和分析方法、技术，该书立意新颖，内容形象具体，是一部实操性较强的审计类教材。

（2）**《审计规制论》（中国财政经济出版社，2006）**

该著作借鉴国外产业规制理论和实践，首先以“市场失灵—政府规划—政府失灵—政府规划改革”为主线系统阐述了我国产业规制实践，解剖政府规制存在的矛盾与弊端，并从政府产业规制改革着手，通过比较研究法详述了 21 世纪初期学者关于政府规制提出的诸多方案及缺陷。作者指出，“在民主化、法治化程度较高的国家里，产业规制机构具有高度独立性，其成员来自社会各个阶层，具有广泛的代表性，因而能够作为公共利益的代言人，公正地行使规制权力，规制的结果具有较高公信力；反观我国政府规制主体，大多系原企业主管部门或政府行业管理者，由于无独立的利益中性的规制机构，行政垄断、政企不分、政企联盟、缺乏对规制者的规制等政府失灵现象应运而生，因此，规制者的重新设计是十分重要的改革步骤”，进而聚焦于审计规制，运用归纳、分析、实证和推理等方法论述审计规制形式和手段在我国市场发育和产业运行中所具有的特定功能和独特作用及其明显的比较优势，将审计规制作为政府产业规制改革的重要举措，设计构建了审计规制基本理论和实务体系。作者提出“审计规制指由国家审计主体实施或是政府利用审计手段实施的产业规制行为”，“审计规制与其他规制形式相比具有独立性、专业性、法律权威性、节约交易成本等特增，同时审计规制有利于官民互动的规制机制的构建与形成”，“审计规制通过与市场失灵、政府失灵的博弈，对自然垄断力量起到制衡作用，增强政府规制政策选择”。《审计规制论》利用经济学理论研究审计基本问题，从“审计规制”角度提出未来改革策略，丰富了

“产业规制经济学”的基础理论，填补了该理论在审计领域的研究空白，对于指导、推动我国产业规制实践具有现实意义。

（3）**《政府审计理论与实务》（中国财政经济出版社，2008）、《政府审计学》（中国时代出版社，2013）**

《政府审计理论与实务》是尹平教授最早主编的一部政府审计教材，是江苏省“高校精品教材建设项目”的研究成果。全书总计十五章，前三章中，作者首先介绍了审计发生和发展的主要观点、历史脉络及其经济、政治、社会背景以及政府审计与国家民主进步、法治建设的相互关系、政府审计的职能、政府审计的目标和作用、政府审计组织、政府审计法律规范体系等基本理论问题。作者认为“政府审计的目标和职能随着审计环境的变化而变化”，“政府审计职能以经济监督为主，评价和鉴证为辅”，“政府审计具有维护国家经济安全和基本经济秩序，防范社会政治、经济风险，对政府经济管理行为的规制，兼顾社会公平道义责任等作用”。第四章开始，作者详细阐述了政府审计的各项内容及其实务要点，包括财政审计、财政部门组织预算执行情况审计、税务部门税收征收管理情况审计、海关税收征管审计、国库管理审计、中央银行审计、商业银行资产审计、商业银行负债审计、商业银行损益与财务报告审计、国有企业审计、政府绩效审计、经济责任审计等相关内容。尹平教授与郑石桥教授共同撰写的《政府审计学》在原教材基础上基于政府审计最新实践成果并总结南京审计学院近30年的政府审计教学实践，对中国特色社会主义审计理论进行了系统的革新，加入政府审计程序、审计管理、国外审计动态等内容，并将主要业务定位于财政审计、行政事业单位审计、金融审计、国有企业审计、环境审计、公共工程审计、经济责任审计、绩效审计、专项审计调查、政府审计整改等方面。两册教材与时俱进，综合了国家审计与其他财经法规建设的前沿动态，反映了国家审计理论的最新研究成果，成为高等院校“国家审计”课程的主要参考资料，《政府审计理论与实务》被评为“高等教育审计专业核心课程教材”，《政府审计学》被评为“高等院校审计系列教材”。

（4）**《政府审计教学改革与创新研究》（经济科学出版社，2011）**

《政府审计教学改革与创新研究》是一部关于“政府审计教学”研究的论文集，作者收录了关于课程教学、实践教学、考试改革、教学方法、教学管理等方面的32篇相关论文，“说明了政府审计课程在人才培养方案中的地位和作用，列示了该课程与先行课程和后续课程的关系，阐述了课程的教学要求和主要特点，分析了目前政府审计教学中存在的若干不足和问题，分析了矛盾形成的主要原因；进而提出了课程改革与创新的主体思路和基本对策，要求课程改革与创新‘反映政府审计时代特征，反映政府审计理论成果，反映政府审计实践发展，反映政府审计方法更新，反映国外政府审计动态，反映创新人才培养目标’，并就课程改革实施，重点阐释了实践性教学、课堂管理、课外辅导与作业和考试考核方法等重要教学环节的改革创新的路径与操作要点”，为高校政府审计教学改革及创新提供了有价值的参考。

29. 尤家荣：《审计规范论》《英汉·汉英会计与审计词汇手册》

（1）**《审计规范论》（上海三联书店，2002）**

《审计规范论》包括六个章节，第一章总论部分主要研究审计规范的含义、审计规范与经管责任的关系，以及审计规范在市场经济中的重要性；第二章“审计规范的框架结构”，主要研究构建审计规范体系应考虑的因素，审计规范体系的特点、审计规范体系的内容，以及审计规范各要素之间的关系；第三章“审计规范与审计理论体系”，主要研究审计规范在审计理论体系中的地位，包括介绍国内外有代表性的对审计理论体系的各种观点，并提出作者的观点；第四章“审计规范与审计环境”，主要研究审计环境的四个方面对审计规范的影响；第五章“审计规范与审计目标”，主要研究审计目标的演变对审计规范的影响；第六章“审计规范与审计假设”，主要研究审计假设的含义，介绍和评述国内外学者对审计假设内容的各种观点，并提出作者对审计假设内容的看法，以及审计准则、审计职业道德、审计质量控制等主要审计规范与审计假设之间的关系。

（2）**《英汉·汉英会计与审计词汇手册》（上海外语教育出版社，2013）**

《英汉·汉英会计与审计词汇手册》是一部会计、审计类工具书，全书涵盖工业会计学、农业会计学、商业会计学、银行会计学、交通运输会计学、理论审计学、应用审计学、审计技术学、历史审计学等学科专业基本词汇，为会计、审计专业词汇学习及学术研究资料翻译提供了有益参考。

30. 喻小明：《企业效率审计研究》（经济科学出版社，2011）

该著作以企业效率审计为研究主题，系统阐述了企业效率审计的理论基础、基本概念和审计标准、审计程序，详细探讨了企业效率风险、审计质量及其监控体系构建，并设计了企业效率审计公告的框架内容，对推进效率审计理论及实务发展具有参考价值。

31. 张楚堂：《审计重要性理论与实务》（武汉理工大学出版社，2002）

该著作系统阐述了审计重要性理论的形成与发展以及在审计理论体系中的地位与

作用、审计重要性与审计风险的关系、重要性水平的确定、网络审计中运用重要性的思考以及审计重要性与行业监管等内容。该著作是我国首部对审计重要性进行系统研究的作品，对于实务中利用审计重要性开展审计程序以及利用重要性标准监管审计行业具有重要参考价值。

32. 张立民：《发达国家企业财务报表审计模拟案例》《电算化系统控制与审计》《西方审计学》《审计准则全书》《中国审计改革与发展研究》《审计学原理与实务（第 2 版）》

（1）**《发达国家企业财务报表审计模拟案例》**（**中国审计出版社**，1993）

《发达国家企业财务报表审计模拟案例》是张立民教授针对当时我国翻译、编译出版的审计教科书中缺乏对国外企业财务报表审计细节阐述内容而专门编译的一部著作。作者以马克威奇体育世界公司的鉴证审计为例，全书包括两个部分，第一部分是马克威奇体育公司初次年度财务报表审计的审计工作底稿档案资料，该部分列示了该公司的完整审计工作底稿内容，展示了年度财务报表审计的全貌；第二部分是马克威奇体育公司第二年财务报表审计的审计工作方案和该公司第二年生产经营及管理方面的相关数据资料。作者通过案例全部内容的介绍，详细说明了审计师为对该公司年度财务报表能否公正地反映该公司的财务状况和经营成果、是否遵循公认会计准则表示意见，所确立的具体审计目标、审计过程中所完成的具体工作内容及所编制的审计工作底稿，为读者系统地展示了初次审计、后续审计的内容及联系，为当时我国审计人员的实践操作提供了直接参照与借鉴，具有极强的实务操作指导性。

（2）**《电算化系统控制与审计》**（**天津科学技术出版社**，1994）

《电算化系统控制与审计》是我国较早研究会计电算化对审计实务、理论影响及审计如何应对会计电算化发展的著作。全书共十二章，前三章介绍了电子计算机基础知识、会计电算化的基本特征及对审计的影响，并提出了计算机审计的概念及特征；第四章、第五章中，作者对电算化系统内部控制进行了介绍，包括一般控制和应用控制两部分；第六章开始，作者阐述了电算化审计的理论及实务，包括电算化系统审计工作程序与内容、电算化系统审计方法与技术、电算化系统开发的控制与审计、特殊电算化系统的控制与审计、电子计算机犯罪与审计及电算化系统的管理审计等方面。该书的出版对于当时我国正处于萌芽状态的计算机审计起到了很好的指导作用。

（3）**《西方审计学》**（**南开大学出版社**，1996）

《西方审计学》是我国较早介绍国外审计理论及实务的教材。全书共十七章，主体结构可以分为四个部分：第一章为第一部分，作者详述了西方社会审计、政府审计、内部审计的基本概念、历史沿革及当代特征；第二章至第十五章为第二部分，作者以社会审计理论及实务为主，详述了西方民间审计的基本概念、组织管理以及独立审计师的法律责任与职业道德，并按照审计程序阐述了审计计划、审计执行、审计报告的相关内容；第十六章为第三部分，作者概述了西方国家政府审计环境、机构设置、权利义务、工作内容及范围等，并总结了西方国家政府审计的特点；第十七章是第四部分，作者简要介绍了内部审计组织人员、形式及工作内容。该书出版后被当时开设会计、审计专业的很多高校选作西方审计学课程的教材，具有广泛的学术影响力。

（4）**《审计准则全书》（浙江人民出版社**，1996）

《审计准则全书》参照《中华人民共和国审计法》《中华人民共和国注册会计师法》《中国注册会计师独立审计准则》《国际审计准则》，详细介绍了审计基本准则、民间审计准则、政府审计准则、内部审计准则四方面相关内容。审计基本准则一篇包括审计假设、审计主体、审计客体、审计原则、公认审计准则、审计程序、审计道德、审计人员的法律责任、审计独立性、审计职业谨慎、审计管理十一项内容；民间审计准则一篇涉及审计业务约定书、审计计划、前任和接任审计师间的沟通、审计证据、审计方法、分析性测试、结账日前的实质性测试、审计工作底稿、重要性与审计风险、内部控制结构的研究、利用内部审计工作、利用专家的工作、利用其他审计师的工作、管理人员陈述、函证、相关实体、会计估计、持续经营、期后事项和期后发现事实、报告日后发现的遗漏手续、审计抽样、电子数据处理环境下的审计、财务报表审计的报告、无保留意见审计报告、保留意见审计报告、否定意见审计报告、拒绝表示意见审计报告、重要性与审计意见、注册会计师特殊报告等内容；政府审计准则一篇阐述了与美国政府审计准则、最高审计机关国际组织审计准则、中国政府审计准则等相关的内容；内部审计准则一篇涉及内部审计准则、内部审计一般准则、内部审计职业道德、内部审计的现场工作准则、内部审计报告准则、内部审计管理六项内容。作者在对各方面内容进行介绍时不仅仅是罗列准则，还引申阐述或分析了各项准则的背景或理论来源，为实务工作及理论研究提供了丰富的指南资料。

（5）**《中国审计改革与发展研究》（中国财政经济出版社**，2003）

《中国审计改革与发展研究》是一部论文集，该书收录了国家审计与审计理论、注册会计师审计质量与中国证券市场、内部审计与审计教育三方面的论文，就中国加入 WTO 与国家审计、公司治理与内部审计、国家审计独立性及审计理论研究、审计教育等领域进行了深入探讨，对我国当时的审计改革提供了一些可供借鉴的参考资料。

(6)《审计学原理与实务(第2版)》(北京交通大学出版社/清华大学出版社,2013)

《审计学原理与实务》一书的内容分为审计学基本理论、审计实务循环两大部分,作者在介绍国家审计、内部审计和注册会计师审计三大监督体系的基础上,先后阐述了财务报表审计风险的了解过程、评估过程和应对过程;在审计实务循环部分,作者选择性地介绍了销售与收款、采购与付款、生产与存货、货币资金等典型的业务循环审计要点。全书以阐述审计基本概念、基本方法、基本技能为主要内容,同时在每章介绍中引入了实际案例,并引导读者进行深入学习及拓展思考,尽可能促使审计抽象问题具体形象化,出版后受到一致好评。

2013年,北京交通大学出版社与清华大学出版社联合出版了《审计学原理与实务(第2版)》第二版。该版教材保持作者的一贯理念,在内容介绍中以阐述审计基本概念、基本方法、基本技能为主,同时对原有教材内容及结构进行了修订,将风险导向审计原则贯穿于各方面审计准则的最新变化与要求之中,完善了审计原理部分风险导向审计准则的内容,在主要业务循环的审计中也尝试把风险贯穿到内部控制测试和实质性细节测试的性质、时间和范围的决策等内容的介绍与分析中。作者着重突出了审计报告的重要性和引导作用,对原有章节结构进行了调整。作者认为"审计报告是审计的最终成果,也是传递审计信息、满足审计需求的基本载体,审计需求和审计总体目标是审计过程开始以前就决定的,对审计过程起到引导作用",由此将审计报告提前至教材第二章,让读者从开始学习时就了解审计的最终产品和整体要求,对财务报表审计的目标有一个更为系统的认识,以便进一步掌握审计方法、技术和具体业务循环中的审计要求,这一结构安排具有创新性。该教材出版后被许多高校选作审计原理参考教材,并受到审计学界的好评。

33. 张为国:《后安然时代》(中国财政经济出版社,2003)

21世纪初,全球第一大能源交易商安然、第二大电信公司世通及百年会计师事务所安达信破产,这一事件引发了2002年《萨班斯—奥克斯莱法》的最终颁布及美国各界对会计、审计改革的呼吁,对会计、审计领域产生了深远影响。张为国教授与邱昱芳主编的《后安然时代》按时间顺序收录了安然事件后国外相关机构的文献及国外学者对美国财务会计丑闻及其影响的论述,着重于会计、审计领域,全面反映了这一系列财务会计丑闻的成因及其深远影响。该书为读者提供了一份翔实、全面、客观的研究资料,出版后引发会计、审计学界对安然事件及其连锁反应的反思,对我国后续资本市场监管体制构建及上市公司信息披露体系完善起到了一定的推动作用。

34. 赵保卿：《现代企业内部审计》《审计案例研究》《注册会计师审计法律责任》《会计师事务所服务营销策略》《基于平衡计分卡的高校预算资金绩效审计考评指标体系研究》《我国注册会计师行业自律监管模式研究》

（1）**《现代企业内部审计》（中国方正出版社，1997）**

该教材系统介绍了现代企业内部审计的基本理论，从实务角度阐述了现代企业制度基础审计、财务审计、经济效益审计和经济责任审计的具体审计内容和过程，以及现代企业内部审计的质量管理，是我国比较早期的内部审计教材，对促进现代企业内部审计科学体系研究、指导内部审计实际工作具有指导意义。

（2）**《审计案例研究》（中国广播电视大学出版社，2004）**

《审计案例研究》第一版于 2002 年出版，2005 年、2010 年分别发行该教材第二版、第三版。全书总计十章，包括审计业务承接和审计规划案例、销货与收款循环审计案例、购货与付款循环审计案例、生产与费用循环审计案例、筹资与投资循环审计案例、货币资金审计案例、期初余额、损益形成与利润分配循环审计案例、期后事项与审计报告案例、审计法律责任与审计质量控制案例等内容，每章收录我国上市公司两到三个典型案例，力求所有案例反映审计实际工作中阶段性或过程的内容。该书出版后得到广泛好评，被评为国家“十一五”规划教材、北京市高等学校精品教材。

（3）**《注册会计师审计法律责任》（人民出版社，2006）**

该著作由赵保卿教授、谢志华教授共同编著，系统研究了注册会计师审计法律责任的形成、注册会计师承担法律责任的前提和依据、注册会计师审计法律责任的判定、注册会计师审计法律责任的规范四个问题。作者首先以“审计期望差”为切入点，对注册会计师审计法律责任的形成因素从主客观、内外部、上下层进行研究，并通过数学模型予以量化，挖掘审计法律责任形成的深层社会、法律、经济因素，进而从系统角度对注册会计师应承担的责任内容予以逻辑化，将注册会计师法律责任划分为行政责任、民事责任、刑事责任三种形式，基于相关法律法规及审计理论设计规范注册会计师法律责任的措施及途径体系，为现实中规避、防范和解除注册会计师责任提供了必要依据。

（4）**《会计师事务所服务营销策略》（复旦大学出版社，2007）**

该著作总计八章，在对会计师事务所服务营销及特征理论描述的基础上，根据价值链管理理论，阐述了我国会计师事务所服务营销的机制特征，并通过对会计师事务所服务营销现状的分析，借鉴西方经验，提出推进、完善会计师事务所服务营销的“多元化”策略、“规模化”策略、价格策略、品牌策略、质量控制策略。该书的研究成果为会计师行业实现服务产业化、价值最大化提供了新的视角和理论依据。

（5）**《基于平衡计分卡的高校预算资金绩效审计考评指标体系研究》（中国工商出版社，2008）**

该著作基于平衡计分卡构建高等学校预算资金绩效审计考评指标的内容结构及考评指标体系的运用，并通过模拟案例对指标体系的应用进行详细介绍，是我国第一部将平衡计分卡原理引入高校审计研究的作品，对于推动高校内部审计发展具有积极意义。

（6）**《我国注册会计师行业自律监管模式研究》（经济科学出版社，2012）**

该著作是北京工商大学财务与会计前沿论丛之一，全书总计六章，在系统论述注册会计师行业自律监管模式理论的基础上，探讨了我国注册会计师行业自律监管现状、西方主要国家注册会计师行业监管模式的变化及其启示、我国注册会计师行业自律监管模式的功能定位及实现路径等问题。赵保卿教授认为，社会审计质量是注册会计师与上市公司管理层及监管机构、上市公司管理层与监管机构及股东相互博弈的结果。

35. 周勤业：《审计学》（中国财政经济出版社，2000）

该审计学教材主要用于高等教育自学考试，作者首先介绍了审计的历史演变过程和基本理论，进一步详细论述了财务审计、财经法纪审计、经济效益审计等各种不同业务的审计实务。与其他教材相比，该教材语言更为通俗易懂，是自学者重要的参考资料。

36. 周庆西：《内部审计实务指要》《高校管理审计研究》《教育审计管理规范》《内部审计新观点》

（1）**《内部审计实务指要》（天津科学技术出版社，2004）**

该著作系统介绍了内部审计的作业流程、文书格式、业务案卷、质量控制以及相关法律法规等内容，对于指导内部审计实务具有参考价值。

（2）**《高校管理审计研究》（天津人民出版社，2010）**

该著作基于高校背景，系统阐述了高校的财务管理、内部控制、内部审计、基本建设管理审计以及经济责任审计等内容，是我国对高校内部审计进行专门研究的开拓性作品，对于促进高校内部审计工作具有参考价值。

（3）**《教育审计管理规范》（南开大学出版社，2013）**

该著作以教育审计管理实务为主要内容，具体包括教育审计的基本概念、程序、文书、案卷以及教育审计质量、教育审计评估、相关法规等方面，是我国首部以教育审计为研究主题的作品，具有前瞻性与现实性，对于教育审计研究及实践具有指导意义。

（4）《**内部审计新观点**》（**南开大学出版社**，2015）

该部论文集汇集了天津师范大学内部审计研究所专家、教授的 29 篇学术论文，内容较为宽泛，涉及审计跨学科创新、内部审计转型、高校基建审计、高校经济责任审计、审计信息平台建设、管理审计、新一代信息技术与审计等方面，既有内部审计基础理论研究，又有内部审计实践的凝练与总结，全书前瞻性与现实性相统一，对内部审计理论研究与实务操作都具有很强的指导意义。

37. 朱荣恩：《中国证券市场独立审计研究》《现代企业内部控制制度》《内部控制评价》《企业内部控制制度设计》《内部控制案例》《企业内部控制规范与案例》

（1）《**中国证券市场独立审计研究**》（**上海财经大学出版社**，1997）

《中国证券市场独立审计研究》是朱荣恩教授在其博士论文基础上编撰完成的著作。作者在书中指出“证券市场对独立审计的影响以及独立审计在证券市场中的作用表明，证券市场与独立审计相互促进”，由此首先以证券市场所处特定环境为独立审计的背景，通过分析证券市场的构成及其所体现的经济本质属性揭示独立审计孕育于证券市场的客观性，阐述了证券市场对独立审计发展的影响。在此基础上，作者对独立审计在证券市场中所体现的特征进行了研究，提出“审计独立性是独立审计立足于证券市场的客观要求”，“审计鉴证是独立审计参与证券市场的基本功能”，“审计报告是独立审计联系证券市场的主要形式”，“审计责任是独立审计取信于证券市场的必然结果”，“独立审计的四个基本特征及其相互关系是证券市场独立审计的核心”，“认识证券市场独立审计基本特征及遵守这些基本特征所体现的规律是把握证券市场独立审计健康发展的轨道”。

（2）《**现代企业内部控制制度**》（**中国审计出版社**，1996）、《**内部控制评价**》（**中国时代经济出版社**，2002）、《**企业内部控制制度设计**》（**上海财经大学出版社**，2005）、《**内部控制案例**》（**复旦大学出版社**，2005）、《**企业内部控制规范与案例**》（**中国时代经济出版社**，2009）

朱荣恩教授提出，内部控制评价是一种评估运营程序，具有自发性、全员参与、系统性、高层次及高灵敏度等特点，能够促进企业改善内部控制软环境，调动企业完善内部控制的积极性，提高内部审计效率，节省外部审计资源。在内部控制评价过程中，要注意内部审计与被评价部门及人员的相互协调，完善内部控制评价体系。朱荣恩教授对于内部控制的研究注重将内部控制理论与企业应用案例相结合，形成了体系较为完整的内部控制教学体系，对于开展相关课程具有重要参考价值。

20 世纪 60 年代出生的作者的重要审计文献

1. 白华：《内部控制整体职能论》（经济科学出版社，2015）

作者认为以 COSO 为核心的内部控制研究范式存在内部缺陷，即对管理过程中不同职能之间的关系理解存在机械性，人为割裂了目标与要素之间的关系，导致内部控制难以融入组织管理。作者提出“内部控制职能论”，强调“内部控制就是管理职能中的控制职能”，通过五章内容研究了内部控制的本质，内部控制与公司治理、风险管理之间的关系，揭示了内部控制结构之谜，探讨了控制活动的本质与结构，提出了内部控制研究的新范式，并将其运用于解决内部控制研究领域中存在的诸多争议问题。“内部控制职能论”在审计学术界产生重要影响，对构建适合国家发展战略并具有中国特色的内部控制规范体系研究具有重要意义。

2. 毕秀玲：《政府会计监管论》（厦门大学出版社，2004）

作者提出政府会计监管存在垄断会计规范制定权、监管目标多元化及监管部门行动不协调三个缺陷，导致政府会计监管存在不足及过度的情况，监管效果低下。作者通过构建政府会计监管理论框架，对政府监管政策的制定、监管行为的规范提出建议。《政府会计监管论》是我国早期研究会计监管的重要著作，对探求适合我国国情的政府会计监管体制具有重要意义。

3. 蔡春：《审计理论结构研究》《现代审计功能拓展与创新研究论丛》

（1）《审计理论结构研究》（西南财经大学出版社，1994）

《审计理论结构研究》是蔡春教授在其博士论文的基础上进一步深入研究，并根据审计学界一些专家学者的建设性意见修改完成的作品，1994 年由西南财经大学出版社出版，2001 年由东北财经大学出版社再版。在这部专著中，蔡春教授明确提出“审计理论作为一个系统必有其内在结构，研究与发展审计理论应当首先揭示这种结构”，“审计理论结构是审计理论系统内部组成要素之间相互联系、相互作用的方式或秩序，是审计理论存在和发展的内在依据，也是审计理论发挥功能作用的内在根据”。按照这一思路，他构造了由“审计本质论”“审计假设论”“审计目标论”“审计规范论”“审计信息论”和“审计控制论”六个要素组成的审计理论结构模式，创造性地提出并论证了一系列新的概念、观点及理论。例如，“审计在本质上是一种特殊的经济控制”，审计的“特殊性体现在三方面，其一，审计控制是一种独立的、间接的控制；其二，审计控制的对象是受托经济责任的履行过程，目标是保证受托经济责任得到全面有效的履行；其三，审计控制的主体具有双重性，由审计人和审计委托人共同构成”；“审计本质是整个审计理论结构的构建基点”；“审计假设包括‘责任关系假设’‘正当怀疑假设’‘可确认假设’‘独立性假设’和‘有效性假设’”；等等。

《审计理论结构研究》出版后于 1996 年荣获四川省财务成本研究会优秀成果一等奖、四川省哲学社会科学优秀成果三等奖，并得到我国审计理论界的高度评价，李宝震先生称《审计理论结构研究》“是一部系统性与规范性较强的审计理论著作，是一部审计理论研究方面的成功之作，全书目的明确、说理清楚、论证充分、结构严谨、逻辑性强，以‘审计理论结构’为命题开展的研究，在我国乃至世界范围内都属于首创，它的出版发行必将对我国乃至世界审计理论的发展产生积极影响”。阎金锷先生认为，“在我国，把审计理论作为一个系统进行研究并构成审计理论框架结构，以往尚乏专论，《审计理论结构研究》一书填补了这一空白，是一部具有创造性、构思新颖、结构逻辑严谨、具有特色的审计理论专著”。郭道扬先生认为，“《审计理论结构研究》对审计学中一个十分重要的理论问题进行了系统、深入的研究，其内容丰富、观点明确、体系较为完善、论说根据充分，可以称之为中国博士文库中的成功之作”。崔建民先生认为“《审计理论结构研究》是我国规范性审计理论研究方面的第一部较系统的著作，也是一部成功之作，它对推动我国审计理论和实务的发展将会产生积极的影响”。一本审计学专著能够得到国内众多审计学界前辈的肯定实属罕见，足以看出这部作品的成就与价值。

（2）**《现代审计功能拓展与创新研究论丛》（中国时代经济出版社，2006）**

蔡春教授认为，“审计的本质功能是对经济行为的控制，保证受托经济责任的全面有效履行，现代审计功能伴随受托经济责任内容和要求的不断发展而拓展。然而，审计作为一门社会学科，不可避免地受到各种内外部观环境的约束，其承担的功能和肩负的社会使命也不可能漫无边际”。由此，他提出了“现代审计功能拓展”这一命题，并带领其团队针对“审计在现代社会中应当承担的适当功能的定位”以及“发挥相应功能时呈现的形式载体的内涵”进行了一次全面、深入的思考和探讨，出版了系统的学术专著《现代审计功能拓展与创新研究论丛》，包括《现代审计功能拓展论》《现代风险导向审计论》《审计认证论》《公司治理审计论》《绩效审计论》《环境审计论》。

《现代审计功能拓展论》是《现代审计功能拓展与创新研究论丛》中的第一本著作，2006 年 6 月由中国时代经济出版社出版。全书对现代审计功能拓展在理论上做了较为全面、深入的解析，作者认为，“现代审计功能拓展的内在依据在于受托经济责任内容及要求的拓展，外在动力来源于审计师专业服务供需市场的变化，直接原因是现代科技发展的影响”，“审计功能是指审计基于其本质属性所发挥的职能、作用与职责，包括本质功能及具体功能”，“现代审计功能拓展，一方面表现为现代审计在形式、种类以及内容等相关方面的不断发展，另一方面表现为现代审计发挥作用的范围、形式、程度、途径等方面的扩展”。由此，作者系统性地构筑了现代审计功能拓展的基础理论和拓展体系框架，以三章篇幅对独立审计、国家审计、内部审计的功能现状与拓展方向进行了详细剖析，并提出了现代审计功能拓展与职业准则、审计师执业能力、审计信息化等多层面的相关问题及解决策略，为统领现代审计功能拓展的系列研究搭建了理论平台。

进入 21 世纪以来，审计行业运行环境的巨大变化和审计认证的蓬勃发展为“审计认证”的研究提供了良好的现实条件，蔡春教授及其团队在《审计认证论》一书中强调“从适应环境、利用环境的角度，拓展审计的研究领域成为一种必然的选择，有必要进一步加强审计认证理论的研究。而现实中，审计认证理论与实践脱节，建立符合审计认证发展规律的理论体系，有利于更好地指导审计认证实践，促进审计学科体系的建设和发展，丰富审计理论的内涵和外延”。《审计认证论》共包括十章，第一章为研究背景及文献综述，随后作者分四部分对审计认证进行了系统研究，第二、三两章探讨审计认证拓展的相关理论问题，探讨审计认证拓展的约束条件，拓展从深度、广度及潜在领域对审计认证进行分析；第四章对审计认证的一般框架及规范进行探究，包括审计认证假设、独立性规范、报告规范、职业能力框架分析四方面；第五至九章对一些典型审计认证服务进行讨论，包括网站可靠性的认证、系统可靠性认证、绩效评估认证、域名价值认证；第十章对未来审计认证发展方向进行展望。《审计认证论》的出版为构建与实践接轨的审计认证理论体系做出了贡献。

2001 年以来，安然、环球电讯、世界通信、施乐等公司先后因财务丑闻破产，引发资本市场的轩然大波，公司治理问题引发人们的广泛关注。在《公司治理审计论》这部著作中，作者认为“公司治理从狭义看，是有关公司董事会的功能与结构、股东和利益相关者权力等方面的制度安排”，“从广义而言，则是有关公司控制权和剩余索取权分配的一系列法律、文化和制度性安排，这些安排决定公司的运营目标、控制权分配、收益和风险的分担等基本问题”，“而一个完善的内部控制也离不开有效的内部审计”，由此，作者从多层次、多视角着重研究了公司治理与审计的关系。全书共八章，通过对公司治理演进与审计发展的回顾及公司治理与审计研究文献的溯评，作者在第二章提出公司治理导向审计研究的理论基础，并认为“公司治理环境评价是公司治理导向审计的基础、核心”，“内部控制系统评价是公司治理导向审计的关键”；第三至五章中，作者探讨了受托责任、审计独立性与公司治理的关系，并从“公司治理对提高审计独立性的作用”“审计独立性、财务报告的可信性与公司治理”“审计独立性、盈余管理抵制与公司治理”三个层面展开现实考察；第五至八章中，作者进一步深入挖掘公司治理与审计的关系，引入“会计信息质量”“管理舞弊”“内部审计”等要素作为中间变量，阐述公司治理与审计的联结，并在第八章中讨论了“公司治理异化与审计改良”这个在当时极为创新的概念。《公司治理审计论》的出版有益于我国当时的现代公司治理结构构建、公司治理效率提高及审计事业发展，对拓展审计功能也具有理论与现实意义。

现代风险导向审计作为一种重要的审计方法和理念，它的产生与发展无疑是审计史上的一次重大变革，而它自诞生之日起就不断引起社会各界的广泛争议。《现代风险导向审计论》一书着重从“审计功能拓展”的角度对现代风险导向审计理论与实践问题进行初步探索。作者开篇便提出“作为现代审计功能在审计方法上的纵向拓展，现代风险导向审计模式无疑为审计方法的创新做出了崭新的探索”，并通过八章内容较全面地介绍了现代风险导向审计产生的背景、条件、特点、操作方法等内容。作者提出审计方法发展经历了“会计账簿导向时期—内部控制导向时期—风险导向时期”三个阶段，现代风险导向审计强调“从整体上分析企业，以企业的经营风险为核心展开审计工作，评估企业的经营风险对审计风险的影响”，由此对客户战略系统、经营环节、剩余风险进行分析，并介绍了风险评估的流程与方法，进而通过林肯信贷的战备系统审计、罗布洛公司的战略系统审计两个具体的实施案例将上述内容进行了贯通。该书被很多审计实务人员评价为“一册具有实用性的著作”。

随着全球可持续发展这一话题的出现，环境保护与环境管理引发人们的广泛关注，而“环境审计”作为一种管理工具，通过对环境组织、环境管理等是否发挥作用的评价，简化环境活动的管理，评定公司政策与环境要求的一致性，进而达到保护环境的目的，环境审计作为审计的一个新领域，虽然在当时受到了学者的关注，但系统的研究并不多见。在《环境审计论》一书中，蔡春教授沿用了审计理论结构的基础框架，以环境审计本质为基点，相应地构建了包括环境审计目标、假设、规范、信息、控制五大要素的环境审计理论结构。作者认为“环境审计作为受托经济责任拓展的产物，其理论结构理所当然地应该与基本审计理论结构保持一致”，同时，“环境审计作为审计的一种特殊形式，必定会有其自身的特点，因此其理论结构的要素内容必然不同于基本审计理论结构的要素内容”，“环境审计是一种管理工具，它对于环境组织、环境管理和仪器设备是否发挥作用进行系统的、文化的、定期的和客观的评价”。作者进一步讨论了环境审计的过程、环境审计与环境会计的关系等内容，并在最后一章中对环境审计准则体系进行了理论上的探讨，对我国环境审计准则的制定具有一定的指导意义。

蔡春教授始终认为，“受托经济责任内容的不断拓展是推动审计不断创新与发展的内在依据”。《绩效审计论》一书中，作者对绩效审计产生和发展的特定政治与历史背景进行了梳理，提出“从历史的角度看，受托经济责任的早期内容主要是要求保证资源（财产）的安全完整，即承担保全责任。20 世纪三四十年代，受托经济责任之内容开始向更高的要求——讲求节约、效率与效果的方向发展，由此到了 70 年代，审计领域发展形成较为成熟的以‘3E’为核心的绩效审计”。作者认为，“绩效审计的本质是绩效审计师按照授权通过收集、分析、评价审计证据，对组织行为及其各项活动的经济性、效率性和效果性进行审计，找出薄弱环节，提出改进建议，将审计结果提交给各相关部门，并作为对建议的执行情况进行审核、控制的一种技术工具，旨在促进和提高受托经济责任中的绩效责任得到全面有效履行”。作者随后在总结国内外绩效审计实践经验和理论成果的基础上，探索出一套较为完善的绩效审计理论和方法体系，为中国绩效审计发展做出了不菲的贡献。

4. 陈汉文：《注册会计师职业行为准则研究》《安达信：事件与反思》《审计》《审计理论》《实证审计理论》

（1）《注册会计师职业行为准则研究》（中国金融出版社，1999）

《注册会计师职业行为准则研究》是陈汉文教授在其博士论文的基础上编撰出版的著作，作者对注册会计师职业道德准则进行了深入研究，首次提出注册会计师职业行为准则是一份注册会计师关于职业服务质量的合约，对全体注册会计师具有约束力，是一份公共合约。

（2）《安达信：事件与反思》（暨南大学出版社，2003）

《安达信：事件与反思》是教育部人文社会科学重点研究基地 2002—2003 年度重大项目“企业财务舞弊及其对策研究”的研究成果之一，由陈汉文教授、王华教授与郑鑫成博士共同编撰，该著作共分六部分，透过安达信现象，从财务舞弊与审计失败案例、审计独立性、注册会计师管制模式、会计师事务所组织结构、会计准则制定和证券分析师盈利预测行为等视角，透视诱发华尔街财务舞弊与审计失败的深层原因，并以此为借鉴讨论我国相关领域的发展方向和政策措施。冯赤樱编辑评价称该著作的“每一章节都从世界形势回归到中国视角，对中国的审计、会计领域的相关问题作了历史性回顾、现实思考和未来展望，充分体现了学者们缜密而严肃的治学态度和强烈的社会责任感”，该书出版后“赢得了许多同行学者、出版业人士以及广大读者的赞誉，也得到了教育部有关领导的高度评价和肯定①”，成为高校学生的必读书目之一。

（3）**《审计》（厦门大学出版社，2004）**

陈汉文教授主编的《审计》第一版于 2004 年 2 月由厦门大学出版社发行，2006 年 9 月再版，是 21 世纪会计学系列教材之一。全书共分十三章，系统介绍了审计基本理论、审计执业规范、审计行业管制与法律责任、审计目标、审计证据与审计计划、审计风险、重要性和固有风险分析、内部控制与控制风险评估、计算机信息系统环境下的审计等内容；第二版结合新的国际审计风险准则的实质性变化，引入“重大错报风险”概念，重建审计风险模型，将审计流程从四大块改造为三大块；重新划分认定层次的构成类别，从两个类别改为三个类别；区分评估的报表整体层次和认定层次的重大错报风险，分别采取不同的应对措施；强调对“重大风险”的识别与评估；强调项目组内讨论的积极作用，以共享审计经验；强调与治理当局沟通和管理当局沟通的并重；等等。截至 2023 年，该书第 5 版已对外发行，强化课程思政、反映最新知识、透析思维逻辑并配备丰富的新形态立体化数字教学/学习资源，是“十二五”普通高等教育本科国家级规划教材。

（4）**《审计理论》（机械工业出版社，2009）、《实证审计理论》（中国人民大学出版社，2012）**

《审计理论》《实证审计理论》是高等院校会计学研究生系列教材，编写团队包括厦门大学、浙江大学、暨南大学、西南财经大学、湖南大学、重庆大学等高校从事审计、会计教学、研究的专家、学者、教授。

《审计理论》一书中，作者明确提出“审计实践需要审计理论”，“审计理论研究的一个重要基础就是理解审计产品，通过阐述审计需求和供给各方的动机及审计作为一种经济服务的性质，理解审计在现代市场经济体系中的作用机理及管制框架”。由此，作者基于 20 世纪 60 年代以来西方审计理论研究成果及对《审计哲学》《基本审计概念说明书》《外部审计学》《审计理论：评价、调查和判断》《公司审计学》《审计哲学与原理导论》等里程碑式著作的认识，沿袭审计理论研究发展趋势，聚焦于规范式

---

① 冯赤樱. 合力与创新的结晶——编辑《安达信：事件与反思》的启示［J］. 大学出版，2005（3）：43-46.

审计理论体系，选取审计概念体系中最核心、重要且富有争议的主体进行专题化研究，主体结构划分为原理论及方法论两部分，原理论涵盖审计产品的需求理论、审计职业道德问题、审计师独立性、审计师法律责任、审计组织形式、内部审计、政府审计七个专题；方法论涵盖审计模式、审计师职业判断、舞弊审计、内部控制评审、审计信息化发展五个专题。

《实证审计理论》一书中，作者基于国内外实证审计研究成果，以经济学为理论基础，运用新制度经济学、信息经济学及产业组织理论，沿着“审计产品（微观问题）—审计市场（中观问题）—审计监管（宏观问题）”的总体逻辑思路，系统构建了审计经济价值、审计服务生产、内部控制信息、审计质量研究、审计师—客户关系、审计意见行为、审计市场结构、审计委员会、审计行业管制、审计师失败与责任十个主题的研究框架、经验证据、研究模型与未来研究设想。

两套教材都遵循“博采众长，融合提炼”的总体原则，强调理论诠释、变迁注解、观点创新、国际动态，并站在理论前沿为读者创造研究机会，书籍出版后得到审计、会计学界广泛好评，并被众多高校会计、审计专业选作高年级学生及研究生参考教材，尤其是《实证审计理论》，它是目前审计领域最权威的“实证审计理论”研究作品，为推动实证方法在审计领域的应用发挥了重要作用。

5. 陈丹萍：《数据挖掘模式下的审计风险决策研究》《数据挖掘模式下的审计风险预警系统研究》

陈丹萍教授最早的一部审计著作是1998年由经济管理出版社出版的《公营企业审计》，是刘家义审计长主编的审计实务丛书之一。作者极为重视审计技术方法在应对审计风险中的作用，其《数据挖掘模式下的审计风险决策研究》及《数据挖掘模式下的审计风险预警系统研究》首次将数据挖掘技术引入审计风险研究之中，具有首创性。

（1）**《数据挖掘模式下的审计风险决策研究》（中国社会出版社，**2007）

作者重点介绍了信息技术环境下审计风险的发展、审计风险模型的发展对现代审计的影响、数据挖掘技术及其发展运用、数据挖掘技术在现代审计中的运用、数据挖掘技术下的审计风险决策模型等内容。

（2）**《数据挖掘模式下的审计风险预警系统研究》（中国书籍出版社，**2013）

作者采用数据挖掘的原理和流程对特定行业审计风险数据进行了分析，结合行业风险管理的特点，运用金融工程管理的相关成果，对行业风险进行了较为综合的定量计算和分析，提出适用于我国审计风险管理模式的DM模型。该模型能够在风险超过一定程度时自动报警，提高审计的预防性功能，有利于提高审计价值。

6. 陈宋生：《政府绩效审计研究》《企业经济责任审计评价方法》《ERP 项目成功测度及审计机制创新》《会计（审计）学学科前沿研究报告》

（1）《**政府绩效审计研究**》（**经济管理出版社**，2006）

《政府绩效审计研究》是陈宋生教授在其博士论文的基础上修改发行的著作。全书共分八章，作者首先以制度变迁理论与经验证据分析了世界各国政府绩效审计变迁，并分析了我国对绩效审计的探索；进而以革新理论为基石，探讨了国家审计人员对中国是否应开展绩效审计的看法与其个人特征的相关性，并调查了审计人员对中国为何未能及时开展、应开展原因何在及如何开展绩效审计的认识；最后对中国政府开展绩效审计提出相应建议。该著作基于制度变迁理论研究绩效审计问题，拓展了绩效审计的研究视角；另外，作者利用问卷调查法及实证法研究了中国政府绩效审计的变迁，拓展了绩效审计的研究方法，并通过实证结果发现"中国政府审计人员所在单位人数的多少影响了其对是否需要开展绩效审计的理解，两者呈负相关关系"，"早期开展政府绩效审计的国家出于理性选择，后期'模仿'因素起作用，以取得合法性作为其目标一部分，而不仅仅出于理性选择"，这些研究为中国政府审计部门开展绩效审计决策提供了支持。

（2）《**企业经济责任审计评价方法**》（**中国时代经济出版社**，2009）

《企业经济责任审计评价方法》共分八章，作者基于国有企业，对其经济责任审计展开研究，首先回顾了经济责任审计评价指标体系的历史沿革，并将其分为财务指标为主时期、评价指标缺失时期、财务指标与内部控制流程指标应用时期三个阶段，提出现阶段经济责任审计评价的缺陷；随后利用实证法对审计标准随机运用、审计差异化处理进行检验，研究认为，"企业经济责任审计存在着随机运用审计标准现象，即审计人员容易随机运用他们对审计标准的判断。作出审计决定后，为了维护其审计决定的正确性，可能会强化其对审计标准运用准确性的解释，即固化现象。采用 1984 年至 2006 年审计机关违纪款处理数据的分析，得出与上述基本相同的结论。总体而言，审计机关在处理中，能够较好地执行审计有关规定，但是也存在着审计依据随意性运用的问题，表现在应上缴违纪款比率与应归还挪用款比率，呈出此消彼长的趋势，说明审计机关在执法过程中，存在着寻求平衡的现象"。作者利用平衡计分卡理论构建经济责任指标体系，并基于中石化公司对评价指标的运用进行了分析，为国有企业经济责任审计评价方法构建提供了有益的理论指导。

（3）《**ERP 项目成功测度及审计机制创新**》（**经济管理出版社**，2012）

该部著作具体介绍了 ERP 资源改进企业流程绩效和组织绩效、基于上市公司的

ERP 用户经济效益分析、ERP 使用者满意度的实证分析、ERP 提高用户决策效益的实证分析、ERP 项目成功测度的综合评价模型及指标的构建等内容，为如何测度 ERP 项目成功提供方法论与机制的支持。

（4）**《会计（审计）学学科前沿研究报告》（经济管理出版社，2015）**

该部著作收集了会计基本理论的发展、会计准则与制度、成本管理和管理会计、财务管理、审计、公司治理、内部控制和风险管理等方面的代表性成果，为研究者了解国内外审计学科发展的前沿动态提供了重要的参考。

7. 陈信元：《转型经济中的审计问题——基于中国上市公司的案例》（上海财经大学出版社，2011）

《转型经济中的审计问题——基于中国上市公司的案例》是陈信元、王英姿、夏立军合作编写的案例教材，也是继《转型经济中的会计与财务问题——基于中国上市公司的案例》《转型经济中的公司治理——基于中国上市公司的案例》《基于价值管理的管理会计——案例研究》之后的第四本会计系列案例教材，是上海财经大学会计学院 MPAcc 审计教材建设项目的最终成果。该教材的研究重点包括两方面：中国审计市场及上市公司会计信息质量，具体包括十章，内容涵盖中国审计市场结构分析、独立审计未发挥公司治理功能解析、报表重述与审计质量控制、审计意见变通行为、上市公司财务报表审计的重大错报事项、强制更换会计师事务所对审计质量的影响、我国会计师事务所变更的因素分析、会计师事务所合并的经济后果研究、审计收费的影响因素分析、上市公司内部控制信息披露与审核，各章的案例分析均基于一定的理论基础及上市公司原始典型案例，并尝试对案例的原始数据进行处理而提炼出基本的原理，为读者呈现出具有解释性、探索性的案例研究成果。该教材出版后，成为我国最新的典型审计案例教材之一，成为很多高校会计专业硕士、实务型硕士生及会计和审计高年级本科生案例课程的首选教材。

8. 陈毓圭：《诚信之路》（立信会计出版社，2013）

《诚信之路》由中国注册会计师协会组织编写，陈毓圭担任主编，全书共七章，阐述了注册会计师行业的核心价值、注册会计师考试制度改革、注册会计师诚信建设、专业标准建设、行业诚信建设组织保证等内容，该著作在 2013 年注册会计师行业“诚信文化建设年”启动之际发行，对“进一步提高全行业诚信意识、树立行业诚信形象、推动活动有效开展、助力社会诚信建设”等方面具有积极作用。

9. 程新生：《企业内部控制》（高等教育出版社，2008）

程新生教授编著的《企业内部控制》初版于2008年发行，是“十一五”国家级规划教材。全书共十二章，内容包括公司治理的内部控制、管理控制、人员控制、资金控制、信息控制、正式控制与非正式控制、结果控制、内部审计等。该部教材出版后广受好评，分别于2011年、2016年、2021年再版，该著作既有系统的理论分析，又有大量翔实的案例，读者对象囊括大学高年级本科生、研究生及实务工作者，对学习及研究内部控制具有指导作用。

10. 池国华：《内部控制审计》（高等教育出版社，2021）

池国华教授在内部控制领域研究成果丰硕，编写的相关著作包括《内部管理业绩评价系统设计研究》（东北财经大学出版社，2005）、《企业内部控制规范实施机制研究》（东北财经大学出版社，2011）、《内部控制学》（北京大学出版社，2017）、《内部控制与风险管理》（中国人民大学出版社，2018）等。池国华教授提出内部控制有效发挥作用的前提是抓住本质、建立系统、顺应变革，内控的本质在于严格制衡、持续监督、建立问责机制。

《内部控制审计》是由高等教育出版社出版的一部教材，以《企业内部控制评价指引》（2010）和《企业内部控制审计指引》（2010）为主要依据，侧重讲解内部控制评价及内部控制审计基本原理与方法。作者创新性地提出基于内部管理视角的内部控制审计逻辑及基于注册会计师视角的内部控制审计逻辑，提出了更适合我国国情的内部控制审计方法体系。

11. 杜永红：《智能审计》（重庆大学出版社，2023）

该著作结合新一代信息技术的发展，对大数据审计、信息系统审计、人工智能审计等概念及应用进行了系统阐述，属于当前的热点研究命题。

12. 范经华：《内部审计项目质量管理指南》（中国时代经济出版社，2019）

该著作以内部审计项目的业务流程为主线，基于大量实务案例，详细介绍了内部审计项目质量管理方面的操作实务。该著作以工作清单、责任矩阵和流程图的形式展示了内部审计项目质量管理的流程，具有较强的实操性。

13. 葛笑天：《部门预算执行审计方法体系》（江苏人民出版社，2022）、《财政审计方法体系》（江苏人民出版社，2022）

这两部著作立足于江苏省审计厅，将大数据分析在国家审计中的应用经验进行充分提炼。《部门预算执行审计方法体系》重点介绍了计算机审计方法、审计业务模型、资源分类、部门预算执行计算机审计方法体系等内容。《财政审计方法体系》详细介绍了一般公共预算省本级财政审计方法、政府性基金预算省本级财政审计方法、政府采购预算省本级财政审计方法、总预算会计账省本级财政审计方法、非税收管理及非税资金账省本级财政审计方法、国库集中支付省本级财政审计方法等内容。这两部著作对从国家审计视角推动政府治理的数字化转型发展具有参考价值。

14. 顾奋玲：《中国独立审计市场研究》（中国财政经济出版社，2007）

该著作是顾奋玲教授在其博士论文的基础上完成的作品，作者以中国独立审计市场为研究对象，在分析审计市场要素现状问题的基础上，从审计供给、审计需求两个视角，分析了审计市场存在问题的原因，并给出经验证据。该著作对会计师事务所改革具有借鉴意义。

15. 韩丽荣：《注册会计师审计制度的经济学分析》《审计理论研究》

（1）**《注册会计师审计制度的经济学分析》（经济科学出版社，2006）**

该著作从制度经济学视角，对审计制度的性质、内在结构、功能作用及我国审计制度存在的缺陷进行了深入分析。该著作从制度经济学视角对注册会计师制度重新进行了诠释，对审计制度改革具有参考价值。

（2）**《审计理论研究》（清华大学出版社，2014）**

《审计理论研究》被选为普通高校“十二五”规划教材，全书共12章，对审计的产生、发展、目的、审计活动等基础理论问题进行了具体介绍，被全国很多高校选为研究生教材。

16. 郝玉贵：《审计市场管理机制研究》《审计成本管理研究》《审计与政府绩效评估机制研究》

（1）**《审计市场管理机制研究》（中国经济出版社，2005）**

该著作通过比较世界主要国家审计市场制度的差异，深入研究了审计市场管理的客观规律，对我国审计市场改革具有重要参考价值。

（2）**《审计成本管理研究》（中国时代经济出版社，2008）**

该著作基于审计动因理论，界定了审计成本管理的基础概念及相关原理，深入探讨了不同审计模式下审计成本控制的差异，为我国审计成本控制提出相关建议，是我国审计成本管理研究的重要著作。

（3）**《审计与政府绩效评估机制研究》（经济科学出版社，2010）**

该著作基于审计与政府绩效评估动因理论，构建政府绩效评估概念框架及四重绩效要素的具体评估标准，对于政府绩效改革具有重要参考价值。

17. 胡春元：《审计风险研究》《中国注册会计师非标准无保留意见审计报告及范例——案例源自中国证券市场》《审计案例：源于中国证券市场》

（1）**《审计风险研究》（东北财经大学出版社，1997）**

该著作是胡春元在其博士论文的基础上完成的作品，作者对审计风险的概念、要素、计量及审计风险管理进行了比较系统的研究，提出“未能察觉出重大错报的风险是最狭义的审计风险”，“发表不适当审计意见的风险为狭义的审计风险”，“审计职业风险为广义的审计风险”。该著作有助于注册会计师更好地理解社会审计风险，并缓解注册会计师诉讼危机，是审计风险研究的开创性著作之一。

（2）**《中国注册会计师非标准无保留意见审计报告及范例——案例源自中国证券市场》（中国时代经济出版社，2003）、《审计案例：源于中国证券市场》（大连出版社，2010）**

《中国注册会计师非标准无保留意见审计报告及范例——案例源自中国证券市场》通过具体案例介绍了非标准无保留意见的相关理论、审计报告格式及内容，并针对非标准无保留审计报告进行了分析；《审计案例：源于中国证券市场》全面总结了证券市场自建立以来的 12 个典型审计失败案例及其对中国审计理论、实务的影响。这两部著作为审计理论研究提供了大量的案例材料，对审计师更好地从事实务工作具有重要价值。

18. **胡奕明：《审计与政府绩效评价研究》（上海交通大学出版社，2012）**

该著作将平衡计分卡及结构方程引入政府绩效评价体系研究中，通过大量调查研究工作，系统介绍了我国绩效评价中存在的问题，并对政府绩效审计现状及接受度进行了调查分析，针对政府绩效评价与审计的重难点提出政策建议，对政府绩效审计具有重要参考价值。

19. **黄京菁：《独立审计目标及其实现机制研究》（暨南大学出版社，2001）**

该著作基于社会审计目标的演进，系统分析了社会审计目标演变的动因，对重大舞弊揭示及实现机制做出较为详细的探讨，是审计目标研究的重要作品之一。

20. **黄世忠：《财务舞弊识别与审计失败防范》（中国财政经济出版社，2022）**

该著作收录了25篇经典论文，全书共三部分。第一部分基于我国上市公司财务信息质量的全景式分析，挖掘财务舞弊特征，构建“五维度”的财务舞弊识别框架；第二部分深入分析了近年来发生的财务舞弊经典案例，从财务报表项目角度总结财务舞弊的手段；第三部分深入分析了审计失败的动因及防范制度。该著作对财务舞弊识别和审计失败防范研究范式及方法论的转变具有重要意义，对契合数字时代防范财务舞弊、控制审计风险具有现实价值。

21. **姜虹：《资本市场审计功效论》（经济科学出版社，2006）**

该著作是暨南大学管理学院“十·五”“211工程建设项目”“企业管理理论与应用”研究成果系列丛书之一。作者基于中国资本市场，从政府监管的视角深入研究审计质量，提出“独立审计制度的有效需求主要来自政府监管的需要，独立审计应对政府监管起到替代和互补作用，并与政府监管保持一致性和互补性”，而实证结果表明我国独立审计所发挥的功效还比较欠缺。该著作首次提出了审计功效的概念，即审计的功能及效率，并对此进行了深入研究，对发挥社会审计与政府监管在资本市场的协同作用具有重要参考意义。

22. 蒋尧明：《注册会计师审计报告虚假陈述民事责任研究》（中国财政经济出版社，2009）

该著作首先提出审计信息的商品本质及缺陷，认为“审计信息真实性的本质是一种法律真实”，进一步对注册会计师虚假陈述民事责任进行了深入、系统的分析，包括审计报告虚假陈述民事责任的性质、规则原则、因果关系确认及免责、赔偿等内容。该著作对于避免“深口袋陷阱”、减少财务舞弊对审计行业的负面影响具有积极意义。

23. 阚京华：《连续审计研究：理论体系、技术架构与应用实施》（中国物资出版社，2011）

该著作详细介绍了连续审计的理论体系、技术架构和应用实施，并对我国信息化背景下连续审计的可行性进行了调查研究，对我国持续审计制度的构建具有参考意义。

24. 雷光勇：《证券市场审计合谋：识别与规制》（中国经济出版社，2005）

该著作基于非合作博弈理论、公共选择理论与生物共生理论，对审计合谋的需求方及供给方形成机理，对诚信、市场监管及产权制度三个外界因素进行了详细阐述，从审计需求方、供给方及外界环境三个方面提出了治理策略，并提出产权制度改革的最终完成是审计合谋和财务舞弊治理体系的最终依赖。该著作对我国资本市场监管改革具有重要参考价值。

25. 黎仁华：《资本市场中舞弊行为的审计策略》（中国时代经济出版社，2006）

该著作通过对资本市场中财务舞弊典型案例的深入分析，基于财务报表数据及资本市场的运行行为，提出了有针对性的舞弊审计策略。作者创造性地基于应用行为经济学的“透镜模型”设计舞弊审计技术程序模型及舞弊因素卡单模板，对提高注册会计师舞弊审计质量、避免审计失败具有参考价值。

26. 李补喜：《基于监管的审计定价研究》（冶金工业出版社，2007）

该著作通过对2000—2005年间我国资本市场中审计收费的统计，对审计费用率及审计费用两项审计定价标准的决定因素进行了系统分析及比较研究，对遏制上市公司利用非正常手段影响审计定价行为、规范审计市场及政府对审计定价的适当监管措施制定具有参考意义。

27. 李虹：《国外现代审计名词简明释义》（经济科学出版社，1991）、《英汉会计审计管理辞典》（北京科学技术出版社，1993）、《现代会计审计常用词汇手册》（企业管理出版社，1999）

《国外现代审计名词简明释义》选编了国外审计组织公认的最常用的词条224条，《英汉会计审计管理辞典》收集了会计审计及管理类词条近10万条，《现代会计审计常用词汇手册》收集了会计、审计类常用词条近1500条。这三部著作是我国审计制度恢复后重要的审计工具书，对审计实务和理论研究具有重要参考价值。

28. 李连华：《内部控制理论结构》（厦门大学出版社，2007）

《内部控制理论结构》详细阐述了内部控制的概念、历史演进、目标、要素、假设以及内部控制效率评价、信息披露及内部控制学科建设等问题，内容体系完整。作者在全国范围内率先提出内部控制的七项功能，包括“内部控制是企业实现可持续发展的基础；内部控制是管理效率和生产效率的保证；内部控制是企业资产安全的保障；内部控制是会计信息质量的保证；内部控制是人本管理的基础；内部控制是注册会计师回避职业风险的重要手段；内部控制是政府实施廉政建设的有效手段之一”。同时，作者对内部控制的目标及结构、内部控制与外部控制的相互协调以及构建内部控制学科提出了创新性见解。《内部控制理论结构》作为李连华教授的代表性著作，是一部具有理论深度的内部控制理论研究著作，对于构建中国特色内部控制体系、提高企业内部控制具有积极作用。

29. 李寿喜：《审计学原理：面向人性缺陷的治理技术》《21世纪国内外上市公司重大舞弊案例研究：为什么一流企业的企业和人才会舞弊》

（1）《审计学原理：面向人性缺陷的治理技术》（经济管理出版社，2012）

该审计学原理教材首次分析了审计职业与人性缺陷的关系，并通过增添故事元素，增强了教材的趣味性；通过大量案例，增强了教材的前沿性；通过对核心概念的英文标注，增强了教材的国际性。同时，该审计学原理教材除了涵盖社会审计外，还融入了国家审计、内部审计的行业发展及审计准则。

（2）**《21 世纪国内外上市公司重大舞弊案例研究：为什么一流企业的企业和人才会舞弊?》（中国时代经济出版社，2014）**

该著作开篇首先分析了上市公司财务舞弊与人性缺陷的关系，介绍了舞弊相关理论的演进及 21 世纪国内外上市公司舞弊概况；然后进一步对安然、世通、施乐、南方保健、帕玛拉特、萨蒂扬、奥林巴斯、博达、东方电子、蓝田、银广夏、达尔曼、科隆、绿大地 14 个典型案例的舞弊手段、舞弊处罚、审计失败及后果进行了详细分析；最后基于“中国梦”“民生经济学”提出了中国资本市场改革的相关策略。作者提出“要有效抑制上市公司的舞弊，就必须改革中国的公司治理和政府治理，但最终效果又取决于中国的社会治理是否成功”，对于中国资本市场及上市公司改革、避免财务舞弊行为及审计失败具有参考价值。

30. 李晓慧：审计相关教材、《风险管理框架下审计理论与流程研究》

（1）**审计相关教材**

李晓慧教授擅长研究审计案例，并将案例与教学有效结合，形成系列经典教材，其编著的每部教材均会在各章重点、难点领域设计实例，运用实例分析、拓展理论，把知识与实务结合起来，启发学生思考，为教师提供教学资料。

2000—2004 年期间，李晓慧教授编写的《审计实验室：审计实务个案分析》（经济科学出版社，2000）、《审计实验室：主要会计事项的相关法规及其审计案例》（经济科学出版社，2002）、《审计实验室 3：风险审计的技术和方法》（经济科学出版社，2003）、《审计实验室 4：其他鉴证业务的风险控制》（经济科学出版社，2004）陆续出版。《审计学：实务与案例》最早于 2008 年由中国人民大学出版社出版，目前已更新至第五版，被选为“十二五”普通高等院校国家级规划教材、北京高等教育精品教材。《审计案例与实训》《审计学：原理与案例》最早分别于 2012 年、2015 年由中国人民大学出版社出版，目前均已更新至第三版，属于北京市会计类专业群（改革试点）建设教材。《会计与资本市场案例研究》于 2006 年由高等教育出版社出版，《审计教学案例精选》《高级审计理论与实务》分别于 2018 年、2021 年由北京大学出版社出版，属于财经类院校研究生精品教材。这些教材通过大量案例详细介绍了审计实务的操作流程，有效弥补了高校审计实践教学资源的不足，提高了学生的就业能力，缩小了高校审计人才与社会需求之间的差距。

（2）《**风险管理框架下审计理论与流程研究**》（**东北财经大学出版社**，2009）

该著作系统阐述了风险管理框架下现代审计的新变化，风险管理框架下的审计策略、风险评估，风险管理框架下终结审计及其报告，风险管理框架下提高审计效率的路径选择等内容，对解决会计基础理论与时代发展滞后问题具有重要作用。

31. 林兢：《中国商业银行内部控制缺陷问题研究》（经济科学出版社，2018）

该著作系统探讨了中国商业银行内部控制缺陷的制度根源，并通过构建博弈模型分析了商业银行和监管部门、总行内控与分行风险承担、总行绩效目标和激励管理与分行之间的博弈关系，首次利用新 IC—IF 从内部控制缺陷判定的角度，构建了具有实用性、可操作性的商业银行内部控制缺陷判定标准体系。该著作不仅丰富了内部控制相关理论规范，并为商业银行内部控制缺陷判定提供了可操作的工具，同时，也为其他行业企业内部控制缺陷判定提供了新的思路。

32. 林钟高：《离任审计》《企业内部控制研究》《内部控制与关系专用性投资：基于契约视角的实证研究》《企业内部控制治理效率研究：基于信任视角的实证检验》

（1）《**离任审计**》（**东北财经大学出版社**，2001）

该著作重点介绍了财务与会计责任审计、内部控制制度审计、经营与管理责任审计、社会经济责任与财经法纪责任审计等内容，是对离任审计研究的早期著作之一，属于中国注册会计师实务丛书系列。

（2）《**企业内部控制研究**》（**科学普及出版社**，2006）

该著作系统梳理了内部控制理论的发展脉络，归纳了内部控制理论的核心思想和理念，并对内部控制相关问题进行了实证检验。

（3）《**内部控制与关系专用性投资：基于契约视角的实证研究**》（**经济管理出版社**，2014）

该著作研究了内部控制与关系专用性投资，开创性地把内部控制制度作为一种制度契约，把供应商/客户关系投资视为以社会关系为基础维系的关系契约，拓展了“关系”和“制度”影响企业会计信息质量问题的研究，对如何在中国这样一个充满“关系信任”的国家建立与完善企业内部控制制度具有重要的理论价值。同时，为关系专用性投资的治理机制和内部控制优化提供了导向，为政府监管机构制定政策提供了更加坚实的微观基础和理论依据。

（4）**《企业内部控制治理效率研究：基于信任视角的实证检验》（中国财政经济出版社，2018）**

该著作基于信任视角，为信任与企业控制机制的关系提供了经验证据。作者提出“内部控制是一种具有风险能力的信任机制，同时也是维护信任得以持续的制度保障机制”的核心思想，为厘清关系信任与制度信任提供了增量证据。

33. 刘桂良：《财务、会计、审计一体化模拟教程》（湖南人民出版社，2004）

该教材包括财务分析、会计核算与报表分析、会计报表审计的基本技能与知识的模拟等内容，有助于学生全面、系统掌握各专业课程的内在联系，以及审计行为与会计行为的博弈思维。

34. 刘国常：《财务审计新论》《审计学》《审计学教程》《审计理论与实务》《会计师事务所管理和发展问题研究》

（1）**《财务审计新论》（航空工业出版社，1993）**

该著作阐述了社会主义市场经济新形势下企业财务审计的有关理论和实务问题，是我国较早介绍财务审计的著作，对社会审计的发展具有重要作用。

（2）**《审计学》（暨南大学出版社，2000）、《审计学教程（第 2 版）》（暨南大学出版社，2006）、《审计理论与实务》（经济科学出版社，2007）**

刘国常教授主编的审计学教材共有三部，其中《审计学》和《审计学教程（第 2 版）》是暨南大学会计学系列教材，《审计理论与实务》是暨南大学组织编写的高等院校应用型人才培养系列教材之一。三册教材的体例和内容相似，主体分为三部分：第一部分为审计的理论和方法，主要阐述审计产生和发展的史况、审计的职能、审计假设、审计学科体系、审计分类、审计程序、审计判断及依据、审计执业规范和责任、审计基本方法、内部控制制度的调查和评审、抽样审计、审计证据和审计工作底稿、审计目标、审计计划等内容；第二部分为财务审计实务，主要阐述货币资金、有价证券、应收及预付款项、存货、长期投资、固定资产和无形资产、负债和所有者权益、收益和费用以及特殊项目的审计，并阐述了审计终结阶段的工作和审计报告；第三部分介绍了特殊目的的审计和其他鉴证业务，包括验资、资产评估、经济效益审计、经济责任审计、国家审计、内部审计等内容。三册教材内容安排循序渐进，注重理论联系实际，以注册会计师审计为主线，较全面地阐述了注册会计师的职业规范、审计内容、审计程序、审计报告等问题，出版后被许多高校审计学专业指定为参考教材。

（3）**《会计师事务所管理和发展问题研究》（经济科学出版社，2005）**

《会计师事务所管理和发展问题研究》是暨南大学管理学院“十·五”“211 工程建设项目”企业管理理论与应用研究成果系列丛书之一。该著作对会计师事务所管理和发展中的若干问题进行了探讨，内容包括会计责任和审计责任的界定、会计师事务所的业务承接和市场监管、会计师事务所客户关系战略管理的目标和实施策略、会计师事务所和政府有关部门在审计质量监管中的职责、会计师事务所对客户舞弊的审计和审计法律责任的防范、会计诚信问题的现状分析和改进对策、会计师事务所的国际化发展问题。该著作是对会计师事务所管理方面研究成果的初步总结，为会计师事务所的发展及改革提供了丰富的参考资料。

35. 刘开瑞：《交通运输企业审计案例分析》（人民交通出版社，1998）

该教材为交通财会专业教材，全书共九章，以案例分析的形式详细介绍了交通运输企业的资产审计、权益审计、收入、成本、费用审计、利税审计、会计报表审计、财务综合审计、经济责任审计、经济效益审计等相关知识点。教材立足于培养应用型、通用型、开拓型审计专业人才，根据交通运输企业财政财务审计、经济效益审计、公证及经济责任审计的不同目的、对象、基本任务，侧重于审计的实施阶段，确定案例分析的重点，为交通运输企业的审计实务及教学提供了重要的参考信息。

36. 刘力云：《审计风险与控制》（中国审计出版社，1999）

《审计风险与控制》是刘力云在其博士论文的基础上编撰而成的，是中华人民共和国成立以后最早研究审计风险理论的著作之一，作者在序言中指出“从国内外审计实践来看，如何有效地控制和规避审计风险，提高审计质量，不仅是审计事业自身生存和发展的关键，而且对于维护社会主义市场经济秩序，促进社会主义市场经济体制的确立有着十分重要的意义”，“开展审计风险研究是完善审计理论的需要，也是推动审计实践健康发展的需要”。故此，作者在吸收国内外关于审计风险研究成果的基础上，结合我国当时的实际，全面、深入、系统地探讨了审计风险理论以及评价、控制审计风险的途径。全书共七章，前六章主要是基于社会审计风险的阐述，包括审计风险的概念、风险基础审计、审计风险的认识发展过程、审计风险要素、审计控制风险控制等内容；第七章是对我国国家审计和内部审计领域风险的专门研究，为人们进一步深入认识及控制审计风险提供了丰富、翔实的内容。

37. 刘明辉：《独立审计准则研究》《独立审计学》《审计》《审计与鉴证业务》《高级审计理论与实务》

刘明辉教授是我国当时较早开始从事专门研究独立审计的青年学者之一，自 1993 年起连续入选独立审计准则组，参与起草多项准则，主要研究领域包括现代财务管理与分析、独立审计，在审计领域的代表著作包括《经济监督通论》《独立审计准则研究》《独立审计学》等。

（1）**《独立审计准则研究》（东北财经大学出版社**，1997）

《独立审计准则研究》是刘明辉教授在其博士论文的基础上编撰完成的著作，全书内容丰富，共分八章，第一章导言部分介绍了研究的目的、背景、意义及总体设计；第二章对独立审计准则的产生与发展进行了历史回顾，总结了独立审计准则的演进脉络和发展规律；第三章着眼于理论探讨，研究了审计准则的实质、特征、种类、体系、审计准则与审计理论结构、相关审计术语、注册会计师职业规范体系中其他准则之间的关系；第四章阐述了独立审计准则的基本结构和必要因素；第五章运用比较研究法对中、美、英、日、澳、加、德、法等国家和地区的独立审计准则及国际审计准则进行了一般比较和要素比较，揭示了独立审计准则的共性和个性，以及存在差异的原因；第六章研究了我国独立审计准则的制定背景、原则和思路，评价了我国独立审计准则建设的初始成果，并提出了完善我国独立审计准则体系的设想；第七章介绍了审计准则国际协调的必然趋势和我国应当采取的对策，提出了中国与国际接轨的具体措施。作者创造性地提出“审计准则产生的基本动因是规范审计行为、维护市场秩序的需要，审计准则的发展是会计师职业界、经济法律环境和社会公众多轮推动的结果”“独立审计准则的国别差异应当归因于审计环境的差别，独立审计建设应当与审计环境相适应”“完善我国独立审计准则必须处理好国际与国情、科学与实用、现实与超前、规范与保护、重要性与完整性、普遍性与特殊性、专业团体与政府机构、职业界与社会公众八大关系”等观点。该著作是我国当时为数不多的关于独立审计准则的学术专著，具有较高的理论价值和实践意义，对我国独立审计准则的完善及发展具有重要意义。

（2）**《独立审计学》（东北财经大学出版社**，1996）、**《审计》（东北财经大学出版社**，2001）、**《审计与鉴证业务》（高等教育出版社**，2007）

《独立审计学》《审计》及《审计与鉴证业务》三册教材结构体例较为相似，一般可分为五个部分，第一部分阐述审计、鉴证与注册会计师职业，着重介绍审计与鉴证的基本理论、注册会计师体系、道德规范及法律责任；第二部分介绍审计程序与技术；第三部分介绍交易循环及主要账户审计；第四部分介绍终结审计及审计报告；第五部分介绍非审计鉴证业务与相关服务。其中《独立审计学》是中华人民共和国成立以后我国第一部以“独立审计”为标题的教材，突出了审计的“独立性”特征，拓展了人们对社会审计本质的深入认识；《审计与鉴证业务》是由教育部高等学校工商管理类学科专业教学指导委员会组织编写的会计学、财务管理专业“十一五”国家级规划教材之一，刘明辉教授在该教材中根据2006年企业会计准则和中国注册会计师执业准则体系的核心要求，充分体现了风险导向审计思想，反映了注册会计师业务拓展与职业规范的变化，各章列示了重要观点、图标及审计文书格式，并搭配习题及案例分析，保持了教材的实用性、继承性及前瞻性，出版后得到全国高校会计学专业的普遍使用与广泛好评。《审计》是我国最受欢迎的审计学教材之一，目前已发行至第七版，被选为“十二五”普通高等教育本科国家级规划教材。

（3）**《高级审计理论与实务》（东北财经大学出版社，2006）**

《高级审计理论与实务》是会计硕士（MPAcc）系列教材之一，全书共分为四编19章，第一编审计基本理论包括五章，第一章审计供求分析，主要阐述了审计的起源与发展、审计动因理论以及现代审计的社会角色与责任，分析了影响审计供求的因素内容；第二章审计理论与审计理论结构，介绍了审计理论研究发展历程、审计理论结构及其逻辑起点；第三章审计环境与审计目标，主要介绍了审计环境的构成要素及其对审计的影响，并阐述了审计环境与审计目标的关系，以及审计目标的发展演进过程；第四章审计假设，主要阐述了审计假设的概念与性质以及不同的审计假设模式，并对风险导向战略系统审计模式下的审计假设体系进行了重点介绍；第五章审计基本概念体系，主要介绍审计理论中的基本概念，包括审计本质、目标、职能、作用等。第二编风险导向战略系统审计包括七章，系统介绍了风险导向战略系统审计的理论和方法，包括风险导向审计产生的背景、风险基础战略系统审计的特点、内部控制的主要演变过程及企业风险管理框架、风险导向战略系统审计的过程、审计师了解被审计单位及其环境过程中应实施的风险评估程序及具体组织方式、评估重大错报风险实施的程序、控制测试及评价、实质性程序等内容。第三编审计失败与审计质量控制包括三章，介绍了审计期望差距的特征、构成要素、存在原因，审计失败的含义、原因、法律责任、规避方法，如何处理管理层舞弊，审计质量控制等内容。第四编舞弊审计与其他保证服务包括四章，介绍了舞弊审计和保证服务的业务范围、特点、准则及风险，并对财务报表鉴证、预计报表鉴证、内部控制鉴证及风险评估等保证服务作出专门阐述。该教材充分体现了风险导向战略系统审计的思路及增值审计的思想，为保证案例教学需要及增强教材的实务性、可操作性、前瞻性，作者跟踪国内外审计理论及实务发展动态，添加了国内外最新审计准则及实务相关内容，并在全书中穿插了大量的图表、实务案例及相关链接，出版后得到学术界及理论界的广泛好评。

38. 龙小海：《审计师选聘权配置、市场竞争与独立性》（社会科学文献出版社，2017）

该著作系统揭示了审计师选聘权配置、审计市场竞争与审计独立性的逻辑关系，详细阐述了社会审计制度发展过程中的审计师进化稳定策略和历史路径依赖，并针对我国社会审计行业的发展变迁给出了新的理论解释和政策建议。

39. 吕劲松：《新时代扶贫政策跟踪审计机制研究》（人民出版社，2021）

该著作基于精准扶贫战略，详细介绍了扶贫政策跟踪审计的功能、作用、目标、内容、组织方式、审计方法、成果运用及保障条件，为扶贫政策跟踪审计有效嵌入国家扶贫政策运行体系及高效有序运行提出了政策建议。该著作对国家审计推动优化国家扶贫治理体系、促进精准扶贫、精准脱贫及实现城乡共同富裕具有重要参考价值。

40. 吕先锫：《审计成本论》（西南财经大学出版社，2006）

该著作共分八章，作者开篇首先构建了审计成本理论框架；第二章至第五章对审计人力资本成本、风险成本、信用成本的成本要素及补偿进行了详细分析；第六章从审计收费、待业风险投资基金及审计风险保险制度角度阐述了审计成本补偿；第七章介绍审计成本行为选择的相关内容，包括审计市场成本行为、审计取证行为、审计意见成本行为；第八章提出基于职业视角及审计市场视角的审计成本导向战略。该著作成功将审计与成本理论相融合，是我国第一部系统研究审计成本的专著，创新性地提出“审计成本导向战略”，对于审计职业及市场发展具有参考价值。

41. 潘克勤：《中国民营上市公司独立审计需求研究》（河南人民出版社，2010）

该著作系统研究了我国民营上市公司独立审计需求，探讨了民营上市公司独立审计方面的发展问题，是我国较早将产权性质与审计需求进行融合研究的著作。

42. 潘秀丽：《企业内部控制研究》（中国财政经济出版社，2005）

该著作是作者在其博士论文的基础上完成的作品，基于对内部控制的重新定位、公司治理机制、企业组织结构及权责分派体系，系统研究了企业风险控制、业务活动控制、信息系统控制、内部审计与内部控制监督等内容，并对内部控制改进提出了相关建议，是我国早期系统研究内部控制的重要著作。

43. 秦荣生：《受托经济责任论》《审计学》《内部审计》《内部控制与审计》《公司治理与内外部审计》

秦荣生教授长期从事审计理论研究，提出了一系列有价值的学术思想，是我国著名会计学家、审计学家。在审计领域，他编写的重要文献包括《审计学》《受托经济责任论》《审计学原理》《内部控制与审计》《公司治理与内外部审计》等。

（1）**《受托经济责任论》（东北财经大学出版社，1994）**

《受托经济责任论》是秦荣生教授在其博士论文《受托经济责任论：兼论中国的审计改革》的基础上修改完成的著作。该著作深度阐述了审计与受托经济责任之间的“血缘”关系，即审计产生于受托经济责任，审计的目标在于评价受托经济责任。基于受托经济责任理论，作者进一步探索了我国政府审计、社会审计及内部审计的改革路径，对我国审计事业的发展具有重要参考价值。

（2）**《审计学》（中国人民大学出版社，1994）**

秦荣生教授与卢春泉主编的《审计学》教材最早于1994年发行，是中国人民大学会计系列教材之一。作者以社会审计为主线，结合我国20世纪90年代初期会计改革的新内容，并借鉴国际审计管理和经验，全面论述了审计基本理论及具体实务，同时对国家审计和内部审计也作了专门介绍。全书共分十六章，审计理论部分具体包括审计概念、目标、职能、种类、方法、程序、组织形式、审计准则及依据、审计证据及工作底稿、内部控制制度及评审等内容。作者认为“审计是一项具有独立性的经济监督活动”“审计的基本特征包括独立性和权威性”“审计目标具体包括审查和评价审计对象的真实性和公允性、合法性和合规性、合理性和效益性”“审计对象是审计监督的客体，即审计监督的内容和范围的概括，具体包括被审计单位的财务收支及其经营管理活动”“审计包括经济监督、经济评价和经济鉴证的职能”“审计具有制约和促进两大作用”。由于当时的社会审计主要采用逆查法，作者对审计实务的阐述首先论述了“会计报表审计”，然后根据各会计报表要素进行分述，包括资产审计、负债审计、营业收入和营业费用审计、利润审计、审计报告和管理建议书等内容，同时分章节对验资、资产评估和会计咨询等社会审计业务进行了概括介绍。该书出版后深受广大读者欢迎，供不应求，从 1994 年 9 月至 1998 年 1 月重印 15 次，印数达 36 万册，获全国财政系统优秀教材特等奖，1998 年被教育部作为优秀教材向全国推荐。1999 年至 2023 年陆续再版，并被推荐为“十一五”“十二五”普通高等教育本科国家级规划教材，每一版中作者均根据我国审计理论及实践发展予以全面修订。例如，在第六版中，作者考虑到我国自 2007 年 1 月 1 日开始全面实施的新会计准则体系，并以美国 COSO 委员会 2004 年颁布的《企业风险管理框架》为基础，全面、系统地论述了内部控制和风险导向审计；第八版中，作者考虑到我国审计行业法律环境的重大变化，结合审计领域的最新规定、最新要求及财政部发布的修订后的 38 项中国注册会计师执业准则，进一步强化了风险导向审计的思想，将风险导向审计理念全面贯彻到整个审计实务中，增加了财务报告内部控制、内部控制评价、内部控制审计、国际内部审计发展趋势、信息技术对审计技术和方法的影响等内容，更新完善了注册会计师的职业道德和法律责任，保证了教材的前沿性、国际性、实用性和及时性特点。《审计学》（第十版）获首届全国教材建设奖、全国优秀教材二等奖。

（3）**《内部审计》**（**中国财政经济出版社**，2000）、**《内部控制与审计》**（**中信出版社**，2008）、**《公司治理与内外部审计》**（**化学工业出版社**，2013）

《内部审计》是秦荣生教授早期关于内部审计研究的著作，该书以我国内部审计的实践为主线，结合西方内部审计发展的新变化，借鉴国际内部审计惯例和经验，全面论述了内部审计的基本理论及具体实务。

《内部控制与审计》是中国总会计师培训系列教材之一，由秦荣生教授主编，该教材以美国 COSO 委员会 2004 年颁布的《企业风险管理框架》为基础，结合我国企业会计准则体系、内部控制、审计与新修订的《中华人民共和国公司法》《中华人民共和国证券法》《中华人民共和国审计法》等相关的内容，较全面、系统地论述了以风险管理为导向的内部控制和风险导向审计，详细介绍了企业应建立包括控制环境、风险评估、控制活动、信息沟通以及监督五个部分在内的内部控制体系，并提出了建立以风险管理为出发点和落脚点的内部控制与审计体系。教材出版后受到企业总会计师、高级会计师、总审计师、高级审计师及高校学者的广泛好评，截至 2011 年 7 月先后印刷 5 次。

《公司治理与内外部审计》中，秦荣生教授另辟蹊径，将公司治理与内外部审计相结合，提出“公司治理是确保公司健康、可持续发展的基础，是充分发挥内、外部审计作用的必要条件，公司的内、外部审计服务于公司治理，是公司治理的基石”，由此，作者试图通过公司治理与内、外部审计的整体视角建立协作体系，厘清公司发展目标困惑问题、解决两权分离产生的问题，保护股东资产安全并保障职业经理人的权益。该著作出版后受到广泛好评，媒体评价称："秦荣生教授作为审计领域的泰斗型专家，对公司治理有非常独到又实用的见解，能帮助公司解决股东和职业经理人之间的纷争，实现高质量、健康的、可持续的发展。"

44. 邱学文：《基于中国资本市场的政府审计监管机制研究》（中国社会科学出版社，2012）

《基于中国资本市场的政府审计监管机制研究》以政府审计视角下的资本市场监管行为为研究对象，系统研究了国家审计介入资本市场监管的法理基础，国家审计质量的保证机制，审计监管的风险问题，国家审计对资本市场进行监管的范围、内容和效率，国家审计监管企业的审计策略、方式方法和手段，促使国家审计监管有效的措施、绩效审计监管报告的制定和完善等问题。作者提出的政策建议对国家审计有效介入资本市场监管具有较高的政策价值。

45. 时现：《内部审计学》《建设项目预决算编制与审计》《建设项目审计》《工程项目控制》

（1）《内部审计学》（中国时代经济出版社，2009）

该教材共八章，包括内部审计概论、内部审计程序、经营活动审计、内部控制审计、风险管理与公司治理审计、信息系统控制与审计、内部审计技术、内部审计管理等内容。该教材"以国际内部审计师协会（IIA）新定义为主导，充分结合我国内部审计协会于2003年颁布的《内部审计基本准则》，对内部审计宗旨、责任、范围、概念等方面进行重新界定"，并遵循《国际内部审计专业实务框架》和《中国内部审计准则》，以企业的经营活动为主轴，从时间和地域两个维度阐释内部审计的本质、属性和基本特征，全面阐释内部审计的内涵、外延及程序、方法，探寻其产生与发展的规律；以问题的提出为引导，全面融合理论阐述和案例分析，突出了理论的系统性和实践的可操作性，并具有规范性、前瞻性等特点，出版后受到广泛好评。该教材于2012年8月由中国时代经济出版社再版，新版教材中加入"内部审计机构与内部审计人员"一章，并对第一版教材进行了修订，全书依然遵循第一版的写作思想，并试图构建现代内部审计理论框架，出版后被许多高校作为审计学专业本科生的内部审计课程教材，或被各大企事业单位作为内部审计培训教材。

（2）《建设项目预决算编制与审计》（东南大学出版社，1995）、《建设项目审计》（北京大学出版社，2002）、《工程项目控制》（大连出版社，2013）

建设项目审计是我国审计专业的重要组成部分，融技术性、经济性为一体，并具有较强的专业性和综合性，20 世纪末、21 世纪初，随着固定资产投资体制改革和建设项目管理体制改革的不断深入，建设项目审计理论和实务面临诸多问题和困惑，但当时我国极度缺乏系统研究建设项目审计的著作。《建设项目预决算编制与审计》是我国早期研究建设项目审计的著作之一，作者结合多年的教学与项目预决算审计工作实践，以有关部门和地区关于建设项目预决算的编制与审计方面的有关规定及要求为基础，以通俗、实用为出发点，详细介绍了土建工程、水电安装工程预决算的编制与审计的方法和要求，并辅之以大量的操作实例，同时介绍了建设工程招标投标及建设工程合同的有关基础知识和国内外招标投标的通行做法，理论联系实际，具有较高的实用价值。

《建筑项目审计》“以理论与实际相结合为基本原则，以《国家审计机关审计准则》以及《中华人民共和国审计法》等相关的法律、法规为主要依据，从国家审计机关、内部审计机构和社会审计组织三大审计主体的视角，从项目建设程序和管理职能两个维度，按照建设项目审计的逻辑线路，深入浅出地分析了建设项目审计的范围、审计程序以及审计的技术方法等相关内容，旨在回答‘什么是建设项目审计，如何进行建设项目审计’等一系列问题”。“该书系统地架构了建设项目审计理论的框架体系，沿着项目建设程序这条主线，介绍了建设项目计划审计、造价审计、招标投标审计、财务审计以及投资效益审计等相关内容，融合了大量的审计案例，体现了一定的理论深度和较强的实用价值，并且第一次将建设项目质量审计和管理审计的内容纳入本教材之中。”全书结构层次分明，内容系统丰富，并对当时建设项目审计存在的诸多争议内容进行了详尽的分析、说明，提出了个人见解，具有较强的创新性及现实价值。

2008 年，财政部、证监会、审计署、银监会与保监会联合发布《企业内部控制基本规范》，随后又发布《企业内部控制应用指引》（2010），第一次将“工程项目控制”纳入我国控制体系规范中，实现了对 COSO 的超越。时现教授与毛晔副教授、许长青共同编著的《工程项目控制》秉承时现教授关于项目审计研究的一贯特点，遵循《企业内部控制基本规范》和《企业内部控制应用指引第 11 号——工程项目》的基本思想，以工程项目的建设流程为主轴，全面、系统地阐释了工程项目的基本概念、基本特征、管理职能和管理要求，并植入了现代项目管理思想。全书共分十章，第一章系统地介绍了工程项目的分类、特点、建设程序、管理职能，并引入了基于项目全寿命周期的现代管理理念；第二章基于不同利益相关者的视角，分析了工程项目控制的系统结构和影响要素，界定了不同利益相关者的责任边界；第三章至第十章，按照项目的建设程序，依次阐释了工程项目立项控制、工程项目设计控制、工程项目招标投标与合同控制、工程项目造价控制、工程项目施工质量控制、工程项目投资控制、工程项目施工进度控制、工程项目建设控制与工程项目验收控制的相关内容，包括控制要点、控制流程、控制方法和风险点分析等。全书理论联系实际，系统规范且具有创新性、前瞻性。

46. 宋常：《审计学》（中国人民大学出版社，1999）

耿建新、宋常教授主编的教材《审计学》最早于1999年发行，截至2022年已经更新至第九版，是我国最具生命力的审计学教材之一。该教材全面阐述了审计的基本原理、基本理论和基本方法，系统介绍了审计的业务循环、工作程序与成果报告，具有较强的前沿性、国际性、全面性和实用性特点，获得国家级教学成果奖，被选为“十二五”普通高等教育本科国家级规划教材。

47. 宋夏云：《国家审计目标及实现机制研究》（上海财经大学出版社，2008）

该著作基于公共受托责任关系理论和国家审计关系理论，对国家审计目标进行合理定位，进一步根据国家审计供需矛盾理论和国家审计目标期望差理论，构建了实现国家审计目标的核心机制。作者提出“独立性是国家审计目标实现的前提条件，专业胜任能力是国家审计目标实现的根本保障，审计规范是国家审计目标实现的指路航标，审计报告是国家审计目标实现的最终途径”，这些观点对于国家审计目标的完善具有重要参考价值。

48. 宋依佳：《审计案例集》（中国时代经济出版社，2009）

该著作涵盖了上海市审计局查处大案要案的审计案例以及对绩效审计、计算机辅助审计的探索，通过对查证问题的细节描述和审计情况的深入分析，重现了审计的实践过程，体现了审计的思路、方法、效果和审计人员严谨细致的工作作风，具有较强的故事性和教益性，真实地记录了上海审计工作的发展轨迹和成功经验，对其他省市开展审计工作具有借鉴意义。

49. 王光远：《制度基础审计学》《管理审计理论》《受托管理责任与管理审计》《审计学》《全球信息系统审计指南》

王光远教授的主要研究领域涉及财务会计、管理会计、审计及经济学各方面，由王教授主编的审计著作包括《受托管理责任与管理审计》《管理审计理论》《审计学》《制度基础审计学》《全球信息系统审计指南》等，翻译作品包括《内部审计思想》《后萨奥时代的内部审计报告》两部。

（1）**《制度基础审计学》（湖北科学技术出版社，1992）**

《制度基础审计学》共分为十三章，作者应用控制论、信息论，通过规范研究方法详细分析了制度基础审计的全过程，以审计测试和审计决策为核心，对审计环境、审计循环、内部控制制度的调查与评估、符合性测试及真实性测试、审计抽样、审计风险、升级质量保证等方面进行了详细的论述和系统的分析。郭道扬先生评价称："《制度基础审计学》一书是审计测试与审计决策的成功结合，具有新技术革命时代的科学研究特色，它的内容、结构，它所阐述的理论体系，以及它所着重探讨的进行审计测试与决策的方法、技术体系，均以全新的面貌展示在读者面前；作者较为妥当地把现代审计学中的精华部分贯穿在一起，并提出自己的独立学术观点与创作立场，从而使这部书具有一定的理论深度与广度，并展示了作者的创新精神。"杨时展先生评价称："这是我国第一部全面地、系统地介绍制度基础审计方法的专著，在传播中有创见，于理论中见实际；初学者可资为梯航，专家们可作为参考，这对审计的发展将会有较大的贡献，它的出版无疑是我国会计学术上的又一件令人高兴的事。"

（2）**《管理审计理论》（中国人民大学出版社，1996）、《受托管理责任与管理审计》（中国时代经济出版社，2004）**

受托责任会计和受托责任审计始终是王光远教授长期致力研究的领域，而他对管理审计理论和管理会计理论的研究更具开拓性。《管理审计理论》是王光远教授的博士后研究报告，作者用规范性研究方法，系统地阐述了基本的管理审计问题，撰写过程中广泛吸收和运用了代理理论、组织行为理论、权变理论、社会责任理论、公共管理理论等。全书分为上、下两篇，上篇管理审计总论部分包括六章内容，前两章作者以管理审计的时间发展脉络为依据，阐述了管理审计的发展史、理论文献、著作及形成的主要观点，基于历史，列示并评析了古往今来中外学者对管理审计的理论认识，进而用四章篇幅介绍了管理审计的发展动因、概念、主体及内向型管理审计等相关内容，作者认为"管理审计是一种与财务审计相对的审计，是在财务审计基础上发展起来的新的审计类型，管理审计的中心任务在于审查管理信息"，作者还指出"管理审计因受托责任而产生与发展，对受托管理责任不同的重认定、不同的重计量和不同的重报告方式构成了不同的管理审计类型”，作者有创见性地以受托管理责任为主线，将管理审计划分为内向型、外向型两种类型，其中“以审查内部受托管理责任为对象的管理审计称作内向型管理审计”，而“以鉴证外部受托管理责任为对象的管理审计称作外向型管理审计”，进而作者在下篇外向型管理审计专论部分，用四章篇幅具体介绍了外向型管理审计的概念框架、对象、基本原则等。在研究管理审计理论涉及主体、对象、基本概念、基本假设、评价标准、准则、报告等一系列基本问题时，作者系统阐述了重要职业组织的公告或文告、重要管理审计论著和文章的观点，并提出了个人独到的分析、鉴别、见解和主张，在国外学者创造的崭新学术成就中融入了中国特色，使现代管理审计思想在我国占有一定的学术地位。

《受托管理责任与管理审计》是一部论文集，收录了王光远教授关于受托管理责任和管理审计的32篇研究文献，有的曾公开发表于《审计研究》《审计与经济研究》《中国审计》《财会月刊》等刊物，有的节选自其著作《管理审计理论》，其中也包括作者为该论文集发表专门撰写的论文或心得体会，可称为王光远教授研究作品的精华之作，为审计学术界奉献了丰盛的受托管理责任与管理审计基本理论的精神大餐。

（3）**《审计学》**（**东北财经大学出版社**，2005）

王光远与黄京菁主编的《审计学》是依据21世纪初期新修订的高等学校本科会计学专业审计学课程教学大纲，并结合东北财经大学出版社的“21世纪‘换代II型’新概念教材”的设计要求所编写的。教材结合当代审计理论与实践的最新发展，着重突出审计的时代特征。全书分为20章，以社会审计为论述核心，内容涉及审计目标与审计发展、审计准则与质量控制准则、职业道德、审计循环概述、审计业务的承接、审计计划和审计风险评估、审计证据和审计工作底稿、内部控制与测试、财务报表的实质性测试、审计业务完成与复核、审计报告、非审计服务、审计职业的法律诉讼及其对策等。作者从“为什么要审计”出发逐步展开对各章节的讨论，阐述过程突出强调了当代审计的基本方法与审计人员在当代审计中的受托责任，并结合现实案例帮助读者加深对审计理论的理解。该教材出版后受到广泛好评，2011年3月、2014年8月由东北财经大学出版社发行的第二版、第三版教材被选为普通高等教育“十一五”国家级规划教材。

（4）**《全球信息系统审计指南》**（**中国时代经济出版社**，2010）

20世纪60年代，IBM出版 *Audit Encounters Electronic Data Processing* 一书，首次提出“计算机审计”概念。随着计算机技术的不断普及和发展，审计的内涵和外延也不断拓展。进入21世纪，信息系统审计框架逐渐形成，但我国系统研究信息系统审计理论与实务的专著较少。《全球信息系统审计指南》由王光远、时现共同主编，全书分上、下两册，主体分为三部分：第一部分全面阐述了信息系统审计；第二部分系统介绍了信息系统审计程序、审计技术与审计方法；第三部分介绍了 IT 审计质量控制与管理。作者对来自全球各地（尤其是北美地区）从事内部审计和信息系统控制理论研究的专家、学者和实务工作者关于信息系统审计的研究进行了系统的翻译和内容重构，并将国际通用信息系统审计标准（COBIT）、COSO 报告、SOX 法案有机地结合起来，使读者能够全面掌握信息系统治理、信息系统控制、信息系统审计的实质性内容以及它们与企业的内部控制之间密不可分的重要联系。

50. 王会金：《审计心理学》《会计信息失真与审计风险防范》《重要性与审计风险》《财务审计》

王会金教授长期从事审计理论及实务工作，在审计领域的主要著作包括《审计心理学》《现代企业财务审计》《企业财务审计》《会计信息失真与审计风险防范》《经济效益审计》《股份合作制改革、规范运作与审计》《社会审计》《风险导向审计》《重要性与审计风险》等。

（1）**《审计心理学》（广西师范大学出版社，1992）**

该著作是鲜见的关于“审计心理”研究的作品，全书分为十四章，主体分为“理论解说”“方法运用”和“实践总结”三部分。在理论解说部分，作者详细阐述了心理学的研究意义、对象、内容、分类原则以及与其他学科的关系和研究方法等问题，建立审计心理学研究框架，进而在第二章中阐述了西方国家审计心理学的产生、发展和现状；方法运用部分包括审计职业心理、审计个体心理、审计组织与群体心理、审计关系心理四章内容，作者具体介绍了审计职业心理、个体心理、群体心理、关系心理的特点、表现、形成原因、评价、优化途径及培养等问题；在实践总结部分，作者进一步详细介绍了审计各阶段心理、宏观调控心理、审计法规心理、审计质量心理、审计政治思想教育中的心理学问题等内容。该著作利用心理学、行为科学理论进行审计交叉研究，开拓了审计研究的新视角，丰富了审计理论内容，同时为审计实务工作提供了有益的指导。

（2）**《会计信息失真与审计风险防范》（浙江人民出版社，1999）**

王会金和陆春畦共同编著的《会计信息失真与审计风险防范》依照财务报表项目逻辑，详细分析了资产、负债、所有者权益、收入、费用及利润信息失真与审计风险防范，对提高企业会计信息质量及控制审计风险具有参考价值。

（3）**《重要性与审计风险》（东北财经大学出版社，2012）**

该著作从理论、技术及案例三个角度系统阐述了重要性与审计风险的关系，创新性地基于数据挖掘、模糊综合分析及 DEA 阐述了重要性判断与审计风险控制的相关问题，为审计人员控制风险、保证审计质量提供了新的视角。

（4）**《财务审计》**（**中国人民大学出版社**，2022）

王会金教授编写的《财务审计》系统介绍了企业财务审计的理论和实际操作方法。当前最新版本的教材于 2022 年出版，聚焦于财务审计，借鉴国内外审计组织的财务审计准则，扎根于中国财务审计理论研究和实务探索，对财务审计原理及其应用进行了系统介绍，新增大量案例及思政元素，被选为“十三五”江苏省高等学校重点教材。

51. 王善平：《资本市场规模化中的独立审计机制创新问题研究》《独立审计权责结构研究》《人性、产权与独立审计管理制度安排》

（1）**《资本市场规模化中的独立审计机制创新问题研究》**（**东北财经大学出版社**，2002）

该著作是王善平教授在其主持的国家哲学社会科学基金立项资助项目“中国规模资本市场建设中的独立审计机制创新研究”的最终成果的基础上修改完成的著作，全书分上、下两篇，上篇主要研究独立审计机制及其创新、规模资本市场及其对独立审计机制的影响的一般理论，下篇主要研究过渡时期的独立审计机制创新的五大战略和若干重要的独立审计机制的完善问题。该书出版后荣获湖南省第七届哲学社会科学优秀著作二等奖，并受到学术界广泛好评。蔡春教授认为，该研究的创新意义在于，“其一，建立了一套以‘独立审计机制’为核心的基础理论体系和以‘激励约束注册会计师’为核心的独立审计机制的应用体系；其二，率先提出了‘机制是特定权利与义务的有效配搭的有机体’，并在此基础上构建了我国过渡时期的独立审计机制；其三，根据独立审计发展的内逻辑和我国的现实情况提出了会计师事务所应实施‘星级经营’和‘名牌战略’的新观点；其四，提出了独立审计的理性自利理论”。张龙平教授评价称：“该著作以规模资本市场为背景，以权利与责任的有效配搭为内在逻辑纽带，深入研究了我国现阶段的独立审计机制的基础理论与应用问题，取得了多项在国内同类研究中居领先地位的研究成果，所有这些成果对发展我国规模资本市场和全面实现独立审计诚信有重大理论意义和实践指导价值。”毛伯林教授认为，“该书研究了我国过渡时期的独立审计的若干热点问题和疑难问题，把握了‘一个核心’，提出了有关独立审计机制的‘两个理论体系’，进行了‘三大创新’，在独立审计理论建设上有‘四大发展’，在实践中有‘五项政策建议’，所有这些，都可谓高屋建瓴，非常难得”。

（2）《**独立审计权责结构研究**》（**中国财政经济出版社**，2006）

该著作系王善平教授在其博士论文的基础上编撰发行的著作，作者运用规范研究和比较研究的方法探讨了独立审计管理制度安排的基础理论，并运用演绎研究、博弈分析和问卷调查等方法，从宏观与微观两个层面研究了现实中的几个重要的独立审计管理制度安排中的权责对应问题。该著作出版后获湖南省第九届哲学社会科学优秀著作二等奖。

（3）《**人性、产权与独立审计管理制度安排**》（**湖南大学出版社**，2007）

该著作基于审计主体理性有限的机会主义者假设，系统论证了独立审计产权保护观及其人力资本的“双重性”和非人力资本的抵押作用，以及与此有关的事务所组织形式安排、合伙事务所治理和收入分配制度、合伙观念及其制度化、准入管制与行为管理等重要基础性理论与现实问题。该著作从人性、产权角度着手研究审计问题，进一步拓展了审计的研究视角，其中提出的相关建议对强化事务所组织及个人管理具有现实意义。

52. 王晓霞：《企业风险审计》（中国时代经济出版社，2005）

该教材在理论上对风险审计概念、风险审计目标、风险审计程序、风险审计专业判断等方面都有所创新和突破，作者提出了一些前瞻性观点；在实务上精心编制的国内外企业典型案例，具有实操性。2007 年，该教材更新了第二版。

53. 王学龙：《经济效益审计》（东北财经大学出版社，2012）

该教材由经济效益审计理论、企业管理审计、经营性项目审计和政府绩效审计四部分构成，理论部分包括经济效益审计的概念要素、方法程序、审计准则与评价标准；实务部分既包括由内部审计开展的管理职能审计与业务经营审计，也包括由政府审计开展的公共投资项目审计、政府绩效审计及任期经济责任审计。该教材构建了较为完整的经济效益审计体系，立足于审计学应用型专业人才培养需要，实用性较强，目前已更新至第三版。

54. 王永海：《诚信为本：审计与鉴证实务》（中国经济出版社，1998）

该著作系《注册会计师丛书》系列之一，重点介绍了审计与鉴证实务，包括独立审计概述、现金与实物资产审计、应收款项审计、无形资产与递延资产审计、对外投资审计、负债审计、收益与费用审计、利润及分配审计、所有者权益审计、特殊事项审计、审计报告、验资等内容，是我国较早将“诚信”概念引入审计领域的作品，对构建审计职业道德体系具有重要价值。

55. 王芸：《中国审计市场竞争行为研究——基于产业组织理论视角》（中国社会科学出版社，2010）

该著作在系统介绍审计市场的特征、中国审计市场的特殊性及会计师事务所竞争行为的因素和作用机理的基础上，基于产业组织理论，从价格竞争行为、合并行为、报告竞争行为、差异化竞争行为等方面对我国审计市场竞争行为进行了理论分析及实证检验，提出了提高审计市场竞争有效性的相关建议，对审计行业有序发展、提高审计质量、培育长期竞争优势具有参考价值。

56. 王泽霞：《管理舞弊导向审计研究》（电子工业出版社，2005）

该著作针对管理舞弊的动机特征，揭示了现行审计模式的缺陷，分析了管理舞弊审计失败的根源，寻求有效发现和遏制管理舞弊问题的审计途径。作者创新性地引入管理舞弊审计视角，为我国舞弊审计准则的改进提出了相关建议。

57. 文硕：《世界审计史》（中国审计出版社，1990）

《世界审计史》可称为文硕先生的呕心之作，“作者以重建与再造的魄力，以地毯式轰炸的勇毅，以洋为中用、古为今用的兼容并蓄的民族文化精神”，在写作中与数十个有关机构建立联系，与许多国家审计学者进行沟通，收集了英、美、日、俄、德、法、西、葡、印、阿等国家的大量资料及图片，收容吸纳西方的会计审计思想，为我国会计审计事业输送国际化血液。该部著作的编撰历经八载寒暑，1990 年由中国审计出版社出版，1998 年由企业管理出版社再版，再版教材中增加了大量新的内容，拓展篇幅达 60 余万字。文硕先生的《世界审计史》在从未有人耕耘过的世界审计史这一学科上进行了开辟，创作出世界上第一部系统地、综合地介绍世界国家审计、内部审计、民间审计演进过程的通史之作，为学者探索世界审计发展的历史面目提供了重要参考。再版教材中，杨时展先生作序称，“写审计的历史，目的在于通过审计的历史，探究一个国家和社会经济透过审计反映出来的治、乱、兴、衰之由，及其所以致治之道，知所借鉴，《世界审计史》是反映国家治乱兴衰的信息学”，“是文硕教授迄今为止的一部力作”。郭道扬先生称“审计控制表现为一个历史的延续发展过程，为发挥审计控制在现时经济发展中的作用，既必须研究历史的继承性问题，又同时有必要研究历史的延续性问题，以最终达到科学测试未来经济世界、审计世界发展大趋势之目的”，“《世界审计史》是具有开创性的、直面现实的学术专著”，“是一项具有创新意义的研究成果”。

《世界审计史》取材丰富、见解精辟、结构严密、文笔清新，第一版著作由国家审计产生和发展、民间审计产生和发展、内部审计产生和发展、专题审计史四篇组成，叙述了各主要国家的国家审计、民间审计、内部审计发展的历史，强调了国家审计在各国民主政体和反对官僚主义中的作用，民间审计在各国市场经济中的作用，内部审计在加强企业管理、提高经济效益中的作用。专题审计史中，文硕先生用八个专题分别介绍了各种审计技术发展的情况以及审计工作今后发展的大趋势。第二版著作中，作者增加了“会计帝国大战”一篇，详细介绍了国际会计师事务所从“八大”变为“六大”的具体过程，并在专题审计史中拓展了三章内容，杨时展先生称“《世界审计史》无不言之有物，使人读来更有山阴道上应接不暇之感”。

关于国家审计的起源，作者认为“分析国家审计的起源问题时，应以经济责任作为研究起点”，并认同“国家审计的产生与发展与经济责任内涵的演变是密切相关的，国家审计因经济责任的产生而产生，也因经济责任的发展而发展”。“在奴隶社会，国家存在一种单向性很强的制约体系，国家审计的制约目标只是受最高管理者之托管理国家资源的各级政府官员，并直接向国王负责”，作者进一步简要阐述了中国西周宰夫制度、古埃及和古罗马监督官制度，独具特色且有较高独立性的古希腊罗基斯塔埃和埃乌苏诺衣制度，在 2000 多年前的雅典城邦已经形成了最早的离任经济责任审计雏形。欧洲中世纪以德国、英国、法国、葡萄牙为代表的欧洲封建社会，逐渐建立并完善了国家审计制度，例如德国皇家最高审计机关、英国国库审计长公署、葡萄牙审计法院，在此期间，“法国封建统治者通过颁布法律要求实行审计监督，为司法模式审计监督之先河”。中国封建社会国家审计的发展大体经历了奠基时期（包括春秋战国、秦汉时期）、发展时期（包括三国、两晋、南北朝和隋唐时期）、兴旺时期（唐代）、动荡时期（宋代）、中衰时期（元明清时期）五个时期，源于三国曹魏时期的比部作为中国专职国家审计机构独立于财政部门，“是处于混沌状态国家审计的‘绝响’和独立形态国家审计的‘先河’”；“唐代是中国国家审计建制时期，这些制度详细规定了各种审计程序、送审时间和审计处理要求等重要事项，并对审计人员提出‘明于勘赋，稽失无隐，为勾健之最’等考核准则”，是中国封建社会国家审计最兴旺的时期；元明清三代，中国封建社会和国家审计逐渐走向衰落，审计机构形同虚设，然而“御史台作为全国最高检查和审计机关，虽然较之唐代不具有专业性，但它没有重复和并列的情况，具有明显的单一性和统一性特点，是对中国国家审计多头重复的有益发展，为近代中国国家审计的建立奠定了基础”。19 世纪中叶，随着工业革命进程的推进，“国家由专制制度向民主政治转化，现代国家审计制度作为保障民主政治的核心——分权制衡机制之一，从经济监督角度出发形成了对行政部门所担负的经济责任的一种制衡”，作者将现代国家审计分为以英美为代表的立法模式，以法国为代表的司法模式，以中国、东欧、北欧为代表的行政模式和以德日为代表的独立模式。英国是立法模式国家审计的开拓者，“1866 年《国库和审计部法案》标志着现代国家审计制度的建立，宣告世界第一个现代立法模式国家审计制度诞生，为世界国家审计现代化做出开拓性贡献”，并通过突破性改革于 1983 年由议会颁布《国家审计法》，次年将审计机构定名为国家审计署（National Audit Office）；美国为立法模式国家审计开辟了更宽阔的道路，1921 年颁布《预算和会计法案》，成立美国会计总署，1945 年颁布《政府公司控制法案》，开创性地“提出财务审计与绩效审计的结合，在国家审计领域运用绩效审计的概念和方法来审查政府行政部门和公营企业的经济性、效率性和效果性，受到世界许多国家审计机关的普遍重视”。“司法模式国家审计的经验最初来自法国，1807 年成立的审计法院，是独立介于立法与行政之间的最高审计司法机构，审计人员享有司法地位，可以行使司法权力，强化了国家审计的职能”。行政模式国家审计的特点在于“审计机关属于政府行政系列”，最初由苏联进行尝试，进而为大多数社会主义国家所采用。德国联邦审计法院、日本会计检察院独立于立法权、司法权、行政权之外，“更能够不带政治偏袒、公正地行使监督职能，为国家审计组织理论和实践注入新的内容”。

“民间审计制度萌芽于 16 世纪英国庄园和城市财政中对掌管会计事项者诚实性进行检查，19 世纪英国社会急速工业化和当时议会立法的一再培育而得到显著发展，最终促成会计师制度”，推行“详细审计”技术，“产生了一批审计文献探索者，1881 年弗朗西斯·威廉·皮克斯利编著了世界第一部审计基础文献和实务名著《审计人员——他们的义务和职责》，1892 年劳伦斯·罗伯特·迪克西出版的教科书《审计学——审计人员的实务手册》被公认为现代审计理论的奠基作之一，引导审计登上科学的大雅之堂”，促进了民间审计的繁荣。1911 年，蒙哥马利在《美国经营手册》一书中提出“资产负债表审计”的概念，20 世纪 20 年代，审计人员开始将内部控制的初步评价作为审计的基础，“为现代民间审计带来了新思想、新方法、新范围和新理论”，1933 年美国《证券法》、1934 年《证券交易法》“促使作为法定的财务报表审计应运而生”，民间审计制度成为现代经济制度不可缺少的环节，对资本主义商品经济秩序起到保护性质的监督作用。

内部审计萌芽于奴隶社会，“中世纪已经出现独立的内部审计人员，主要采用寺院审计、城市审计、行会审计、银行审计和庄园审计诸形式”。1844 年，英国《公司法》

率先从法律层面要求明确监事一职，并由其行使内部审计之权，从而确立了近代内部审计制度。1941 年，维克多·布瑞克出版了第一部内部审计专著《内部审计——程序的性质、职能和方法》，宣告内部审计学诞生，同年，约翰·瑟斯顿组织成立了世界第一个“内部审计师协会”。1948 年和 1954 年，阿瑟·肯特和弗拉德瑞克·E. 敏茨在《内部审计师》杂志上分别发表的《经营审计》两篇文章，详细阐述了财务审计外的审计活动，促进了内部审计中经营审计的蓬勃发展。

专题审计史部分，作者阐述了审计方法的发展、审计抽样的发展、内部控制的发展、民间审计报告的发展、审计标准的发展、审计理论的发展、绩效审计、保留审计报告的发展等，并总结了审计发展的大趋势。作者对审计各方面的发展阶段概括极为精准，将审计方法发展的三个阶段总结为“账表导向审计、系统导向审计、风险导向审计”，审计抽样经历了“任意抽样审计、判断抽样审计、科学抽样审计”三个时期，“世界审计报告经历非标准审计报告发展阶段、标准审计报告探索阶段、标准审计报告发展阶段”三个重要阶段，“内部控制、会计原则、审计标准是现代审计的三大支柱，是现代审计出现的重要标志”。审计理论出现过三座里程碑：1961 年，罗伯特·K. 莫茨和侯赛因·A. 夏拉夫合作完成的《审计理论结构》是世界上第一部将审计理论作为一门独立学科加以论述的重要著作；1972 年，美国会计学会出版的《基本审计概念说明》“从广度和深度两方面将审计理论研究向前推进一大步”；1978 年，C. W. 尚德尔编著的《审计理论——评价、调查和判断》对莫茨和夏拉夫的审计理论思想进行了扩展和深化。1905 年，蒙哥马利出版的劳伦斯·迪克西教授的《审计学》美国版，标志着美国只有审计实务、没有审计理论的时代结束，该版教材经过历次改版发行，最终成为世界民间审计领域内容最丰富、最具权威性的巨著，堪称“审计人员的圣经”。

尤为让我们感动的是，作者在全书结尾处编辑了审计发展大事记，总结了自 1215 年以来世界范围内审计界的大事摘要，足见作者对该部作品的用心，我们也可深切体会到一部作品之所以能够成功，绝非偶然。

58. 吴国萍：《转型背景下的内部审计治理效果研究》（上海财经大学出版社，2021）

该著作系统研究了转型背景下上市公司内部审计运行机制及其治理效果，为内部审计运行机制对会计信息质量、内部控制有效性、公司业绩和公司风险的影响提供了经验证据。同时，通过实地调研及访谈，对高校内部审计进行了系统阐述，考察了吉林省高等学校内部审计治理效果。该著作既对监管部门进一步完善上市公司内部审计相关规范提供了有益参考，也为高校内部审计持续改进提供了有益参考。

59. 吴秋生：《政府审计职责研究》（中国财政经济出版社，2007）

该著作首先界定了政府审计职责的基本概念、依据，进而通过国内外比较研究，提出了我国政府审计职责存在的问题，为政府审计职责的规范、落实、国企审计职责、审计报告职责提出了系统解决方案，对我国政府审计更好地发挥职责具有重要参考价值。

60. 辛金国：《浙江省家族企业内部控制模式研究》（中国科学技术出版社，2007）

该著作以浙江省家族企业的企业主或管理人员为调查对象，阐明家族企业文化是影响家族企业内部控制模式和效果的重要因素，深入分析了家族企业五个文化维度对硬、软控制及控制效果的影响。该著作对家族企业内部控制发展具有重要参考价值。

61. 晏维龙：《国家治理框架下国家审计体系和能力现代化研究》（人民出版社，2017）

该著作基于多学科视角厘清了国家治理与国家审计之间的协同关系，构建了国家审计体系与能力现代化的分析框架，探索了国家审计推进国家治理体系与治理能力现代化的途径与方法，丰富了国家审计与国家治理研究的相关理论成果，对从国家审计角度推进国家治理现代化具有参考价值。

62. 杨肃昌：《企业财务审计》《中国国家审计：问题与改革》《中国国家审计体制问题：实证调查与理论辨析》《中国公共支出绩效审计制度研究》

（1）**《企业财务审计》（立信会计出版社，1997）**

《企业财务审计》是立信现代审计丛书之一，也是杨肃昌教授最早的审计学研究著作，该书分为十章，对财务审计的概念、特点、审计准则及依据、审计程序与方法等基本理论进行了简要论述，进而在对内部控制制度审计、企业会计报表审计总体介绍的基础上，依次介绍了货币资金审计、购货环节审计、生产环节审计、销售环节审计、理财环节审计、终结审计及审计报告的实务要点，并对关联企业审计、合并会计报表审计、账外资金审计等进行了简要论述。

（2）**《中国国家审计：问题与改革》（中国财政经济出版社，2004）《中国国家审计体制问题：实证调查与理论辨析》（中国财政经济出版社，2008）**

《中国国家审计：问题与改革》《中国国家审计体制问题：实证调查与理论辨析》是关于国家审计体制改革研究的经典著作，出版后分别荣获甘肃省第九次社会科学优秀成果一等奖和甘肃省第十一次社会科学优秀成果二等奖。"立足于中国社会主义民主政治和市场经济的发展，结合政治学、法学、公共财政学等学科"，基于对"国家审计基本状况、预算执行审计基本问题、现行审计体制总体评价、审计体制改革应考虑的原则性因素"等方面的大规模问卷调查。《中国国家审计：问题与改革》探索了宪法与审计制度之间的关系及宪法思想对审计制度的形成、职能和改革的影响，剖析了审计体制与绩效审计发展之间的关系，分析了"法治"与"法制"的区别，提出"现行审计监督强化了社会主义法制，但更需要它在加强社会主义法治建设中发挥作用"，并首次提出了中国国家审计"双轨制"体制改革新设想。《中国国家审计体制问题：实证调查与理论辨析》由杨肃昌教授与肖泽忠教授共同编著，进一步论述和研究了中国审计体制改革及其所涉及的基本理论与实践问题，并从"实证角度以及政治学和人大制度"对审计体制进行了全面、深入、系统的剖析，从而提出"以设立人大预算审计机构为核心，探索'双轨制'体制改革的基本框架及实施途径"，形成了对"立法论"改革的有效修正。"双轨制"改革引起国家有关方面的广泛关注及充分肯定，并以政协委员提案的形式提交 2004 年 3 月召开的全国政协十届二次会议，"法治化"思想也得到审计部门的重视，在审计署《2008 年至 2012 年审计工作发展规划》中首次将审计工作的"法治化"列为审计工作的总体目标之一。这两部专著的一些改革策略及思路在 2006 年出台的《中华人民共和国各级人大常委会监督法》和新修订的《中华人民共和国审计法》中也多有体现。

（3）**《中国公共支出绩效审计制度研究》（经济科学出版社，2014）**

《中国公共支出绩效审计制度研究》结合政治学、公共财政学、法学等学科，对公共支出绩效审计的本质及理论结构、公共绩效审计制度的概念及构成、我国公共支出绩效审计制度实践和发展存在的问题等进行了系统研究，并基于政治体制改革的视角提出"立法型"绩效审计制度框架。该著作的出版促进了审计理论研究与政治学、财政学等领域理论研究的横向交流与融合，为指导公共支出绩效审计制度实践和发展提供了目标导向。

63. 杨雄胜：《内部控制评价：理论·实务·案例》（大连出版社，2009）

2008 年 5 月 22 日，财政部、证监会等五部委联合下发了《企业内部控制基本规范》，随后财政部又下发了《内部控制应用指引》《内部控制评价指引》《内部控制鉴证指引》的征求意见稿，杨雄胜教授直接参与了《企业内部控制基本规范》《企业内部控制具体规范——货币资金》两个全国性文件的起草，并直接主持了财政部内部控制相关文件的起草工作。鉴于当时国内内部控制评价缺少相关教材的状况，杨胜雄与江苏省电力公司首席审计师夏俊合作撰写了《内部控制评价：理论・实务・案例》一书，2009 年由大连出版社出版。该书分为六章，结合管理学、审计学等理论及其最新研究成果，按照内部控制评价的发展演变历史，详细阐述了要素评价模式、管理控制评价模式及持续改善的内部控制评价方法，并结合案例详细阐述了这些基本理论、基本技术方法的实际应用，最后结合战略理论的最新研究成果，对内部控制评价进行了展望。

64. 杨有红：《企业内部会计控制系统》（中国人民大学出版社，2004）

该著作系统阐述了内部会计控制评述与研究框架、内部会计控制系统的理论框架、内部会计控制系统实务设计，提出了我国当时构建内部会计控制系统必须解决的几个问题及应对策略，对内部会计控制系统未来发展具有重要参考价值。

65. 杨志国：《风险导向审计方法与案例》《加强版审计报告：理论与应用》

（1）**《风险导向审计方法与案例》（中国财政经济出版社，2014）**

该教材围绕重大错报风险的识别、评估和应对，基于审计准则和应用指南框架，系统阐述了风险导向审计理论及方法，并配有大量案例、图表和参考格式，使读者能够体会在实务环境下如何运用风险导向审计方法。该教材出版后得到广泛好评，是高年级会计、审计专业学生及研究生的重要参考资料，2017 年第二版发行，重点根据新的审计报告模式进行修订，通过理念、方法和案例，强化注册会计师遵守审计准则和职业道德要求的意识，缩小公众的“期望差距”和“信息差距”。

（2）**《加强版审计报告：理论与应用》（中国财政经济出版社，2018）**

该著作基于审计报告改革背景，系统阐述了审计报告改革动因、新审计报告模式构建、重大问题决策以及新审计准则应用等问题，对审计人员从事实务工作具有重要参考价值。

66. 杨忠莲：《审计委员会制度与财务舞弊监管》（上海财经大学出版社，2007）

该著作首先系统阐述了审计委员会制度的理论基础、公司成立审计委员会的动机、审计委员会制度的法律要求，进而对我国审计委员会制度的法律要求、概念和准则框架、法律责任的界定等进行了理论探讨，并对我国公司审计委员会的舞弊监管效果进行了检验，为监管部门进行审计委员会改革及企业的治理活动改进提供了理论及经验证据。

67. 叶陈刚：《审计理论与实务》《审计学》

（1）**《审计理论与实务》（中信出版社，2005）**

《审计理论与实务》由叶陈刚、李相志共同编撰，是财经大学会计学精品系列丛书之一，作者全面综合论述了审计监督的系统化理论、方法与知识体系。全书分为上、下两篇，上篇“审计基本理论与方法”详细探讨了审计的基本概念、审计规范、审计的分类和方法、审计程序和审计计划、审计的重要性、审计风险与审计策略、审计证据和审计工作底稿、内部控制测试与控制风险评估、审计抽样等基本理论、基本技能与基本方法，下篇“审计业务流程与审计报告”重点阐述了审计业务循环、终结审计与审计报告、计算机审计和网络审计、验资及会计咨询服务等内容。该书“内容全面、实践性强、体例新颖”，出版后广受好评，于2009年和2016年对外发行第二版和第三版。

（2）**《审计学》（机械工业出版社，2011）**

该教材按照现代审计变革的线索和思想，是国家社会科学基金重点项目与对外经济贸易大学2014年度研究生教学研究项目的最终成果。该书全面系统地介绍了审计学的基本理论与方法知识体系，并突出强调了现代审计与鉴证业务的原理与方法，全书分为十五章，首先阐述了审计的沿革、含义与种类、审计的基本概念、注册会计师执业规范体系、职业道德规范以及注册会计师法律责任、财务报表审计的目标与过程、审计证据与审计工作底稿、计划审计工作、企业风险评估、内部控制及其应对策略、审计抽样和测试技术等内容，进而对实务涉及的企业销售与收款、采购与付款、存货与仓储、筹资与投资等各交易循环的基本流程、涉及的主要账户和会计记录、主要业务活动以及各类交易类别控制测试和账户余额测试进行了详细阐述，并总结了审计阶段的各项工作、审计报告的含义和内容、审计意见的类型以及验资、预测性财务信息的审核业务和财务报表审阅业务。该教材内容全面、新颖，并且注重与我国及国际最新的审计准则和惯例接轨，按照风险导向审计的思路来设计财务报表审计的程序，将风险识别、风险评估和风险应对的核心思想融入各项交易循环审计的实务中，严格按照最新发布的企业会计准则和中国注册会计师执业准则体系的核心要求阐述审计实务，并对审计人员的职业道德和法律责任、会计咨询和会计服务业务等进行了探讨和研究，出版后广受好评，于2015年和2019年发行第二版和第三版。

68. 叶雪芳：《舞弊审计》（经济科学出版社，2008）

该著作系统阐述了舞弊审计的起源、发展、目标、假设、责任、程序、方法、报告、国内外准则，进而详细阐述了舞弊审计的主要手段、特征、方法、程序以及具体的舞弊审计实务技巧。该著作对舞弊及其审计的理论阐述较为全面，并通过国内外经典案例讨论舞弊审计的重难点问题，对审计人员从事实务具有重要参考价值。

69. 于保和：《经济责任审计研究》（东北财经大学出版社，2003）

该著作系作者在其博士论文的基础上进一步深入研究发表的作品，具体包括经济责任审计基本理论、经济责任审计的内容、经济责任审计的程序方法、经济责任审计中的内部控制评审、经济责任审计风险防范与质量控制、经济责任审计评价、经济责任审计结果及运用等内容。该著作对经济责任审计改进具有重要参考价值。

70. 余玉苗：《审计学》（清华大学出版社，2008）

该教材以社会审计为主线，基于我国审计实际，注重框架结构及理论分析，同时穿插与教学内容相关的新闻摘录、案例分析，增强了教材的可读性，出版后受到广泛好评，于 2010 年再版发行。

71. 张继勋：《审计判断研究》《审计学》《审计学多媒体教程》《掀起你的盖头来：审计揭秘》《会计和审计中的实验研究方法》

（1）**《审计判断研究》（东北财经大学出版社，2002）**

《审计判断研究》是张继勋教授在其博士论文的基础上修改完成的著作。作者在明确审计判断性质的基础上，以审计判断的构成要素——“人和任务及其环境”为切入点，首先对审计判断分类、审计判断定位、审计判断过程等基本理论进行经济学分析；进而详细阐述了审计判断的过程和方法，包括审计判断模式，审计判断的原则、标准和方法，审计判断的实际应用，审计判断的辅助工具等内容；在此基础上，进一步对审计判断结果、审计判断过程相关的内容进行了详细探讨，包括审计判断绩效及其影响因素，审计判断偏误的表现、成因及防治措施等内容；最后，作者通过问卷调查法研究了我国注册会计师的审计专业判断问题，提出审计判断改善措施。书中指出，“从总体上看，本书是把审计判断置身于社会经济环境中，从系统论的视角把审计判断作为审计人员、审计任务和环境互动的过程加以研究”，并“运用心理学理论提出审计判断是审计人员、审计任务、审计环境互动的结果”，“运用博弈论和期望效用理论提出审计判断是审计人员与被审计单位的博弈过程，也是审计人员追求期望效用最大化的过程”，系统归纳了审计判断的“一般模式、透镜模型、主体模式”三种类型及审计判断的“根本性标准、形式性标准”两个层次，为注册会计师改善审计判断措施提供了理论支撑。

（2）**《审计学》（南开大学出版社**，2003；**清华大学出版社**，2008 / 2015）

张继勋教授主编的《审计学》教材有三部，2003 年南开大学出版社出版的《审计学》是全国八所高校合编的会计学系列教材之一；2008 年清华大学出版社出版的《审计学》是 B&E 会计学系列教材之一；2015 年该教材再版，被选为新坐标会计系列精品教材之一。三部《审计学》教材可谓一脉相承，2003 年版《审计学》作为后续教材的经典蓝本，2008 年版教材融入了财政部 2006 年新发布的《中国注册会计师职业准则》的内容，2015 年版教材全面反映了 2010 年修订的《中国注册会计师执业准则》的新变化。这三部《审计学》教材的主要特点为：在结构上，基本上是根据审计学的内在逻辑规律和初学者的认知规律安排，由审计职业及其环境、审计的基本概念与方法、审计实务以及其他认证业务及政府审计、内部审计构成；在内容上，以注册会计师审计为主线，采用国际上通行的业务循环法阐述审计实务的内容，并时刻立足前沿，吸收了审计理论和最新实践成果。例如，2015 年最新版教材中作者以风险导向为核心，把风险评估与应对有机地融入审计过程中，充分体现了风险导向审计的思想与内容。除了注册会计师审计业务外，该版教材也涉及其他常见的注册会计师鉴证业务，比如舞弊审计和网络鉴证，还涉及国家审计和内部审计。同时，为缩小理论和实践之间的差距，加深学生对课程内容的理解，教材还安排了相当数量的案例，极适合审计学、会计学和财务管理等专业的本科生使用。

（3）**《审计学多媒体教程》（中国人民大学出版社**，2003/2004）

《审计学多媒体教程》是 21 世纪会计业务技能训练系列教程及高职高专会计业务技能训练系列教程之一。审计学作为一门专业性和应用性很强的课程，在教授和学习环节出现了“难教难学”的窘境。作者在该教材中以尊重认知规律为基础，充分运用计算机多媒体技术，以多媒体课件的形式对“审计学”课程进行开发，并形成了以多媒体课件为主体，以书面教材为辅助的教学形式。该教材分为 19 章，采用图文和动画相结合的方式，生动、形象地讲述了审计学的内容，并通过扫描大量实际凭证、账簿和报表，比较真实地再现了审计实务过程，其中的电子商务与网络鉴证和舞弊审计两章内容，在当时的审计教材中非常新颖，并配置了随书光盘为学生提供案例练习，力图以这种较为新颖的方式使审计的学习成为一种享受，提高学生的学习兴趣，是对教材形式的一种创新。

(4)《**掀起你的盖头来：审计揭秘**》(**中国经济出版社**，2001)

该著作是漫画会计丛书之一，也是至今最经典的审计漫画著作。该著作既不失一般漫画丛书的特点，又通过通俗、简明、生动、幽默的语言，各种各样的案例和妙趣横生的漫画相结合的方式，对审计知识进行了全面、系统、恰当的介绍，使审计专业知识学习生动、有趣、易懂，为初学者轻松愉快地了解、掌握审计专业知识提供了便捷之路。

(5)《**会计和审计中的实验研究方法**》(**南开大学出版社**，2008)

任何学科的发展都离不开研究方法的发展，会计学科和审计学科也不例外。20 世纪 60 年代以后，实证和实验等研究方法的采用极大地促进了会计和审计研究的发展。21 世纪以来，我国会计、审计学界经验研究方法得到了前所未有的重视，出现了大量的研究成果，而实验研究方法作为国际会计和审计研究中广泛采用的主流研究方法之一，却较少有学者进行研究。此外，国内外的会计、审计相关文献中，系统介绍和讨论实验研究的作品稀缺，因此，张继勋教授撰写了《会计和审计中的实验研究方法》这部著作，以会计和审计中的行为实验研究方法为主线，同时兼顾会计和审计中的实验经济学的研究方法。该著作共八章，作者首先科学评价了实验研究方法的优劣，他认为“实验方法并非优于所有其他的研究方法，但是在调查变量之间的因果关系时，实验方法是最适合、最有效的研究方法”。随后，作者对国内外财务会计行为、审计行为、财务行为和管理会计行为中的实验研究进行了比较全面、系统的回顾，为读者展现了清晰的脉络和轮廓，他认为在审计领域“实验研究主要集中在审计判断方面，审计判断研究的发展历程就是审计中实验研究的发展历程”。作者还提出“用实验研究财务问题的历史尽管较短，但是它在财务领域却有着广阔的前景，一方面，它能够在实验室重复检验财务理论提出的预测或政策建议，这是经验研究所无法比拟的；另一方面，它能够在实验室控制某些现实世界无法控制或观察的变量，这是其他诸多研究方法所无法实现的”。为增强实验研究方法在会计与审计研究中的实操性，作者用四章篇幅详细介绍和讨论了实验研究的全过程，包括实验研究的选题、实验研究中的基本过程、实验中的变量及其控制、实验设计和准实验设计、实验中的测量、实验的全部效度和外部效度、实验的统计分析方法等全部的实验研究要素。在第八章中，作者还完整地列示了“中国审计判断质量的实验研究”“审计判断中的锚定效应研究”“审计判断中代表性启发法下的偏误研究”三项实验研究成果，为读者从事会计与审计的实验研究提供了更为直观、具体的方法基础和运用策略。另外，在第七章中作者讨论了实验经济学及其在会计与审计中的应用，通过对丹尼尔·卡尼曼与弗农·史密斯两位诺贝尔经济学奖获得者的学术理论的陈述，介绍了实验方法在经济学中的应用及作用，“两位学者通过实验方法来研究和观察人们的经济决策行为，为解释或预测传统经济学所不能解释或预测的经济现象和经济行为提供了方法论”，而实验经济学也逐渐受到审计学界关注。作者详细介绍了《持续经营的判断：自验预言效应和预测准确度的实验检验》，为读者在审计研究方法选择方面开阔了眼界。截至目前为止，该著作是第一部也是唯一一部介绍审计中实验研究方法的著作，为拓展审计研究的方法提供了范例。

72. 张建军：《审计概念体系研究》（中国财政经济出版社，1997）

该著作系统阐述了审计概念体系的七个要素，包括独立性、职业关注、胜任性、重要性、审计风险、审计证据及合理保证，并对七个要素的概念及其关系进行了详细解释。该著作是对审计概念体系的开拓性研究作品，有助于促进审计理论研究，对审计实践工作具有一定的指导作用。

73. 张金城：《信息系统审计》（清华大学出版社，2009）

《信息系统审计》是江苏省高等学校精品立项教材、高等学校教材之一，由清华大学出版社电子信息教材编审委员会评审，2009 年由清华大学出版社发行。该书分为八章，吸收了当时国际、国内信息系统审计的基本理论、理念和最新技术方法，系统介绍了信息系统审计的产生与发展、特点、准则、IT 治理、一般控制及审计、应用控制及审计、系统开发与获取审计、系统运行与维护审计、应用程序审计、数据文件审计等内容，条理清晰、结构合理、叙述严谨，是一部具有较强实用性和可操作性的教材，也是信息系统审计的权威教材。

74. 张俊民：《会计师事务所诚信评价》《内部控制理论与实务》《内部控制》

（1）《会计师事务所诚信评价》（经济科学出版社，2005）

《会计师事务所诚信评价》是在国家自然科学基金资助项目“会计师事务所诚信监管指标体系及其联保责任制的研究”（批准号 70341035）的基础上编著而成的著作。全书共分为九章，系统阐述了会计师事务所的文化、环境、职业道德和执业质量等因素是决定会计师事务所诚信监管状况的性质标志，进而分析了上述各因素间的内在关联度，并建立相应的完整的会计师事务所诚信监管评价指标体系，通过实证研究拟定各项指标权重参考值；同时，通过构建综合评价模型，系统阐述了评价方法及评价程序。作者提出“会计师事务所诚信提升依赖于同行乃至整个行业社会公信力的塑造，实行会计师事务所诚信监管联保责任制就是将这种‘共同责任与义务’以联保的形式加以‘固化’”，由此提出了“会计师事务所诚信监管评价指标联保责任制”的基本设想。该书出版后受到会计、审计学界的一致好评，并引发了会计师事务所声誉研究的热潮，该书荣获天津市第十一届社会科学优秀成果一等奖。

（2）**《内部控制理论与实务》（东北财经大学出版社，2012）、《内部控制》（高等教育出版社，2015）**

《内部控制理论与实务》是会计、审计专业研究生系列教材之一，《内部控制》是高等学校会计学与财务管理专业系列教材之一，两部教材整体内容相似，深浅程度有异。教材编撰均以我国内部控制规范内容体系为编写基础，坚持规范解释与理论分析并重，突出操作流程框架内容设计和案例分析讲解。《内部控制理论与实务》分为二十一章，对内部控制基本理论及企业内部控制事务所涉及的发展战略、人力资源、社会责任、企业文化、资金活动、采购业务、资产管理、销售内部控制、研究与开发、项目管理等各层面进行了系统阐述，同时对内部控制评价、内部控制审计进行了系统的介绍。《内部控制》分为八章，介绍了内部控制基本理论、内部环境、风险评估、控制活动、信息与沟通、内部监督、内部控制审计等内容，为加深学生的理解，作者在各章撰写中均加入引导案例，增强了教材的实践性。

75. 张龙平：《注册会计师审计控制系统研究》《审计》《新编审计学》《现代审计学》《独立审计准则导论》

（1）**《注册会计师审计控制系统研究》（东北财经大学出版社，1994）**

《注册会计师审计控制系统研究》是张龙平教授在其博士论文的基础上修改完善的学术著作，作者基于对我国20世纪80—90年代注册会计师行业状况的分析，立足于保障和推动社会主义市场经济健康发展，借鉴发达国家和地区的审计行业管理成功经验，运用系统的方法和控制手段，提出加强我国注册会计师审计质量及工作管理指导框架和基本构想。作者认为，审计控制的目的在于提高已审计财务报表的可信程度，尽量减少信息风险，使报表使用者减少失误；作者提出审计控制系统由宏观控制子系统、中观控制子系统和微观控制子系统构成，中国注册会计师协会、省级注册会计师协会和会计师事务所分别作为三个子系统的主体；作者进一步通过各章内容对各子系统的功能、作用、组成要素、控制主体的工作内容和方法进行了系统研究。该著作是我国第一本系统探讨中国注册会计师制度的专著，所提出的观点对完善和建设我国注册会计师制度具有重要的参考价值。

（2）**《审计》（经济科学出版社，1995）、《新编审计学》（武汉大学出版社，1995）、《现代审计学》（北京大学出版社，2012）**

《审计》一书是全国注册会计师专门化系列教材之一，1995 年由中国 CPA 教育教材编审委员会组织编写、张龙平教授编著，全书在结构安排和内容选择上大胆创新，不仅充分尊重教学规律，而且充分体现审计学科的发展水平，理论分析具有一定深度，实务说明具有可操作性。全书共分为五篇，以注册会计师财务报表审计为主要内容，详细介绍了审计环境、审计计划、审计测试、审计报告和验资、其他鉴证业务，将重要性概念、审计风险和审计质量的控制概念体现于全书写作之中，并强调职业道德和法律责任、职业怀疑精神和审计决策过程，主张交易循环法。同年，张龙平教授主编的《新编审计学》由武汉大学出版社出版，其内容、结构及编著思想与《审计》几乎相同。

张龙平教授与李璐共同撰写的《现代审计学》是普通高等教育“十一五”国家级规划教材及 21 世纪经济与管理规划会计学系列教材，主体依然分为五篇，即审计环境、审计过程、审计过程在业务循环中的应用、终结审计和审计报告、其他鉴证业务。与以往的教材相比，该教材具有如下特点：第一，吸收了国际审计等准则和审计理论与技术的最新变化，展现了现代审计学科的精华和先进思想；第二，充分反映了国际先进的审计理论和审计实务，强调以理论研究促实务发展，具有前瞻性和科学性；第三，编写用语与最新的审计准则保持一致，旨在与解释性指南和举例相区分，以方便读者识别和学习；第四，紧紧围绕本科生审计教学要达成的目标，考量内容的广度和深度，强调三基的训练，方便“教”和“学”。

这三册教材的写作体例、风格、观点和思想对我国高校审计学教材的改革产生了重要影响。

（3）**《独立审计准则导论》（经济科学出版社，1997）**

《独立审计准则导论》由张龙平教授、陈建明共同编著，由中国注册会计师后续教育教材编审委员会组织编写，是我国第一部注册会计师后续教育丛书之一。该著作与独立审计准则虽相互联系但并非完全等同，以指导注册会计师全面透彻地理解独立审计准则的整体框架及基本要求、系统准确地把握现代审计的思想观念及理论方法、正确有效地运用独立审计准则为目标，在介绍独立准则条文的基础上，深入研究独立审计准则制定的背景、理论依据、实际运用途径及方法。全书共分为五章，包括中国注册会计师独立审计准则概论、审计计划阶段具体准则、审计实施阶段具体准则、审计报告阶段具体准则、独立审计实务公告，内容安排上，以阐述国际通用做法及审计技术为主，且充分考虑了我国当时的状况，为注册会计师精心选择了适当的案例，对注册会计师正确理解和运用独立审计准则、提高注册会计师素质和执业质量发挥了重要作用。

76. 张蕊：《审计学原理》《会计审计前沿问题探索》《审计学》

（1）《**审计学原理**》（**企业管理出版社**，1994）

该教材是我国较早出版的审计学原理教材之一，结合了我国国家审计较为成熟的理论方法和西方民间审计理论与方法，出版后受到广泛好评，是当时审计原理课程重要的参考资料。

（2）《**会计审计前沿问题探索**》（**中国财政经济出版社**，2004）

该著作对企业经营业绩评价理论问题、诉讼会计的有关问题及会计审计急需解决的问题进行了有益的探索，是当时会计硕士、博士的重要参考资料。

（3）《**审计学**》（**科学出版社**，2011）

该教材系统介绍了社会审计的基本理论与方法，具体包括审计产生和发展的历史、审计职业规范体系、审计人员法律责任、审计目标及其实现、风险评估与应对、审计证据与审计记录、审计抽样、各业务循环的审计、审计终结阶段的工作及审计报告等内容。该教材结合最新审计准则及实践，吸收了较为成熟的审计理论，并引入了大量引导案例，加强了理论与实践的有机结合，是审计课程的重要参考资料，于 2017 年再版。

77. 张英明：《审计学原理》（中国商业出版社，2002）

该教材系统介绍了审计的基本理论、基本方法和基本规范，并对建立科学的审计理论体系、组织体系、方法体系和规范体系进行了必要的探讨，是当时较受欢迎的审计学原理教材之一。

78. 郑石桥：《内部控制实证研究》《中国政府及非营利组织内部审计发展研究报告》《管理审计方法》《绩效审计方法》《审计基础理论探索》《审计理论》《审计学》

（1）《**内部控制实证研究**》（**经济科学出版社**，2006）

《内部控制实证研究》首先提出“纯粹”内部控制、“纯粹”管理控制概念，作者认为“纯粹”内部控制包括审计学的内部控制研究及以委托代理理论为基础的内部控制研究，“纯粹”管理控制包括组织理论视角的内部控制研究和以交易成本经济学为基础的内部控制等内容。作者基于“纯粹”内部控制研究，根据对 700 多篇内部控制实证相关论文的归纳，系统阐述了三方面内容，一是审计视角的内部控制，包括内部控制的本质、内部控制的要素及其应用、内部控制的评价及其应用、内部审计四章内容，具体涵盖控制、评估及报告方法，信息技术对内部控制的影响，施行 FCPA 后美国企业的内部控制状况，宗教组织的内部控制状况、风险基础模式下如何评估固有风险和控制风险，审计人员对内部控制的职业判断，内部控制过程模拟，内部控制地位、审计业务类型、内部审计与风险管理的关系，文化对内部控制的影响及内部审计业绩评价、外部审计对内部审计的依赖、内部审计业务外包及对外部审计收费的影响等主题；二是以委托代理理论为基础的内部控制，即公司内部治理机制，包括企业的性质和控制机制、代理问题、所有权结构和资本结构、董事会、CEO 激励机制五章内容，涵盖自由现金流量、投资决策、红利政策、盈余管理、企业所有权结构、资本结构、董事会、董事报酬、独立董事的作用及激励、审计委员会、CEO 业绩指标选择、CEO 报酬对业绩的敏感性、CEO 报酬的非业绩因素等主题；三是内部控制失败与舞弊，包括管理舞弊、职务舞弊两章内容，涵盖管理舞弊的原因和结果、财务报告舞弊专项研究报告、财务报告舞弊评估与预测、财务报告舞弊分布、职务舞弊原因及相关问题等主题。作者在阐述论文内容的同时，重点介绍了研究假设、变量设计、模型设计、样本选择及研究结论的撰写方法，为我们理解实证方法在内部控制领域的应用提供了有益的参考。

（2）《**中国政府及非营利组织内部审计发展研究报告**》（**中国时代经济出版社**，2012）

该著作是内部审计发展系列报告之一，包括三部分，第一部分是区分行业分析政府及非营利组织内部审计发展状况；第二部分是对政府及非营利组织内部审计的一些专门问题进行学术性探讨；第三部分是政府机构和非营利组织的优秀案例，介绍内部审计的先进经验。该著作是对我国政府及非营利组织内部审计的一次全面总结，对内部审计未来发展具有积极作用。

（3）《**管理审计方法**》（**东北财经大学出版社**，2012）

该著作以管理审计技术为重点，对与管理审计技术相关的理论、原理、操作及应用做了全面且深入的阐述。该著作针对社会审计在管理审计中发挥作用较少的问题和社会审计参与管理审计进行了系统讨论，对管理审计的有效开展具有参考价值。

（4）《**绩效审计方法**》（**东北财经大学出版社**，2012）

该著作以绩效审计技术为重点，在对绩效审计一般理论全面阐述的基础上按审计的不同阶段论述绩效审计方法的运用，并特别强调了信息技术在绩效审计中的应用以及政策评价方法，对于绩效审计的开展具有参考价值。

（5）《**审计基础理论探索**》（**世界图书出版公司**，2012）

该著作以机会主义、问责为基础探讨审计本质问题，从机会主义、问责视角构建了跟踪审计、预算审计、内部审计、政府审计的理论框架，分析了审计频度、审计处罚和审计效果，审计机关组织模式、规制俘获和审计效果，以及政府审计处罚中的非正式制度等内容。该著作拓展了审计理论研究的视角，对政府从问责角度监管审计行为具有参考价值。

（6）《**审计理论**》（**中国时代经济出版社**，2014）

该教材系统介绍了审计理论结构的主要观点，对审计需求、政府审计、内部审计、注册会计师审计、财务审计、合规审计、绩效审计、经济责任审计、工程审计、审计文化和审计学术等相关理论问题进行了详细介绍，是研究生审计教学的重要参考资料。

（7）《**审计学**》（**东北财经大学出版社**，2017）

该教材系统介绍了审计学基础、财务审计原理及各种非财务审计基本框架，内容安排上独具特色，并与审计实验配套，属于特色专业高等教育会计类创新应用型规划教材，是优质的审计学教材。

79. 朱锦余：《救灾款物审计》（中国时代经济出版社，2012）

该著作系统阐述了救灾款物管理及救灾款物审计的相关理论，进而详细介绍了救灾款物审计应急实务，并通过案例分析、流程图、表格和文书加深读者对理论的理解。该著作是我国首部系统研究救灾款物审计的作品，构建了我国救灾款物审计应急管理的理论框架，对于指导应急管理及审计实践具有重要价值。

80. 庄恩岳：《审计与会计图解》（北京出版社，1989）

《审计与会计图解》是我国第一部图解类审计著作，也是早期的审计、会计指南类丛书。该著作分为审计、会计两大部分，审计部分包括十六章，详细阐述了审计的历史沿革、本质、作用、对象、职能、任务、依据、原则、审计组织和人员、内部控制、审计分类和方法、审计证据、审计标准、审计程序、审计工作底稿、财政财务审计、经济效益审计、内部审计、审计报告、审计分析、审计管理、审计概念比较等内容，各章均结合当时审计研究的理论成果，列示了典型观点，并将主要内容通过流程图、图例、图表等形式予以表述。该著作立意新颖，内容全面、系统，实务操作性较强，出版后受到审计工作者的广泛使用及好评。

20 世纪 70 年代出生的作者的重要审计文献

1. 蔡吉甫：《内部控制框架的产权理论研究》（经济科学出版社，2012）

作者提出“内部控制与产权存在密切关系”，基于产权理论，结合企业不完全契约的性质，提出了内部控制的本质、对象、目标、功能等产权观点，以所有者及经营者为中心分析内部控制的产生原因及运行机制，分析产权价值形态转换的风险和企业风险，并以上市公司数据对内部控制报告进行实证分析。《内部控制框架的产权理论研究》从产权视角研究内部控制理论，具有一定创新性，有利于更为精细化研究内部控制理论及相关实务问题。

2. 曹志鹏：《财务管理与审计核算》（吉林教育出版社，2018）

《财务管理与审计核算》共分为八章，前五章重点阐述财务管理及其创新及应用，后三章阐述审计与财务核算以及审计中的核算方法、集中核算与审计应对。

3. 陈丽红：《中国慈善组织信息披露与审计监管研究》（湖北科学技术出版社，2015）

该著作在充分阐述慈善组织信息披露及审计监督相关国外理论及经验的基础上，利用慈善基金会相关数据，为慈善组织信息披露影响因素及经济后果、审计师选择影响因素及经济后果、会计信息对慈善捐赠决策的影响提供了经验证据，是有关慈善组织审计研究的重要著作。

4. 陈小林：《制度环境与审计独立性——来自中国证券市场的经验证据》（东北财经大学出版社，2007）

该著作详细阐述了审计判断、制度环境与审计独立性之间的关系，将审计师所处的制度环境分为正式制度与非正式制度，阐述了宏观经济环境、法律制度环境、微观制度环境对审计独立性产生的影响，创新性地构建了审计独立性决策模型。

5. 陈智：《审计行业专长与审计师选择研究：基于中国上市公司的经验证据》（经济科学出版社，2013）

该著作从审计需求视角，将行业市场份额法的二分变量和连续变量作为审计行业专长的替代变量，为审计行业专长与审计师的需求决策提供经验证据。虽然理论上审计行业专长与事务所选择可能具有一定关联，但实际研究的文献较少，而从审计行业专长视角研究审计师行为，能够更好地理解审计行业专长与审计质量之间的关系，对从供给侧视角提高审计质量具有重要意义。

6. 陈伟：《计算机辅助审计原理及应用——大数据审计基础》《联网审计技术方法与绩效评价》《智能审计》

陈伟教授是我国审计信息化研究的重要开拓者，先后出版了《计算机辅助审计原理及应用——大数据审计基础》《计算机审计》《审计信息化》《大数据审计理论、方法与应用》《联网审计技术方法与绩效评价》《电子数据审计模拟实验》《信息系统审计》《智能审计》等著作。这些著作被全国上百所大学选为专业课教材，在全国范围内得到极为广泛的应用。

（1）**《计算机辅助审计原理及应用——大数据审计基础》（清华大学出版社，2008）、《联网审计技术方法与绩效评价》（清华大学出版社，2012）**

这两部著作既是对“金审工程”前期经验的总结，同时也是对后续工程的进一步指导。《计算机辅助审计原理及应用——大数据审计基础》详细介绍了计算机辅助审计的原理，并从审计软件、审计数据及联网审计角度介绍了计算机辅助审计的应用，对联网审计应用具有指导性意义。《联网审计技术方法与绩效评价》系统介绍了国内外计算机辅助审计技术、持续审计的经验，总结了我国实施联网审计实务，详细概括了联网审计的原理、风险控制、多数据源集成问题及审计证据取得方法，创新性地提出了联网审计实施的可行性及实施后的绩效评价方法。

（2）《**智能审计**》（**机械工业出版社**，2021）

该著作将传统审计与计算机环境下的审计相结合，用简单易懂的方式系统诠释智能审计的起源、应用与发展前沿，是当前审计研究前沿领域的开拓性著作。

7. 董卉娜：《学习型组织视角的内部控制研究》（立信会计出版社，2010）

该著作首次基于学习型组织视角，引入丰田、微软、沃尔玛等公司的案例，针对其内部控制进行深入分析，对传统组织向学习型组织转变具有重要意义。

8. 董美霞：《我国企业内部控制评价研究》（山东大学出版社，2010）

该著作基于国内外内部控制评价发展理论及实践，深入研究我国企业内部控制评价体系及内外部保障机制，提出“需要从评价主体和内容、标准及指标、内部控制与风险管理整合的评价机制”四方面提升内部控制评价效果，为内部控制评价指引改进提供了参考建议。

9. 杜兴强：《上市公司高管政治联系的会计审计效应研究》《儒家文化与会计审计行为》《文化影响与会计审计行为研究》

（1）《**上市公司高管政治联系的会计审计效应研究**》（**东北财经大学出版社**，2010）

该著作深入研究了上市公司高管政治联系对会计审计行为的影响，提出“政治联系是中国民营上市公司的重要特征之一”，对审计行为具有重要影响。相比于以往的文献，作者将政治联系的范围界定进一步扩大，对于政治联系的其他经济后果，例如债务契约、政府补助等进行了更为深入的研究。

（2）《**儒家文化与会计审计行为**》（**厦门大学出版社**，2020）、《**文化影响与会计审计行为研究**》（**厦门大学出版社**，2022）

这两部著作深入探讨了儒家文化对会计审计行为的整体影响，创新性地将很多新的变量引入会计审计行为的研究中，例如“儒家文化”“方言关联”“姓氏关联”“老乡关系”“殷勤款待”“论资排辈”“敬语使用”“学者董事”“国际化董事会”“商帮文化”“吸烟”“饮酒”等，拓展了审计研究的边界。

10. **翟华云：《中国上市公司应计质量影响因素研究》（经济科学出版社，2010）**

该著作从行业、公司特征及中国内部、外部治理机制方面，研究了上市公司应计质量的影响因素。在内部治理方面，作者验证了审计委员会与应计质量之间的关系，提出的提高审计委员会独立性及成员知识多样化的两个建议，为审计委员会改革提供了经验证据。

11. **方红星：《内部控制》（东北财经大学出版社，2011）**

《内部控制》第一版发表于2011年，是在2010年《企业内部控制配套指引》发布后的首批审计学教材之一。作者在梳理内部控制理论的基础上，按照内部控制五要素框架阐释了内部控制的基本概念与基本原理，同时对企业主要业务事项的控制方法及企业内部控制的评价与审计工作进行了详细介绍。该教材通过大量公司实际案例帮助读者更为简单地理解和应用，并通过图表增强阅读的直观性。该教材当前已发行至第五版，被选为“十二五”普通高等教育本科国家级规划教材。

12. **房巧玲：《中国审计市场效率研究》（经济管理出版社，2006）**

该著作结合我国转轨经济环境下特定制度背景，对审计市场效率的现实状况从总体趋势及细节特征两个层次进行实证考察。该著作将审计质量的市场反应作为衡量审计市场效率的标准，是一部对审计行业改革具有参考价值的著作。

13. **冯朝胜：《云数据安全共享与审计研究》（科学出版社，2021）**

该著作围绕云数据安全共享和完整性审计展开，重点关注和研究基于属性加密算法的计算外包和并行计算及其相关的安全性问题。《云数据安全共享与审计研究》是新一代信息技术与审计结合的代表性著作，适合作为信息安全、云数据、大数据等专业的教材，也适合审计专业对新一代信息技术的跨学科学习。

14. 高强：《治理视角下的经济责任审计研究》（中国经济出版社，2014）

该著作从治理视角界定了领导干部经济责任审计对象的范围和层次，以及经济责任的内容；结合实务操作，设计了经济责任审计流程，为在实务中开展经济责任审计提供了有价值的参考。作者结合最新的信息技术，将计算机程序与审计相结合，这有助于审计人员在应用过程中提高工作效率。

15. 郭晓梅：《注册会计师法律责任》（东北财经大学出版社，2004）

该著作从注册会计师的业务、制度两个层面讨论其法律责任问题，并针对大量诉讼案例进行分析，有针对性地提出防范策略，对于避免注册会计师审计失败、降低诉讼风险具有参考价值。

16. 韩洪灵：《中国审计市场：制度变迁与竞争行为》（大连出版社，2011）

该著作是韩洪灵教授在其博士论文的基础上完成的作品，理论研究部分系统阐述了中国审计市场制度变迁，提出“中国审计市场制度变迁经历了以政府为主导的改革与市场化进程”，基本特征表现为“分散、分割、低集中度”；实证研究部分以“审计定价”为核心展开，对我国审计市场绩效进行了初步检验。该著作对审计市场监管及审计从业人员具有参考价值。

17. 韩晓梅：《企业内部审计绩效研究》（东北财经大学出版社，2009）

该著作基于内部审计职能在不同阶段的定位变化，系统研究了内部审计绩效的影响因素，构建了基于平衡记分卡的内部审计绩效评价模型，对推动我国内部审计具有重要的经济和学术价值。

18. 何芹：《持续审计研究》（立信会计出版社，2008）

该著作系统介绍了持续审计产生的背景、持续审计思想发展的路径、持续审计相关基础理论，并对持续审计的实施、功效及在我国的应用进行了概括分析，对我国持续审计理论及实务具有重要参考价值。

19. 黄崑：《监管政策与审计师谨慎性：一项基于审计意见的实证研究》（中国财政经济出版社，2011）

该著作以2001年中天勤审计失败为例，具体研究该事件后的监管政策变革以及对审计师行为的影响，是基于中国监管政策研究审计主体行为的重要著作。

20. 黄溶冰：《国际审计学》《节能减排的环境审计规制研究》《环境审计：理论、方法与应用》《国家审计的审计质量研究》

（1）《国际审计学》（中国时代经济出版社，2014）

该教材详细介绍了国家审计、内部审计及社会审计的历史演进过程、规范及典型审计案例，是一部站在国际视角、较为全面介绍审计的教材，适合审计专业本科生及研究生使用。

（2）《节能减排的环境审计规制研究》（经济科学出版社，2014）、《环境审计：理论、方法与应用》（经济科学出版社，2023）

《节能减排的环境审计规则研究》对环境审计在节能减排中的治理机制与实现路径进行了较为系统的研究；《环境审计：理论、方法与应用》具体阐述了在国家治理框架下，审计机关进行环境审计的理论框架及实务应用。这两部著作对从国家审计层面推进绿色发展具有重要参考价值。

（3）《国家审计的审计质量研究》（经济科学出版社，2017）

该著作以国家审计效力及效果为主线，从现状特征、经济后果、影响因素、演化机理及政策调控五个维度对国家审计质量进行了深入研究，对完善具有中国特色的国家审计理论体系具有参考价值。

21. 贾云洁：《政府决算草案审计研究》（中国时代经济出版社，2022）

该著作基于对决算草案审计的理论分析，通过具体案例及OECD国家政府财务报告审计实践阐述政府决算审计的供给偏差及成因，对我国决算草案审计具有参考价值。

22. 李海燕：《独立审计对投资者保护作用研究——理论分析与实证检验》（西南财经大学出版社，2010）

该著作从理论和实证角度分析了独立审计对投资者权益保护、对债权人权益保护以及对降低投资者信息风险的作用，对完善独立审计作用具有重要参考价值。

23. 李克亮：《审计风险与管理》（光明日报出版社，2016）、《审计失败的成因与对策》（云南大学出版社，2018）

《审计风险与管理》系统介绍了审计风险的基础理论及管理对策；《审计失败的成因与对策》基于资本市场审计失败的大量案例，系统分析了财务舞弊的表现、审计失败的内外原因及应对措施。这两部著作对于注册会计师进一步理解审计风险、避免审计失败、维护审计师声誉具有参考意义。

24. 李莉：《高校内部审计思考》（吉林大学出版社，2017）

该著作以高校内部审计为研究主题，探讨了高校经济效益审计、基建工程项目审计、经济责任审计以及高校内部审计监督控制系统等内容，对高校内部审计的执行与改革具有参考价值。

25. 李璐：《政府绩效审计研究》（湖北科学技术出版社，2008）

该著作首先辨析了政府绩效审计的概念，理清了政府绩效审计的属性，阐述了美国政府绩效审计的演进过程以及我国政府绩效审计的现状，对我国政府绩效审计发展提出了有益的政策建议。

26. 李明辉：《国家治理现代化视域下的国家审计——分析与建议》（经济科学出版社，2016）

该著作基于国家治理现代化，详细分析了国家审计在国家治理中的定位及作用，系统阐述了国家治理现代化对国家审计的要求以及国家审计的现状及制约因素，并提出国家审计适应国家治理现代化的相关建议，对我国国家审计进一步在国家治理中发挥推进作用具有重要参考价值。

27. 李眺：《审计市场：产业组织视角的分析》（上海财经大学出版社，2005）

该著作基于产业组织视角，系统研究了审计市场及会计师事务所行为，包括审计报告竞争、声誉构建、产业专用性投资。作者依据产业组织分析框架阐述审计服务及审计市场，并针对中国审计市场竞争行为提供经验证据，批判了“审计竞争有损于审计独立性和审计质量”的观点，指出“市场机制的有效性，有利于监管者更好地理解审计市场的竞争行为，从而提高监管效率”。

28. 李万福：《内部控制审计理论与实务》（北京大学出版社，2021）

该教材在系统介绍内部控制审计基本理论的基础上，结合典型案例阐述了关键业务的内部控制实务流程及方法，被选为“十三五”江苏省高等学校重点教材、高等院校经济管理类专业“互联网+”创新规划教材。

29. 李小波：《国家审计的国有企业审计目标及效果研究》（中国时代经济出版社，2014）

该著作系统考察了国有企业审计目标的演进，并利用国家审计公开披露的信息，考察了国有企业审计目标实现的程度。作者在审计起源理论中增加了民主政治理论，从外部制度约束及供给角度对国有企业审计效果改进提出了合理建议。该著作被收录于审计优秀博士学位论文文库。

30. 李雪：《审计理论研究》《审计学原理》

（1）《审计理论研究》（中国海洋大学出版社，2004）

该著作重点介绍了审计理论的基本问题及其研究现状，涉及审计理论概论、审计理论体系、审计的本质、审计目标、审计测试等内容，是我国较早研究审计基础理论的著作。

（2）《审计学原理》（中国商业出版社，1999）

李雪教授编著过多部审计相关教材，最早的一部是《审计学原理》，于 1999 年由中国商业出版社出版，目前已更新至第三版。该教材被选为高等学校创新性数智化应用型经济管理规划教材（审计系列）及省级一流本科专业（会计学）建设点配套教材。另外，为适应应用型人才培养，李雪教授近年来主编的系列审计学相关教材，强调应用性、针对性、立体化、趣味性、先进性、基础性，易于自学，出版后广受好评，当前已经开始第四版修订，包括《审计学》《审计学原理》《注册会计师审计实务》《审计基础与实务》《内部审计》《政府审计》《经济责任审计》《经济效益审计》《环境审计研究》等，由立信出版社出版，这些著作比较全面地囊括了审计各领域的知识。

31. 李越冬：《审计学英语简明教程》《内部审计理论与实务》《审计学》《新中国审计制度变迁》

（1）《审计学英语简明教程》（西南财经大学出版社，2006）

该教材以英文形式介绍审计基本知识、审计基本技能及审计实务，每章由课文、单词术语注释、课后练习组成，是会计专业学生及会计行业从业人员学习审计英语入门的书籍，被选为21世纪高等院校会计系列规划教材。

（2）《内部审计理论与实务》（清华大学出版社，2017）

该教材重点介绍了内部审计基本理论及实务，实务部分主要涉及内部控制审计、经济责任审计、建设工程项目审计、风险管理审计和舞弊审计，被选为21世纪经济管理精品教材。

（3）《审计学》（高等教育出版社，2020）

该教材以社会审计为主线，兼顾介绍了国家审计、内部审计的相关内容，属于中国大学MOOC教材，是高等学校会计学与财务管理专业系列教材之一。

（4）《新中国审计制度变迁》（西南财经大学出版社，2020）

该著作对国家审计、社会审计、内部审计制度在中国的兴起、发展、变化、现状及未来进行了系统阐述，对协调三种审计关系、更好地发挥监督作用具有重要意义。

32. 李兆东：《草原生态审计》（中国农业科学技术出版社，2016）

该著作结合草原生态保护、管理特点，阐述了草原生态审计的理论及实务，是迄今为止唯一一部以草原生态审计为主题的作品，对增加环境审计理论及实务成果具有重要意义。

33. 廖义刚：《中国上市公司持续经营审计意见的动因及决策作用》《外部审计监督与投资效率：基于投资机会集视角的研究》

（1）《中国上市公司持续经营审计意见的动因及决策作用》（经济科学出版社，2012）

该著作在系统回顾中美持续经营审计意见及相关准则发展历程的基础上，针对我国上市公司持续经营危机问题，从股权投资及债权人视角对持续经营审计意见的信息含量进行了实证检验，并为公司财务特征、股权特征及审计师特征对持续经营审计意见的影响提供了经验证据。该著作专门研究持续经营审计意见影响因素及决策作用，对从审计角度缓解我国上市公司持续经营危机具有重要参考意义。

（2）《外部审计监督与投资效率：基于投资机会集视角的研究》（经济科学出版社，2014）

该著作以投资机会集导致的代理问题为主线，为投资机会集对审计师选择的影响提供了经验证据，提出“高质量审计有助于透过提升会计信息从而抑制高投资机会集所引发的过度投资行为”，为从审计角度推进有效投资提供了经验证据。

34. 刘成立：《执业环境与审计判断绩效——基于时间压力和责任的视角》（经济科学出版社，2010）

该著作采用实验研究法，基于认知心理学、社会心理学理论，对我国注册会计师面临的时间压力和承担的责任以及对审计判断的影响进行了理论分析及实验检验，实验的被试对象包括 72 名注册会计师。无论研究方法还是研究结论，对审计判断绩效改进均具有重要参考价值。

35. 刘德运：《工程造价咨询与审计》（山东人民出版社，2006）

该著作详细介绍了工程建筑基础、工程造价构成与计价、工程造价控制与审核等内容，对从事工程审计实务的相关人员具有借鉴意义。

36. 刘继红：《会计师事务所关联、审计质量及其经济后果研究》（中国社会科学出版社，2019）

该著作以会计师事务所关联关系对审计质量的负面影响为主线，从国有股权关联、审计任期、审计费用、盈余管理、会计信息质量及关联高管六个角度对会计师事务所关联关系的经济后果进行了实证分析。该著作对强化事务所关联关系挖掘及监管、提高审计质量具有重要参考价值。

37. 刘静：《审计结果公告公民参与的理论分析与策略构建》（中国时代经济出版社，2017）

该著作构建了审计结果公告公民参与的理论框架，并利用我国省际现实数据，就审计结果公告力度与公民参与程度对提升地方政府行政管理效率、控制政府支出规模扩张、反腐败以及促进地区经济增长等进行了实证检验。作者指出“审计结果公告公民参与的效果最终体现在政府治理效率的提升，因此，要提高公共管理水平，帮助政府治理走向善治，应促进公民参与审计结果公告”。我国目前已经建立了比较完善的审计结果公告制度，但“公民参与程度普遍还不高，公告与公民没有形成互动机制”，审计结果公告公民参与策略包括“为实施决策参与策略”和“问题跟踪参与策略”。该著作补充了审计结果公告公民参与问题专门研究成果，对完善我国审计结果公告制度具有重要意义。

38. 刘雷：《政府审计维护财政安全的实现路径研究》（中国时代经济出版社，2015）

该著作基于审计的经济控制论和国家治理的“免疫系统”观，系统阐述了政府审计维护财政安全的实现路径，提出审计机关通过开展税收绩效审计及公共项目绩效审计提升财务收支有效性，通过政府债务审计及专项政府审计提升政府债务可控性，通过制度合规性审计和财政预算全程审计提升财政制度合理性，通过政府信息系统审计及政府信息公开审计提升政府信息公开性，通过经济责任审计促进权利运行规范性，通过环境审计提升宏观经济平稳性。由此，作者利用省际数据为此提供经验证据，这对政府审计在国家治理体系中进一步发挥对财政安全的维护作用具有重要意义。

39. 刘亚莉：《审计理论与实务前沿》（经济科学出版社，2015）

该教材结合国际审计发展的前沿文献资料及国内外经典审计案例，对审计理论和实务中的热点、重点问题进行全面探讨，适合会计、审计专业高年级学生及研究生使用，有利于锻炼和提高学生的专业综合素质。

40. 路云峰：《财务报表重大错报风险与审计定价——来自 A 股证券市场的经验证据》（西南财经大学出版社，2011）

该著作基于审计关系人的静态博弈分析，对财务报表重大错报风险及审计定价的关系构建了理论框架，并利用我国上市公司 2001—2007 年的数据对此进行了实证检验。该著作中增加了审计定价的理论及经验证据，对基于财务报表重大错报风险监管注册会计师的定价行为具有重要参考价值。

41. 罗春华：《审计市场结构与审计行为研究：来自中国证券市场的经验证据》（经济科学出版社，2017）

该著作以具有证券资格的事务所为样本，对审计市场结构与审计行为之间的关系进行了理论分析，并通过实证检验研究了审计市场结构与事务所审计定价行为、审计市场结构与审计意见行为的内在关系和原因，提炼出我国“做大做强”注册会计师行业发展战略的对策举措，为政策制定者和审计业务实施者提供了借鉴，优化了审计市场和事务所的审计行为。

42. 马建威：《中国注册会计师执业准则释疑》（复旦大学出版社，2008）

该教材是在新旧注册会计师准则交替与衔接之际，对新准则的全面诠释，对于审计实务工作者及高校会计及其相关专业学生了解新准则具有重要参考价值。

43. 马曙光：《博弈均衡与中国政府审计制度变迁》（中国时代经济出版社，2009）

该著作基于新制度经济学和非合作博弈理论，研究了国家审计制度的起源、发展动因及历史演进的一般过程及规律，拓展了国家审计理论的研究空间，为审计制度的发展与创新提供了依据，具有重要的理论价值和现实意义。

44. 聂萍：《顾客导向型政府绩效审计制度改进与实现途径》（中国人民大学出版社，2015）

该著作基于制度变迁相关理论，结合服务型政府职能转变的背景，系统研究了政府绩效审计制度的变迁机理及审计技术改进途径，形成了以满足顾客需求为导向的政府绩效审计模式与审计评价标准，从政府、社会公众、审计机关三个角度提出绩效审计的改进建议，对国家绩效审计制度改进具有重要参考价值。

45. 牛艳芳：《财政大数据环境下的审计全覆盖组织与实施问题研究》《审计数据分析——从 Excel 到 Power BI》

（1）《财政大数据环境下的审计全覆盖组织与实施问题研究》（经济科学出版社，2020）

该著作系统介绍了大数据价值链视角的审计组织模式，突破了传统的以 SQL 查询为主的财政审计数据分析限制，引入了可视化、图数据库、综合评价等大数据分析方法，提出了审计分析过程的质量控制建议，对大数据在国家审计中的进一步应用具有重要参考价值。

（2）《审计数据分析——从 Excel 到 Power BI》（高等教育出版社，2021）

该教材是高等学校智能会计系列教材之一。全书共分为八章，包括审计数据分析的基础理论、知识及审计数据采集、预处理、常规审计数据分析、审计数据多维分析、审计数据可视化分析、大数据审计分析应用。该教材理论体系完善，且每章搭配大量案例、复习思考题和延伸阅读材料，是大数据环境下学习审计数据分析的重要参考资料。

46. 欧阳华生：《中国政府绩效审计研究：理论基础与制度变迁》（经济科学出版社，2011）

该著作系统阐述了政府绩效审计的基本理论、历史演进以及当前绩效审计的问题及成因，借鉴国际经验提出了推进绩效审计改革的策略，对指导绩效审计实践具有参考价值。

47. 蒲丹琳：《地方政府举债中官员机会主义行为的审计监管研究》（中国财政经济出版社，2015）

该著作系统分析了地方政府举债中官员机会主义的形成机理以及国家审计监督地方政府官员机会主义行为的基本原理及作用机制，并根据实证检验国家审计对地方政府举债中官员机会主义的监管效果，有针对性地提出了相关政策建议。该著作对从国家审计评价官员机制、信息披露及问责机制角度监督官员机会主义行为，缓解地方政府债务危机具有一定参考意义。

48. 戚振东：《审计综合实验》（东北财经大学出版社，2017）

该教材包括审计基础实验、财务审计单项实验、财务审计综合实验三部分，涉及函证实验、分析性程序实验、其他程序实验、业务承接实验、风险评估实验、主要科目审计实验、实验资料等主要内容。该教材涵盖国家审计、社会审计及内部审计的实验内容，实验目标、实验情景、教学要点等有机结合，深入浅出，通俗易懂，注重开放式教学，培育创新思想，且提供了大量线上教学资源，有利于学生更好地将审计理论与审计实务融为一体，是审计实验教学的重要参考教材，被选为高等教育会计类创新应用型规划教材。

49. 漆江娜：《中国资本市场审计质量与审计收费问题研究》（中国财政经济出版社，2005）

该著作系统研究了审计质量与审计收费之间的关系，利用我国资本市场数据对“四大”在中国的收费和质量进行了实证检验，为我国高质量审计需求状况以及“四大”在不同制度背景和市场条件下的行为表现提供了经验证据。

50. 瞿旭：《基于价值增值的治理导向型内部审计研究》（大连出版社，2008）

该著作构建了基于价值增值的治理导向型内部审计的理论框架，对内部审计的目标、范畴、基本职能、主要方式、审计策略、关键因素进行了重新思考，对提高公司治理效率、促进审计发展以及拓展审计功能具有理论与实践意义。

51. 饶斌：《审计契约研究：基于核心知识视角》《会计与审计案例分析：基于资本市场的案例》《独立审计合约论——一个新制度经济学分析框架》

（1）《**审计契约研究：基于核心知识视角**》（**经济科学出版社**，2009）

该著作以知识和信息不完全环境中的审计契约为研究目标，以此为统领详细探讨了审计契约在实现其组织审计活动开展和支持以及保障审计信息含量生成方面的经济机理与现实体现。该著作对审计人员从核心知识视角更有质量地完成审计契约具有重要参考价值。

（2）《**会计与审计案例分析：基于资本市场的案例**》（**江西人民出版社**，2011）

该著作具有新闻性、趣味性、实用性和知识性，收集了 20 个资本市场典型案例，从不同层面、角度进行了专业剖析，在揭示财务舞弊、审计失败的基础上，推广规范操作，培养会计、审计人员识别错弊和堵塞漏洞的能力。

（3）《**独立审计合约论——一个新制度经济学分析框架**》（**江西人民出版社**，2011）

该著作从社会审计合约规范的本质要素——剩余分享出发，系统分析了社会审计的规则安排、独立性安排、审计诚信安排、管制安排，并结合我国资本市场审计合约的特点进行了实证检验。作者提出“审计诚信的新制度经济学意义体现为减少独立审计合约的执行成本”，“缺乏合约自由度是导致中国资本市场独立审计低效率的一个重要原因”。作者的观点及结论对引导社会审计发展具有参考价值。

52. 尚兆燕：《CPA 越轨行为、法律惩戒与审计行为变通》（电子科技大学出版社，2009）

该著作通过分析我国资本市场数据和案例，阐明了法律惩戒对会计师出具审计意见行为的重要作用，并对审计报告的格式和类型依据提出了建议，对从法律角度监管会计师行为具有重要参考价值。

53. 宋衍蘅：《中国会计师事务所审计风格研究》（中国财政经济出版社，2022）

该著作从我国会计师事务所的审计风格出发，对中国审计市场结构和会计师事务所执业行为进行了多角度、全方位的分析，并据此对中国会计师事务所的审计市场竞争力进行了评价。该著作对帮助投资者及社会公众全面了解中国会计师事务所，探究影响注册会计师专业判断和审计质量的可能因素具有重要意义。

54. 孙永军：《审计服务规模误区与异质协同路径研究》《国家治理视角下政府责任审计机理与路径研究》

（1）**《审计服务规模误区与异质协同路径研究》**（**经济科学出版社**，2016）

该著作依据审计服务具有规模水平、福利驱动、资源配置和市场需求的“四轮驱动”模型，对审计服务异质程度进行实证检验，对审计服务异质协同路径进行SEM分析，对审计行为异质激励路径选择进行分析，提出了审计服务个体、组织、市场的优化建议，对于审计服务可持续发展具有重要参考价值。

（2）**《国家治理视角下政府责任审计机理与路径研究》**（**光明日报出版社**，2020）

该著作结合当前国家治理观念的转变与制度需求，围绕多元化审计目标的实现和落实，分析和构建政府责任审计机理与理论框架，探索了多元化政府责任审计的目标实现机制与选择，明确了多元化责任审计目标实现机制的基本问题，提出了国家审计推动国家治理的路径选择以及政府责任要素和审计鉴证体系，对政府责任审计契合当前国家治理理念及制度、更好地在监督体系中发挥作用具有重要参考价值。

55. 唐建华：《风险导向审计——理论、准则与实务》（中国财政经济出版社，2012）

该著作对现有的风险导向审计研究成果进行了系统梳理，对传统风险导向审计的本质和特点、与制度基础审计的分野、经营风险导向审计的本质、经营风险导向审计与传统风险导向审计的异同、经营风险导向审计的优缺点、审计方法演进的动因等诸多问题进行了系统的阐释，是对风险导向相关理论困惑和争论问题的一次系统总结。

56. 王兵：《中国内部审计发展战略研究》《内部审计良好实务研究》《国家审计治理效应实证研究》《内部审计人员兼任公司监事的治理效应研究》

（1）**《中国内部审计发展战略研究》**（**中国时代经济出版社**，2014）

该著作通过对中国审计制度背景、发展历程的回顾，提出内部审计发展战略的指导思想、目标和主要任务，并从行政事业单位、国有企业、民营企业三个维度细化了各自的内部审计发展战略目标和任务，提出了中国内部审计发展战略目标的对策选择和存在的挑战。该著作是对中国内部审计发展 30 年经验的一次系统性总结，对内部审计可持续发展具有重要参考价值。

（2）**《国家审计治理效应实证研究》**（**经济管理出版社**，2018）

该著作基于审计署官网公布的央企审计结果公告，对国家审计的治理效应进行了系统研究，指出“国家审计能够显著改进央企控股上市公司财务报告的稳健性，抑制过度投资行为，改善内部控制质量，影响央企下属上市公司所聘的注册会计师的审计质量和审计收费”。该著作对提升国家审计治理效应具有重要价值。

（3）**《内部审计人员兼任公司监事的治理效应研究》**（**中国时代经济出版社**，2019）

该著作从公司盈余管理及企业投资效率等角度对内部审计人员兼任监事的治理效应进行了理论分析及实证检验，对内部审计在公司治理中发挥作用具有重要参考价值。

57. 王芳：《政府审计质量研究》（中国社会科学出版社，2013）

该著作系统介绍了国家审计质量的理论基础、制度背景、界定与衡量，以全国优秀审计项目评选为案例对象，对国家审计质量进行了系统分析，利用实证研究为国家审计需求方、供给方对国家审计质量的影响提供了经验证据。作者针对审计质量的理论分析及实证结果对国家审计质量改进具有重要参考价值。

58. 王海兵：《内部审计学》（高等教育出版社，2020）

该教材系统介绍了内部审计概述、内部审计规范、内部审计程序、内部审计技术、内部审计管理、内部审计沟通、内部审计报告、绩效审计、舞弊审计、内部控制审计、风险管理审计、经济责任审计、信息系统审计、大数据审计等内容。该教材紧密结合内部审计准则及《审计署关于内部审计工作的规定》（2018 年），运用通俗的语言、具体的案例介绍了内部审计的理论、实务，具有前沿性。

59. 王建新：《审计委员会手册》（中国财政经济出版社，2006）

该著作系统阐述了审计委员会制度的应用背景和作用、起源和发展等基础理论，就如何建立审计委员会、审计委员会的职责、审计委员会成员的资格、审计委员会与公司内外部关系的协调及对内部控制的监督问题、如何筹备审计委员会会议、审计委员会如何理解财务报告等实务问题进行了具体阐述，最后结合国际经验及中国当前实务，讨论了我国公司审计委员会制度的概念、准则框架、法律要求及未来发展等问题。该著作对于审计委员会成员从事实务工作具有重要参考价值。

60. 王英姿：《注册会计师审计质量评价与控制研究》（上海财经大学出版社，2002）

该著作采用规范研究的方法，系统介绍了审计质量评价体系、审计质量差异分析、审计质量控制机制等有关注册会计师审计质量评价与控制研究方面的内容，对持续提高审计质量具有重要参考价值。

61. 魏祥健：《云计算下的云审计研究》（西南交通大学出版社，2015）

该著作系统阐述了云计算的产生和应用、审计信息化的产生与发展、云计算对审计产生的影响、云审计的概念与框架体系、云审计平台架构、信息化审计模式、云计算下的协同审计模式等内容，是我国第一部研究云审计的著作。作者所提建议对新一代信息技术与审计融合发展具有重要价值。

62. 吴昊旻：《代理冲突及其制度渊源、事务所规模与审计质量》（经济管理出版社，2016）

该著作基于事务所“做大做强”的战略背景，从企业代理冲突及其制度渊源的宏观及微观角度，多维度、系统性地考察了会计师事务所“规模—质量”关联，以及事务所规模如何发挥对质量的正向引导。该著作为由政府而非市场推动主导的会计师事务所规模扩张战略提供了借鉴。

63. 吴溪：《双重审计模式下的审计独立性与审计定价：中国 B 股市场的证据》（中国财政经济出版社，2005）

该著作基于 2001 年证券监管机构出台的双重审计政策，利用中国 B 股数据，系统考察了双重审计模式对审计独立性、审计意见、审计定价、审计师变更的影响。该著作是对双重审计模式的开创性研究作品，补充了这一领域的理论成果及经验、案例证据。

64. 伍利娜：《高级审计学：实证视野下的审计研究》（北京大学出版社，2013）

该教材由伍利娜和戚务君编著，系统介绍了审计实证研究的基本范式，包括审计需求、审计供给、审计收费、审计质量等重要主题。该教材对每个主题的介绍，引入重要实证文献以引导学生阅读原文，并设计了相关实证主题的作业来引导学生通过具体演练掌握实证研究的方法，各章节均安排了开放性问题以引导学生深入思考及讨论，有利于培养学生对审计研究的兴趣，是研究生学习审计课程的重要参考资料。

65. 夏文贤：《上市公司审计委员会制度研究》（大连出版社，2008）

该著作系统研究了上市公司审计委员会的设立、效率以及审计委员会制度框架，首次发现影响我国审计委员会设立的因素，丰富了股权结构与公司治理相关理论的内容，并利用现有可行性资料，从运行过程和运行结果两方面对审计委员会的效率进行了全面系统的研究，为我国审计委员会制度体系的发展和完善提供了借鉴。

66. 向锐：《审计委员会、公司治理与投资者利益保护：基于中国上市公司的经验证据》（西南财经大学出版社，2014）

该著作在对现有研究理论系统阐述的基础上，利用中国上市公司揭示在公司治理结构中引入审计委员会可以在一定程度上抑制内部控制和大股东对中小股东利益的损害，并在此基础上构建起有关审计委员会、公司治理与投资者利益保护研究的较为完整、综合的理论框架，对于利用审计委员会提高公司治理效率、保护投资者利益具有重要参考价值。

67. 谢德仁：《上市公司审计委员会制度研究》（清华大学出版社，2006）

该著作系统介绍了审计委员会制度变迁、相关理论研究及我国的审计委员会制度创新。该著作是我国早期研究审计委员会的重要作品，提出“审计委员会的本原性质在于，其是平行独立于董事会的监控企业外部会计事务的公司治理机构”，并构建了审计委员会本原性质的作用机理，对审计委员会制度改革具有重要参考价值。

68. 谢柳芳：《国家治理视域下政府审计与预算绩效研究》（科学出版社，2020）

该著作系统梳理了我国预算制度和预算绩效管理的发展脉络与特征，探讨了政府审计、预算绩效与国家治理的内在关系与作用机制，提出“审计委员会+审计署”的预算监督模式，并采用省级政府数据反映国家治理水平，初步验证政府审计提升预算绩效、国家治理水平的实际效果。该著作关注预算绩效，为政府审计与国家治理研究提供了新的视角。

69. 谢盛纹：《审计证据理论研究》《独立审计对公司代理成本的降低研究：基于审计行业专门化的经验证据》《换“所”不换“师”式变更问题研究》

（1）**《审计证据理论研究》（西南财经大学出版社，2007）**

该著作基于审计证据的基本理论框架分析，系统阐述了审计证据的判断标准和证明标准、审计证据组合、审计证据与审计认定等理论证据体系框架内的根本性问题，并对其实务应用进行了详细介绍。作者将哲学、经济学、心理学的相关理论引入审计学研究体系，构建了审计证据的完整理论框架，对审计证据的相关性、充分性和审计证据的理性标准以及审计人员在挖掘审计证据过程中的思维脉络给出了系统深入的诠释。

（2）**《独立审计对公司代理成本的降低研究：基于审计行业专门化的经验证据》（东北财经大学出版社，2013）**

该著作基于我国特定政治经济环境，对审计行业专门化的作用进行了研究，内容包括审计行业专门化作用的理论分析、审计行业专门化提高审计质量的实证检验、审计行业专门化降低公司管理层代理成本的实证检验、审计行业专门化降低公司控股股东代理成本的实证检验等。该著作对基于独立审计视角优化上市公司治理结构，促进事务所“做大做强”具有参考价值。

（3）**《换“所”不换“师”式变更问题研究》（东北财经大学出版社，2015）**

该著作针对换“所”不换“师”式变更现象的形成机理、行为动因及经济后果进行了全面的理论分析与实证研究，增加了审计轮换的研究视角及经验证据，对监管形式轮换问题具有重要参考价值。

70. 谢晓燕：《企业内部控制审计目标实现机制研究》（光明日报出版社，2011）

作者基于内部控制审计相关规范指引出台的背景，构建了内部控制审计的理论框架，系统阐述了内部控制审计目标实现的机制。该著作是作者在其博士论文的基础上进一步完善出版的专著，对内部控制审计实务具有参考价值。

71. 许汉友：《中国 CPA 审计市场运营绩效研究》（东南大学出版社，2011）

该著作以我国会计师事务所为研究对象，综合运用数据包络分析、模糊综合评价、线性回归、灰色系统和博弈论等方法，系统分析了我国审计市场整体运营绩效，提出了中国 CPA 审计市场运营绩效及抗风险能力提高的路径，对审计市场的管理具有重要参考价值。

72. 薛芬：《农村饮水安全工程绩效审计研究》（中国时代经济出版社，2014）

该著作系统阐述了农村饮水安全工程绩效审计理论基础、农村饮水安全工程及其绩效审计现状分析、农村饮水安全工程绩效审计体系框架研究、农村饮水安全工程绩效审计评价指标体系与评价方法，并基于 F 县的数据对农村饮水安全工程绩效审计进行了实证研究。该著作补充了工程绩效审计的理论及经验证据，为农村饮水安全工程绩效审计提供了大量切实可行的现实指导。

73. 薛文艳：《中国注册会计师审计伦理困境研究》（中国时代经济出版社，2021）

该著作结合案例访谈、调查问卷，收集汇总了我国现实存在的审计伦理困境，并对其进行合理分类，针对不同类型的审计伦理困境进行原因剖析，揭示了审计失败的缘由。该著作的发表有助于注册会计师提高审计伦理敏感性，对避免审计失败、强化审计监管具有参考价值。

74. 严晖：《风险导向内部审计整合框架研究》（中国财政经济出版社，2004）

该著作系统介绍了内部审计理论与实践的历史演进、风险导向内部审计基本理论、风险导向内部审计整合框架等相关内容，是早期探究风险导向内部审计这一前沿问题的重要作品，对了解理论及实务领域的风险导向内部审计具有重要价值。

75. 杨明增：《审计判断偏误研究》《审计报告模式改革对投资者感知及其决策影响研究》

（1）**《审计判断偏误研究》（吉林人民出版社，2010）**

该著作以我国注册会计师审计实践为背景，对审计判断的决策策略进行了系统的研究和阐释，开拓了审计判断研究的新视角，对避免审计失败具有参考价值。

（2）**《审计报告模式改革对投资者感知及其决策影响研究》（经济科学出版社，2018）**

该著作在详细阐述现代风险导向审计报告模式改革演进的基础上，采用实验研究法系统分析了审计报告新模式对使用者投资决策、审计法律责任认知及审计期望差距的影响，并从审计时效、审计质量方面对审计报告新准则实施的经济后果进行了检验，增加了新审计报告实施后果的理论及经验证据，对于审计报告后续改革具有参考价值。

76. 余冬根：《公司声誉、审计师声誉与资本成本研究》（哈尔滨工业大学出版社，2018）

该著作从理论及实证角度系统阐述了公司及审计师联合声誉与资本成本之间的关系，并基于中国特殊制度背景分析不同产权性质和市场制度下联合声誉与资本成本之间的关系，进一步丰富了声誉理论的研究视角，为中国资本市场的信贷歧视问题提供了直接经验证据。

77. 余宇莹：《公司治理与审计质量：经验证据》（上海交通大学出版社，2013）

该著作基于制度经济学的契约理论，厘清了公司治理与独立审计产生的渊源，为公司治理和独立审计之间的关系提供了经验证据，检验了公司治理系统、公司治理子系统和董事会特征对审计质量的影响，对从公司治理视角提高审计质量具有参考价值。

78. 喻采平：《权利制衡视角下的政府审计效能研究》（中国财政经济出版社，2017）

该著作系统阐述了政府审计在权利制衡中发挥作用的内在机理、实现路径，以及政府审计效能的历史变迁、权利制衡视角下政府审计效能现状及影响因素，对政府审计在权利制衡中更好地发挥效能具有参考价值。

79. 张凤元：《政府审计》（经济科学出版社，2020）

该教材由张凤元和孟丽荣主编，系统介绍了现代政府审计的基本理论与实践，具体包括政府审计绪论、政府审计组织与规范体系、政府审计项目业务流程、政府绩效审计、财政审计、金融审计、国有企业审计、固定资产投资审计、行政事业单位审计、外资审计、经济责任审计、资源环境审计和计算机审计等内容。该教材结合应用型人才培养，融入最新的理论知识，并以案例的形式加深学生对知识的理解，被选为“十三五”普通高等教育会计专业规划教材。

80. 张敏：《外部审计对真实活动盈余管理的治理效应研究》（中国财政经济出版社，2021）

该著作构建了真实活动盈余管理与外部审计治理效应的相关性的理论分析框架，并对真实活动盈余管理的经济后果与审计意见治理效应进行了实证分析，从风险溢价视角为外部审计对真实活动盈余管理的治理效应提供了经验证据。其研究结果对从审计角度治理企业真实活动盈余管理行为具有参考价值。

81. 张奇峰：《政府管制、公司控制权安排与独立审计需求——来自审计师选择与审计费用的经验证据》（立信会计出版社，2007）

该著作系统阐述了我国特殊政府管制背景下公司控制权安排与独立审计需求之间的关系，其研究结果对深入理解政府管制下的独立审计需求的特性具有启发意义。

82. 张庆龙：《审计资源论》《成为明日胜任的内部审计师》《内部审计理论与方法——基于2013内部审计准则的解释》《内部审计学》《政府审计学》

（1）**《审计资源论》（中国时代经济出版社，2006）**

《审计资源论》是张庆龙教授在其博士论文基础上完成的作品。该著作以审计资源供求分析为切入点，系统阐述了审计资源与有关环境、审计职责、审计动因之间的互动性，揭示了审计资源供求之间的矛盾。该著作是我国首部以审计资源为研究主题的著作，对整合审计资源以解决审计资源供求矛盾具有重要参考价值。

（2）**《成为明日胜任的内部审计师》（中国财政经济出版社，2014）、《内部审计理论与方法——基于2013内部审计准则的解释》（中国财政经济出版社，2014）、《内部审计学》（中国人民大学出版社，2017）**

张庆龙教授在内部审计领域有多部著作，包括《内部审计价值》《企业内部审计指南》《成为明日胜任的内部审计师》《内部审计理论与方法——基于2013内部审计准则的解释》《内部审计学》及两部姊妹篇作品。

《成为明日胜任的内部审计师》通过通俗的语言及故事、案例引起读者的阅读兴趣，以能力培养和思维训练为主线，摒弃了传统的内部审计流程与方法体系介绍的内容，主要覆盖了内部审计的主要增值路径——内部控制、风险管理与公司治理领域，同时兼顾了内部审计的根基——舞弊风险与控制、内部审计管理、内部审计绩效评价等内容。

《内部审计理论与方法——基于2013内部审计准则的解释》以2013年中国内部审计协会发布的《中国内部审计准则》为蓝本，采用教材的写作方式对内部审计的基本理论、作业内容程序及审计管理实务进行了系统化的配套解释，是内部审计从业人员学习新准则及内部审计培训的重要参考资料。

《内部审计学》系统梳理了内部审计的发展脉络和历史演进，对内部审计的理论基础、定义以及与外部审计的区别进行了界定。该教材突出内部审计与其他学科之间的融合，尤其是内部审计在内部控制、风险管理和公司治理领域的角色定位，是当前内部审计实务及教学的重要参考资料，于2020年再版发行。

（3）**《政府审计学》（中国人民大学出版社，2015）**

该教材从国家治理现代化视角，详细论述了国家审计在各个领域的审计操作程序和主要内容。该教材体系完整、内容全面，出版后受到广泛好评，2021年再版发行时，结合《“十三五”国家审计工作发展规划》与国家审计出现的重大实践变化进行了修订。

83. 张旺峰：《我国注册会计师审计制度变迁的路径与绩效研究》（中国财政经济出版社，2022）

该著作基于马克思历史唯物主义理论与新制度经济学的制度变迁理论，系统介绍了我国社会审计的发展历程，并对重大事件制度变迁的绩效进行了实证检验，包括会计师事务所“脱钩改制”、注册会计师法律责任制度变迁、审计师轮换制度变迁、风险导向审计准则实施、会计师事务所组织形式变更、注册会计师审计收费管理制度变迁。该著作是对近 40 年注册会计师审计制度的一次较为系统的总结及分析，对注册会计师审计制度改进具有借鉴意义。

84. 张文秀：《持续审计》（东北财经大学出版社，2012）

该著作从理论、技术、应用三个层面研究持续审计的相关问题，系统介绍了持续审计的主要技术途径、典型实现模型及国内外实施情况，对研究现代审计理论及指引审计实务具有参考价值。

85. 张阳：《审计师选聘权与独立性：基于制度环境视角》《事业单位内部控制与风险管理研究》

（1）**《审计师选聘权与独立性：基于制度环境视角》（上海三联书店，2008）**

该著作以审计师独立性威胁为基本着眼点，具体探讨制度环境对审计独立性威胁的约束和影响。该著作基于中国制度环境，从制度环境导致的独立性威胁及审计师选择偏好两方面进行了实证分析。该著作的研究结论对权衡审计监管中的市场与政府关系，以及公司在选聘事务所时的治理安排具有参考价值。

（2）**《事业单位内部控制与风险管理研究》（中国商业出版社，2022）**

该著作系统介绍了事业单位内部控制的内涵及现状、事业单位的内部控制理论、事业单位内部控制建设流程与风险管理，对当前事业单位内部控制及风险管理实务具有参考价值。

86. 张宜霞：《内部控制国际比较研究》（中国财政经济出版社，2006）

该著作从企业与市场之间的关系入手，以系统论为基础，以制度分析方法为工具，对美国、英国、加拿大等欧美发达国家和欧盟的内部控制程序与方法进行了深入研究，对我国内部控制制度建设具有参考价值。

87. 赵国宇：《审计合谋的预警与防治机制研究》（经济科学出版社，2011）

该著作基于经济学理论分析审计合谋形成，提出了审计合谋的预警视角与特征变量，包括异常财务特征、股权结构与公司治理特征、审计师特征与审计收入依赖及异常审计收费，构建了审计合谋的预警方法与模型，检验了声誉与法律机制的防治机理与作用以及奖惩机制对防治审计合谋的有效性。该著作对预防与监管审计合谋、避免审计失败具有积极作用。

88. 郑伟：《企业审计实务》（机械工业出版社，2014）

该教材基于现代导向审计理念，以注册会计师审计业务流程为主线，系统介绍了审计的基本概念、技术方法及审计业务实施等内容。该教材重视对读者审计职业判断能力、审计基本技能及可持续发展能力的培养，体例新颖，重视思政结合，每个知识点都辅以引导案例、学习目标规划、延展阅读等内容。2021 年发行的第二版教材为适应数字化需要，为练习、案例分析设置了二维码，是高等职业院校审计课程的重要参考资料，被选为高等职业教育校企合作“互联网+”创新型教材。

89. 郑小荣：《中国政府审计结果公告研究》（中国时代经济出版社，2014）

该著作以我国审计结果公告制度和实践为背景，研究了公告利益相关性、公告供给、公告质量、公告需求、公告效果五个紧密相关的审计结果公告基本理论问题。通过探究中国审计结果公告规律，为推进中国审计结果公告制度改进、完善中国特色社会主义审计结果公开制度、推进民主法治，更好地发挥政府审计在国家治理中的免疫系统作用，提供了理论参考和经验证据。

90. 周兰：《上市公司中小股东权益审计保护问题研究》（科学出版社，2017）

该著作基于我国经济转型背景，从审计需求和供给两个维度系统分析了中小股东权益审计保护依赖于中小股东选择高质量的审计师和审计师提供高质量审计的理论机理，从股利政策、关联交易和非效率投资三个大股东侵占中小股东利益的方式的角度，实证检验了大股东对中小股东的代理冲突与高质量审计需求、供给之间的相关性，系统地提出了中小股东权益审计保护的实现路径，对从审计角度更好地保护上市公司中小股东权益具有参考价值。

91. 周亚荣：《政府治理视角下的中国政府绩效审计研究》（武汉大学出版社，2010）

该著作基于政府审计与政府治理之间的关系，分析了不同政府治理模式对政府绩效审计的影响，基于我国当前的治理转型背景，对转型初期、成熟期的政府绩效审计目标、主体、范围、方式及审计评价、审计产品等进行了系统研究。该著作以深圳近年来开展政府绩效审计的实践为案例，总结了当前绩效审计的经验，并提出了未来改进建议，对通过提高绩效审计效果来推进政府治理具有参考价值。

92. 周中胜：《会计师事务所合并、组织形式变化与资本市场审计行为研究》（苏州大学出版社，2017）

该著作选取与事务所外延扩张和内涵建设有关的事务所合并与组织形式变化作为制度因素，运用实证研究和案例研究的方法考察了会计师事务所合并与组织形式变化对审计市场行为，包括审计收费、审计风险控制、审计生产效率以及审计市场绩效等的影响，并根据实证分析和案例分析的结果提出了相应的政策建议与措施，对引导会计师事务所“做大做强”、规范资本市场审计行为具有参考价值。

20 世纪 80 年代出生的作者的重要审计文献

1. 蔡利：《政府审计维护金融安全的作用机理及实现方式研究》（中国时代经济出版社，2014）

该著作是蔡利博士在其博士论文基础上深入研究完成的作品，以国家审计为研究对象，阐述了国家审计在维护国家金融安全中的作用及其实现路径。该著作为国家审计维护金融安全提供了有价值的经验证据，并提出了国家审计在金融领域实践的创新思路，2014 年入选审计优秀博士学位论文文库。

2. 曹强：《财务重述的审计治理研究》（西南财经大学出版社，2012）

社会审计是公司治理不可或缺的组成部分，对预防财务重述发生具有重要作用。《财务重述的审计治理研究》从会计师事务所的审计风险管理战略角度，详细阐述了社会审计对财务重述的影响，综合考察了会计师事务所的审计风险管理决策，并从审计定价、审计意见及事务所变更三个层面为新审计准则的实施提供了经验证据。

3. 代彬：《权力配置、外部审计与企业财务政策：国际经验与中国例证》（中国经济出版社，2016）

该著作是代彬教授的一项重要研究成果。代彬教授基于管理层实际控制上市公司的现实背景，探讨了权力配置的特征与企业财务政策的驱动因素及作用机制，以及其中蕴含的外部审计监督效应。作者提出“独立审计对公司治理具有监督作用”，“但外部审计的治理作用极易受到上市公司内部权力配置的牵制”，“当管理层取得实际控制权时，外部审计对公司会计信息透明度的正向作用会弱化，对公司激进的避税行为的正向作用会强化”，作者的这些观点为优化上市公司权利配置、提升审计独立性及加强财务决策监管提供了可借鉴的经验证据。

4. 樊斌：《大数据审计分析》（高等教育出版社，2018）

该教材由樊斌与周忠宝共同编著，通过烟草企业、航空公司以及进口、工资、销售等业务，详细阐述了大数据背景下账簿审计、业务财务数据比对、内外数据比对的具体应用，是财务与会计专业开设大数据审计课程的重要参考资料。

5. 李莫愁：《风险导向审计准则实施效果研究》（上海交通大学出版社，2016）

该著作以中国北京为背景，从审计风险敏感度视角分析了新审计准则的实施效果及作用。作者提出“对于同等盈余风险，新审计准则提高了注册会计师出具非标意见的概率”，“但对于同等公司治理或财务困境风险，该概率没有变化”，其对于小规模事务所的影响更为明显。《风险导向审计准则实施效果研究》增加了新审计准则实施效果的经验证据积累，对评价新审计准则的实施效果、提高社会审计质量具有实践指导意义。

6. 马晨：《外部审计、媒介环境对财务重述影响研究》（中国财政经济出版社，2015）

该著作基于财务重述发展的会计差错发生期与更正期两个阶段，系统阐述了社会审计对财务重述的影响，并分析了这种影响在不同媒介环境下的差异，对事务所规模、审计任期、审计意见及审计行业专长对财务重述重大程度的影响作用进行了实证检验，提出媒介环境会强化事务所对财务重述的影响。该著作对监管部门有效引导社会审计及媒体共同对上市公司财务重述发挥作用具有重要参考价值。

7. 唐大鹏：《中国政府内部控制理论构建与标准研究》（东北财经大学出版社，2021）

该著作结合国家治理和依法治国、公共选择和公共风险、公共管理与公共财政、政府治理与内部控制相关理论基础，采用规范研究与实证研究相结合的研究方法，系统阐述了中国政府内部控制理论及标准构建问题，对当前政府内部控制改革具有参考价值。

8. 王春飞：《企业集团统一审计——质量、变更及经济后果》（经济科学出版社，2014）

该著作系统介绍了企业集团统一审计与审计质量、审计意见购买及权益资本成本的关系，并进行了理论分析及实证检验。作者把企业集团作为一个整体来研究审计相关问题，为审计理论研究提供了一个新的视角。

9. 王帆：《审计师声誉形成机制研究》《精准扶贫审计评价及政策实施效果研究》

（1）**《审计师声誉形成机制研究》（中国财政经济出版社，2013）**

该著作基于声誉机制理论及世界高质量会计师事务所发展历程，利用问卷调查深入分析了审计师声誉形成的影响因素，利用 KMRW 声誉模型、不完全信息动态博弈及认知模型对审计师声誉形成的动态过程进行了研究，为会计师事务所建立声誉提供了一套系统化和理论化的框架。

（2）**《精准扶贫审计评价及政策实施效果研究》（中国财政经济出版社，2022）**

该著作有效结合理论分析及实证研究，系统阐述了精准扶贫审计的理论基础、精准扶贫审计监管要素互动耦合机制及耦合评价体系，为未来乡村振兴、共同富裕监督提供了经验证据，同时夯实了跟踪审计学理基础，为未来政策跟踪审计研究提供了新的思路。

10. 王良成：《政府管制、外部审计与配股融资——来自中国证券市场的经验证据》《上市公司盈余管理与审计治理效应》

（1）**《政府管制、外部审计与配股融资——来自中国证券市场的经验证据》（西南财经大学出版社，2011）**

该著作着眼于我国经济转型的制度变迁，系统考察政府管制、外部审计对上市公司配股融资行为的影响，对配股管制在保护投资者利益和优化资源配置方面是否有效、配股管制环境的加强是否会影响配股申请公司的非标意见信息含量及我国当前管制环境下“四大”是否保持了一贯的高质量，进行了实证检验，从配股融资角度为增强政府管制及社会审计的协同作用提供了经验证据。

（2）**《上市公司盈余管理与审计治理效应》**（**西南财经大学出版社**，2017）

该著作着眼于我国经济转型的制度变迁，对应计盈余与真实盈余管理之间的相互关系进行了理论分析和实证检验。在此基础上，分析了中国的监管者对盈余管理的识别能力。同时，立足于中国的再融资环境，分析了审计对盈余管理的治理效应。该著作对从审计角度抑制盈余管理行为具有重要参考价值。

11. 王杏芬：《中国资本市场审计成败的案例探析》《企业行为、审计稳健性与利益相关者保护》

（1）**《中国资本市场审计成败的案例探析》**（**西南财经大学出版社**，2015）

该著作以注册会计师年度报告审计及内部控制审计为主线，按照审计理论的逻辑顺序编写，包括业务承接、会计责任与审计责任、审计程序与技术、上市公司舞弊与审计等内容。该著作中的案例分析具有较高的专业深度，对相关失败案例的治理建议具有现实价值。

（2）**《企业行为、审计稳健性与利益相关者保护》**（**经济科学出版社**，2016）

该著作系统分析了企业行为与审计稳健性之间的相互关系，审计稳健性的表现形式，企业行为、审计稳健性与利益相关者保护之间的关系，提出了保护利益相关者的途径及建议。该著作介绍了审计稳健性的概念、主要影响因素，并分析了其与审计行为及利益相关者保护之间的关系，对拓展审计研究视角，从审计稳健性角度提高会计信息质量、保护利益相关者具有现实意义。

12. 王艳艳：《政府管制、所有权安排与会计师事务所选择》（东北财经大学出版社，2013）

该著作构建了独立审计需求与政府管制的理论框架，从政府管制与所有权安排角度重点检验了三个问题：第一，审计服务质量是否具有系统性差异；第二，政府干预、所有权安排与会计师事务所选择行为之间的关系；第三，从权益资本成本角度检验事务所选择的经济后果。该著作开拓了审计需求研究的新视角，对政府强化事务所管制、保护产权具有重要现实参考价值。

13. 吴伟荣：《注册会计师异质性与审计质量》《注册会计师任期管理影响审计质量研究》

（1）**《注册会计师异质性与审计质量》（经济科学出版社，2018）**

该著作研究了注册会计师的年龄、性别组成、校友关系和过度自信等注册会计师异质性因素对审计质量的影响，为审计质量研究提供了新的视角，对于审计质量监管具有重要参考价值。

（2）**《注册会计师任期管理影响审计质量研究》（经济科学出版社，2022）**

该著作从审计质量基本理论、注册会计师任期管理影响审计质量的机制分析、注册会计师任期管理影响审计质量的变化三方面对审计质量进行了系统研究，增加了审计轮换的理论及经验证据。

14. 吴先聪：《国有企业境外投资审计》（知识产权出版社，2021）

该著作在系统分析国有企业境外投资审计现状和问题的基础上，探讨了国有企业境外投资审计的目标、范围和重点，构建了国有企业境外投资审计目标的实现路径。针对国有企业境外投资审计，作者充分结合了新一代信息技术的变化，并利用实务案例进行了演示说明，为审计实务提供了充分的参考。

15. 吴益兵：《内部控制审计：信号传递、价值相关性与监督效应》（东北财经大学出版社，2013）

该著作系统研究了内部控制审计的动机、市场反应和内部控制效率的关系，并从资本市场监管发展的角度对内部控制监管的逻辑进行了分析，对内部控制审计实务具有重要参考价值。

16. 肖芬：《大数据背景下审计风险控制研究》（山西经济出版社，2020）

该著作系统阐述了大数据背景下社会审计风险成因及构成要素、审计风险评估及风险控制，并提出了大数据背景下的几种新型的审计模式，对新一代信息技术环境下的审计理论研究及实务具有参考价值。

17. 徐超：《审计监督运用大数据技术与方法的研究》（江苏人民出版社，2021）

该著作基于中国特色社会主义审计监督理论及实践，系统阐述了大数据审计的基本内涵、技术应用方法、典型应用场景及现存的问题，对大数据技术与方法在审计监督中的进一步应用具有参考价值。

18. 徐会超：《审计全覆盖背景下政府购买审计服务研究》（中国财政经济出版社，2021）

该著作基于中国特色社会主义审计事业发展，针对政府购买审计服务的历史演进、理论基础、法律依据，以及政府购买审计服务的动因、采购环节和实施审计服务过程中的职责划分与责任承担、风险防控与质量控制等基本问题进行了系统、深入的研究。该著作丰富了政府购买审计服务的研究内容体系，对更好地推动政府购买审计服务具有参考价值。

19. 闫焕民：《签字注册会计师个体特征与审计质量研究》《审计师工作压力与审计质量：基于个体感知视角的研究》

（1）《签字注册会计师个体特征与审计质量研究》（社会科学文献出版社，2017）

该著作立足于我国特定的审计市场环境及制度背景，以签字注册会计师个体视角，融合社会人口学、行为学及审计学的相关理论，阐述了个体特征影响审计质量的作用机理，并对此进行了实证检验。该著作将签字注册会计师的个体特征分为静态及动态两大维度（静态特征包括教育经历、性别及年龄等人口特征，动态特征包括执业经验、个人专长、审计任期及客户依赖度等），拓展了审计质量内因的研究视角，对提高审计质量具有参考价值。

（2）《审计师工作压力与审计质量：基于个体感知视角的研究》（中国财政经济出版社，2020）

该著作立足于我国审计市场竞争环境与公司年报审计忙季的特点，融合审计学、心理学及行为学的相关理论，构建了个体感知视角的 JD-C 工作压力分析框架，通过理论分析与实证检验，系统研究了审计师工作压力对审计质量的影响。该著作将心理学的相关理论引入审计个体感知特征研究之中，拓展了审计质量的研究视角，并基于中国数据为审计师工作压力影响审计质量的行为作用机理提供了经验证据，对解答审计师工作压力实践问题、完善审计执业行为监管政策具有参考价值。

20. 张呈：《关键审计事项准则实施的经济后果研究》（东北财经大学出版社，2022）

该著作系统阐述了关键审计事项准则实施的制度背景、理论基础以及我国关键审计事项准则实施的现状，通过实证分析，为关键审计事项准则实施对审计质量的影响、对审计收费的影响、对投资者决策的影响提供了经验证据，对关键审计事项准则的实施具有参考价值。

21. 张丽达：《媒体监督、内部控制与审计意见研究》（中国财政经济出版社，2020）

该著作从理论、实证及案例角度系统阐述了媒体监督与内部控制质量之间、内部控制评价与审计意见之间的关系，阐释了媒体通过发挥内部控制的中介作用来达到对审计意见的监督治理，对企业加强内部控制、避免媒体负面报道从而降低被出具非标意见的风险具有重要参考价值。

22. 赵艳秉：《财务重述、审计质量与溢出效应》（中国社会科学出版社，2018）

该著作基于财务重述现状及制度背景，系统分析了公司财务重述前、重述后的审计质量，以及财务重述在集团内的经济溢出效应和审计质量的溢出效应。该著作对财务重述与审计质量之间的相互关系机理的剖析，对政府规制财务重述频发问题具有参考价值。

23. 周守亮：《行政事业单位内部控制与内部审计研究》（大连理工大学出版社，2021）

该著作基于行政事业单位内部控制现状，根据内部控制规范要求构建内部审计方案，针对不同经济业务，详细分析了内部控制流程设计、关键点控制、制度要求、审批职责等内容，对指导行政事业单位构建内部控制、开展内部审计工作具有参考价值。

结 论

审计的存在与发展始终与其所处的经济、政治、社会、文化环境相适应，自 1949 年中华人民共和国成立以来，我国审计体系在传承中国审计发展历史的基础上，充分借鉴国际优良经验，形成了具有中国特色的演进历程。审计研究作为一项基于实践的活动，是对实践的系统性总结、批判性反思和规范性矫正。笔者通过实地调研收集到 1949—1979 年的重要文献 13 册并全部通过文献评分及专家最终遴选，这些资源为我们研究民国及中华人民共和国成立初期的审计理论和实务留存了丰富的历史档案。1980 年至今，我国审计专家、学者及实务工作者始终坚持把完善国家治理作为重要战略目标，不断摒弃墨守成规的观念，坚持具有中国特色的审计理论体系、方法技术体系、组织制度体系、学科体系及教育体系，引领审计研究跨越了拓荒阶段，实现了持续进步，笔者通过知识图谱研究展示我国当代审计研究已涵盖二十个主要知识聚类，通过引文挖掘、文献评分及专家访谈法遴选重要文献。这些文献为审计研究各聚类的形成及发展提供了研究基础，是具有典范性、权威性，最能代表审计各领域研究精髓的著作。

但本书研究也存在局限性：其一，利用 CiteSpace 软件对 CSSCI 的引文数据进行分析时，能够形成自然聚类并生成聚类中文标签，但一些标签命名准确度低；其二，由于目前的知识图谱分析软件无法对图书类文献进行聚类分析，故本书迂回选用了论文类文献作为初始研究对象，进一步搜集图书类文献资源，可能因存在一定的误差而导致重要图书遗漏；其三，文献评分表为保证客观评价，仅引入可用数据评价的标准，未来研究可以利用文献编码进一步完善评分体系；其四，论文作者信息来源于各个学校官网的教师主页，可能存在更新不及时的问题，职称介绍存在滞后性。

附录　1980—2021 年期间
审计主题已发表专著的博士论文名录

1989 年博士

李若山：《论审计与社会经济权责结构》（1991 年，中国财政经济出版社）

1991 年博士

蔡春：《审计理论结构研究》（1994 年，西南财经大学出版社）

1993 年博士

谢荣：《市场经济中的民间审计责任》（1994 年，上海社会科学院出版社）

1994 年博士

秦荣生：《受托经济责任论》（1994 年，东北财经大学出版社）

1995 年博士

李敦嘉：《效益审计的理论结构》（1996 年，中国审计出版社）

任咏恒：《民间审计准则研究》（1996 年，航天工业出版社）

1996 年博士

朱荣恩：《中国证券市场独立审计研究》（1997 年，上海财经大学出版社）

张建军：《审计概念体系研究》（1997 年，中国财政经济出版社）

1997 年博士

刘明辉：《独立审计准则研究》（1997 年，东北财经大学出版社）

胡春元：《审计风险研究》（1997 年，东北财经大学出版社）

陈建明：《独立审计规范论》（1999 年，东北财经大学出版社）

陈汉文：《注册会计师职业行为准则研究》（1999 年，中国金融出版社）

1998 年博士

刘力云：《审计风险与控制》（1999 年，中国审计出版社）

毛岩亮：《民间审计责任研究》（1999 年，东北财经大学出版社）

陈光：《现代商业银行外部审计研究》（2001 年，中国发展出版社）

1999 年博士

李树华：《审计独立性的提高与审计市场的背离》（2000 年，上海三联书店）

谢获宝：《市场营销审计研究》（2003 年，武汉大学出版社）

2000 年博士

周志诚：《注册会计师法律责任——中国海峡两岸案例比较研究》（2001 年，上海财经大学出版社）

沈征：《企业兼并的会计与审计架构》（2001 年，新华出版社）

2001 年博士

黄京菁：《独立审计目标及其实现机制研究》（2001 年，暨南大学出版社）

王英姿：《注册会计师审计质量评价与控制研究》（2002 年，上海财经大学出版社）

陈梅花：《审计意见信息含量研究》（2003 年，立信会计出版社）

2002 年博士

张继勋：《审计判断研究》（2002 年，东北财经大学出版社）

文光伟：《注册会计师的法律责任》（2002 年，企业管理出版社）

叶少琴：《中国上市公司注册会计师审计质量研究》（2004 年，中国财政经济出版社）

2003 年博士

于保和：《经济责任审计研究》（2003 年，东北财经大学出版社）

冯均科：《审计关系契约论》（2004 年，中国财政经济出版社）

曾小青：《公司治理、受托责任与审计委员会制度研究》（2005 年，东北财经大学出版社）

孙坤：《独立审计质量保证论》（2005 年，东北财经大学出版社）

朱锦余：《注册会计师执业报告研究》（2005 年，高等教育出版社）

2004 年博士

严晖：《风险导向内部审计整合框架研究》（2004 年，中国财政经济出版社）

王泽霞：《管理舞弊导向审计研究》（2005 年，电子工业出版社）

漆江娜：《中国资本市场审计质量与审计收费问题研究》（2005 年，中国财政经济出版社）

刘长翠：《企业环境审计研究》（2005 年，中国人民大学出版社）

李连军：《会计师事务所品牌声誉实证研究》（2006 年，复旦大学出版社）

王善平：《独立审计权责结构研究》（2006 年，中国财政经济出版社）

周学峰：《公司审计与专家责任》（2007 年，人民法院出版社）

2005 年博士

吴溪：《双重审计模式下的审计独立性与审计定价：中国 B 股市场的证据》（2005

年，中国财政经济出版社）

陈晓芳：《注册会计师审计质量研究》（2005 年，湖北人民出版社）

房巧玲：《中国审计市场效率研究》（2006 年，经济管理出版社）

谢盛纹：《审计证据理论研究》（2007 年，西南财经大学出版社）

张奇峰：《政府管制、公司控制权安排与独立审计需求——来自审计师选择与审计费用的经验证据》（2007 年，立信会计出版社）

顾奋玲：《中国独立审计市场研究》（2007 年，中国财政经济出版社）

彭桃英：《审计质量与审计市场行为主体关系研究》（2007 年，经济管理出版社）

2006 年博士

张庆龙：《审计资源论》（2006 年，中国时代经济出版社）

吕先锫：《审计成本论》（2006 年，西南财经大学出版社）

吴秋生：《政府审计职责研究》（2007 年，中国财政经济出版社）

郭强华：《廉政审计》（2007 年，中国方正出版社）

陈小林：《制度环境与审计独立性——来自中国证券市场的经验证据》（2007 年，东北财经大学出版社）

徐正刚：《中国审计市场结构研究》（2007 年，东北财经大学出版社）

张阳：《审计师选聘权与独立性：基于制度环境视角》（2008 年，上海三联书店）

喻少华：《自愿审计动机与质量研究——基于我国中期财务报告审计的经验证据》（2008 年，大连出版社）

宋夏云：《国家审计目标及实现机制研究》（2008 年，上海财经大学出版社）

马曙光：《博弈均衡与中国政府审计制度变迁》（2009 年，中国时代经济出版社）

胡本源：《重要客户与审计任期对审计独立性的影响：来自中国证券市场的经验证据》（2009 年，东北财经大学出版社）

段宏：《风险导向审计模式下风险偏好的影响研究》（2009 年，西南交通大学出版社）

潘克勤：《中国民营上市公司独立审计需求研究》（2010 年，河南人民出版社）

韩洪灵：《中国审计市场：制度变迁与竞争行为》（2011 年，大连出版社）

2007 年博士

何芹：《持续审计研究》（2008 年，立信会计出版社）

夏文贤：《上市公司审计委员会制度研究》（2008 年，大连出版社）

刘学华：《管理舞弊控制与审计质量》（2008 年，立信会计出版社）

胡波：《审计定价问题研究》（2009 年，大连出版社）

何瑞雄：《以公平和效率为导向的政府管理审计研究》（2010 年，经济科学出版社）

廖义刚：《中国上市公司持续经营审计意见的动因及决策作用》（2012 年，经济科学出版社）

张艳：《审计报告行为风险机制研究》（2013 年，经济科学出版社）

2008 年博士

李瑛玫：《信息化环境下独立审计风险研究》（2009 年，知识产权出版社）

唐滔智：《中国审计市场过度竞争研究》（2010 年，经济科学出版社）

李海燕：《独立审计对投资者保护作用研究——理论分析与实证检验》（2010 年，西南财经大学出版社）

陈丽蓉：《非审计服务对中国上市公司审计独立性的影响研究》（2010 年，西南交通大学出版社）

赵兴楣：《基于审计契约安排的独立性互动机制研究》（2010 年，经济科学出版社）

陈韶君：《中国资本市场审计寻租问题研究》（2012 年，中国财政经济出版社）

王淑梅：《国家审计质量与效果的研究》（2012 年，中国时代经济出版社）

余宇莹：《公司治理与审计质量：经验证据》（2013 年，上海交通大学出版社）

陈俊：《制度变迁、市场需求与独立审计质量的改善》（2018 年，浙江工商大学出版社）

2009 年博士

郭慧：《上市公司内部审计治理效应研究》（2010 年，中国社会科学出版社）

路云峰：《财务报表重大错报风险与审计定价：来自 A 股证券市场的经验证据》（2011 年，西南财经大学出版社）

王良成：《政府管制、外部审计与配股融资——来自中国证券市场的经验证据》（2011 年，西南财经大学出版社）

赵国宇：《审计合谋的预警与防治机制研究》（2011 年，经济科学出版社）

胡南薇：《会计师事务所行业专门化战略研究》（2012 年，西南财经大学出版社）

曹强：《财务重述的审计治理研究》（2012 年，西南财经大学出版社）

徐荣华：《审计意见购买的内在机理及其治理》（2012 年，浙江大学出版社）

段春明：《高管激励与外部审计需求：基于中国证券市场的研究》（2013 年，东北财经大学出版社）

王慧：《独立审计信用监管机制研究》（2013 年，经济管理出版社）

王芳：《政府审计质量研究》（2013 年，中国社会科学出版社）

庄莹：《我国企业内部审计有效性评价研究》（2021 年，中国财政经济出版社）

2010 年博士

张岩：《我国林业工程审计制度框架构建研究》（2010 年，经济管理出版社）

何敬:《审计期望差距研究》(2011 年，东北财经大学出版社)

姜永英:《中国财政审计制度研究》(2011 年，中国时代经济出版社)

谢晓燕:《企业内部控制审计目标实现机制研究》(2011 年，光明日报出版社)

易玄:《不完备审计契约的缔结、履行与效率研究》(2012 年，经济科学出版社)

韩小芳:《财务舞弊公司董事会后续治理及其对外部审计的影响：基于中国上市公司的实证检验》(2012 年，东北财经大学出版社)

石恒贵:《内部审计在公司治理中的作用机理与实证研究》(2016 年，经济科学出版社)

2011 年博士

孙永军:《基于规模视角的我国会计师事务所审计质量研究》(2011 年，经济科学出版社)

任爱莲:《高新技术企业创新绩效审计体系研究》(2012 年，经济科学出版社)

侯晓靖:《审计市场集中度研究》(2013 年，科学出版社)

苗连琦:《公共经济权力审计》(2015 年，西南财经大学出版社)

马莉:《中国审计师行业专长及其对审计质量的影响》(2016 年，经济科学出版社)

蔡文英:《公司治理与独立审计的互动性研究》(2017 年，暨南大学出版社)

2012 年博士

田秋蓉:《政府审计推动民主政治发展的作用研究——理论分析与实证检验》(2013 年，中国时代经济出版社)

吴寿元:《企业内部控制审计研究——基于整合审计的视角》(2016 年，中国财政经济出版社)

2013 年博士

蔡利:《政府审计维护金融安全的作用机理及实现方式研究》(2014 年，中国时代经济出版社)

雷俊生:《审计问责研究》(2014 年，中国时代经济出版社)

姜毅:《人本审计》(2015 年，立信会计出版社)

谢柳芳:《政府审计与政府信息披露研究——基于提升国家治理能力的视角》(2015 年，西南财经大学出版社)

李莫愁:《风险导向审计准则实施效果研究》(2016 年，上海交通大学出版社)

汪立元:《国有企业高管经济责任审计评价研究》(2016 年，立信会计出版社)

曲明:《政府绩效审计：沿革、框架与展望》(2016 年，东北财经大学出版社)

罗春华:《审计市场结构与审计行为研究：来自中国证券市场的经验证据》(2017 年，经济科学出版社)

周兰：《上市公司中小股东权益审计保护问题研究》（2017 年，科学出版社）

施继坤：《自愿性内部控制审计披露与资本成本：理论分析与经验证据》（2018 年，首都经济贸易大学出版社）

肖小凤：《审计市场结构与审计师声誉机制研究》（2019 年，湖南师范大学出版社）

2014 年博士

刘雷：《政府审计维护财政安全的实现路径研究》（2015 年，中国时代经济出版社）

丁倩：《公司治理和审计质量对银行绩效影响研究——基于我国上市银行的实证分析》（2015 年，中国金融出版社）

靳思昌：《国家审计结果公告绩效及其影响因素研究》（2015 年，武汉大学出版社）

刘丹：《基于产业组织理论的我国审计市场研究》（2015 年，经济科学出版社）

张梅：《基于注册会计师说服策略的审计谈判研究》（2015 年，天津科学技术出版社）

2015 年博士

常京萍：《重大资产重组公司审计师变更行为研究》（2015 年，经济科学出版社）

贾莹丹：《审计师聘用议案、中小股东异议与审计师反应》（2016 年，经济科学出版社）

庄飞鹏：《非审计业务对审计市场绩效的影响研究》（2016 年，中国财政经济出版社）

章琳一：《审计意见对信息使用者经济决策的影响》（2016 年，经济科学出版社）

闫焕民：《签字注册会计师个体特征与审计质量研究》（2017 年，社会科学文献出版社）

王延军：《我国经济政策审计评价研究》（2017 年，中国时代经济出版社）

高瑜彬：《异常审计费用的形成机理及其对审计质量的影响》（2020 年，经济科学出版社）

2016 年博士

王彪华：《中国国家审计准则变迁研究》（2017 年，中国时代经济出版社）

张雪华：《会计师事务所转制对审计质量的影响研究》（2018 年，社会科学文献出版社）

张丽达：《媒体监督、内部控制与审计意见研究》（2020 年，中国财政经济出版社）

崔雯雯：《基于国家治理的国家审计问责机制：理论与实证研究》（2020 年，西南师范大学出版社）

2017 年博士

徐纯：《我国国家审计制度变迁研究》（2019 年，中国时代经济出版社）

2018 年博士

上官泽明：《最高审计机关特征、财政审计报告质量与预算透明度》（2018 年，立信会计出版社）

刘冠亚：《我国政府财务报告审计制度构建研究》（2019 年，中国时代经济出版社）

仲杨梅：《政府审计、财政透明与地方政府债务风险》（2019 年，经济科学出版社）

唐衍军：《会计师事务所转制、审计师知识资本与审计质量研究》（2020 年，东北财经大学出版社）

潘临：《签字会计师繁忙度的审计影响研究》（2021 年，经济管理出版社）

2019 年博士

徐会超：《审计全覆盖背景下政府购买审计服务研究》（2021 年，中国财政经济出版社）

唐嘉尉：《政府审计促进供给侧结构性改革的作用效果研究》（2021 年，经济科学出版社）

陈丹：《管理层权力、政府审计与高管侵占型职务犯罪：来自中国地方国有上市公司的经验证据》（2022 年，中国财政经济出版社）

周静：《上市公司虚假陈述期内审计师执业行为与后果研究》（2022 年，延边大学出版社）

张呈：《关键审计事项准则实施的经济后果研究》（2022 年，东北财经大学出版社）

肖洁：《会计师事务所合伙人民事责任对审计质量的影响及其路径研究》（2022 年，中国财政经济出版社）

2020 年博士

高晓霞：《国家治理体系中的审计监督研究》（2020 年，南京大学出版社）

仉立文：《内部控制审计功能与质量》（2022 年，中国经济出版社）

刘丁睿：《关键审计事项风险预警机制与决策有用性研究》（2022 年，吉林大学出版社）

鄢翔：《共同审计对企业集团运作效率的影响——基于聘用动机及经济后果的研究》（2023 年，中国财政经济出版社）

2021 年博士

王金妹：《审计委员会透明度的经济后果：基于中国背景的准自然实验研究》（2022 年，经济管理出版社）

参考文献

［1］潘序伦．会计师查核决算表之原则与程序［M］上海：立信会计图书用品社，1950.

［2］潘序伦，顾询．审计学［M］．上海：立信会计图书用品社，1950.

［3］顾询，唐文瑞．审计学［M］．上海：立信会计图书用品社，1950.

［4］唐文瑞．审计实习集［M］．北京：商务印书馆．1940.

［5］钱乃澄．审计问题［M］．上海：立信会计图书用品社，1950.

［6］钱乃澄．审计问题答解［M］．上海：立信会计图书用品社，1950.

［7］顾询，钱乃澄．查账报告书及工作底稿［M］．上海：立信会计图书用品社，1950.

［8］陈成耀．银行内部审计［M］．上海：立信会计图书用品社，1949.

［9］蒋明祺．政府审计原理［M］．上海：立信会计图书用品社，1941.

［10］蒋明祺．政府审计实务［M］．上海：立信会计图书用品社，1942.

［11］许祖烈．中国现行审计制度［M］．上海：立信会计图书用品社，1947.

［12］李天民．审计学教程［M］．上海：立信会计图书用品社，1951.

［13］余肇池．审计学教程［M］．上海：立信会计图书用品社，1952.

［14］陈荣法．审计手册［M］．北京：经济日报出版社，1986.

［15］陈荣法，陈康民．财政财务审计手册［M］．北京：中国发展出版社，1989.

［16］管锦康．审计学［M］．北京：知识出版社，1985.

［17］管锦康．现代审计原理［M］．上海：立信会计出版社，1994.

［18］李宝震．审计案例［M］．天津：天津人民出版社，1987.

［19］李宝震，王建忠．中国审计简史［M］．北京：中国审计出版社，1989.

［20］李宝震，郝振平．国际审计［M］．沈阳：辽宁人民出版社，1990.

［21］李鸿寿，赵友良，陈荣法．审计学［M］．北京：中国广播电视大学出版社，1984.

［22］李鸿寿，赵友良，陈荣法．审计案例［M］．北京：中国广播电视大学出版社，1984.

［23］厉声和，虞文钧．审计学理论与实践［M］．南宁：广西人民出版社，1983.

［24］厉声和，虞文钧．工业审计［M］．南宁：广西人民出版社，1985.

［25］厉声和，虞文钧．现代审计学概论［M］．南宁：广西人民出版社，1987.

［26］厉声和，程书学．简明现代审计辞典［M］．上海：复旦大学出版社，1988.

［27］厉声和．高等审计学［M］．上海：复旦大学出版社，1991.

［28］娄尔行．审计学概论［M］．上海：上海人民出版社，1987.

［29］娄尔行．中华人民共和国的会计与审计［M］．上海：上海人民出版社，1988.

［30］娄尔行，唐清亮．经济效益审计［M］．北京：中国审计出版社，1989.

［31］娄尔行．会计审计理论探索［M］．上海：立信会计出版社，1993.

［32］杨纪琬，阎达五．论“会计管理”［J］．经济理论与经济管理，1982，(04)：39-45.

［33］杨时展．中国注册会计师制度的沿革与发展［J］．财会通讯，1995，(03)：14-16.

［34］杨时展．社会效益审计的设想［J］．财会通讯，1986，(08)：3-6.

［35］杨时展．审计的发生和发展［J］．财会通讯，1986，(04)：3-6.

［36］杨时展．审计公设刍论［J］．财会通讯，1985，(07)：3-8.

［37］赵友良．中国古代会计审计史［M］．上海：立信会计出版社，1992.

［38］赵友良．中国近代会计审计史［M］．上海：立信会计出版社，1996.

［39］赵友良．社会审计理论与实务［M］．上海：上海财经大学出版社，2000.

［40］边恭甫．财务审计［M］．上海：上海人民出版社，1987.

［41］边恭甫，高子宏．审计学原理［M］．北京：中国财政经济出版社，1988.

［42］边恭甫．高级审计学［M］．沈阳：辽宁人民出版社，1991.

［43］常勋．注册会计师业务研讨：对新执业准则的逐一评述［M］．厦门：厦门大学出版社，2007.

［44］程能润．审计学基础［M］．北京：中国经济出版社，1986.

［45］程能润．审计学原理［M］．北京：中国审计出版社，1990.

［46］成圣树．会计审计大辞典［M］．北京：中国财政经济出版社，1991.

［47］王光远．会计大典第十卷：审计学［M］．北京：中国财政经济出版社，1999.

［48］审计理论研究课题组．审计基本理论比较：前后一贯的理论结构［M］．上海：立信会计出版社，2009.

［49］李维安．美国的公司治理：马奇诺防线？［M］．北京：中国财政经济出版社，2003.

［50］黄世忠．会计数字游戏：美国十大财务舞弊案例剖析［M］．北京：中国财政经济出版社，2003.

［51］李若山，周勤业，方军雄．注册会计师：经济警察吗？［M］．北京：中国财政经济出版社，2003.

［52］薛有志．美国公司文化：潘多拉的盒子？［M］．北京：中国财政经济出版社，2003.

［53］刘峰．信息披露：实话实说？［M］．北京：中国财政经济出版社，2003.

［54］朱荣恩，张建军，周红．审计学［M］．北京：高等教育出版社，2000.

［55］张建军．审计学案例［M］．北京：高等教育出版社，2000.

［56］侯文铿．商业审计学［M］．沈阳：辽宁人民出版社，1983.

［57］侯文铿，黄忠堃．审计辞典［M］．福州：福建人民出版社，1988.

［58］侯文铿．审计辞海［M］．沈阳：辽宁人民出版社，1992.

［59］李学柔．社会审计［M］．广州：中山大学出版社，1997.

［60］李学柔，秦荣生．国际审计［M］．北京：中国时代经济出版社，2002.

［61］裘宗舜．审计学［M］．北京：中国财政经济出版社，1989.

［62］裘宗舜，张蕊．西方民间审计［M］．北京：中国财政经济出版社，1995.

［63］石人瑾，［日］根本光明．中日会计审计制度比较：日本的会计与审计制度［M］．上海：立信会计出版社，1996.

［64］王德升，阎金锷．审计学基础［M］．北京：中国人民大学出版社，1988.

［65］王德升．各国审计制度比较［M］．北京：中国审计出版社，1989.

［66］王文彬，黄履申．审计学［M］．上海：上海社会科学出版社，1984.

［67］王文彬，黄履申，刘裕曾，何绍宋．商业审计学［M］．上海：上海社会科学出版社，1984.

［68］王文彬，项斯培．基本建设审计［M］．成都：西南财经大学出版社，1988.

［69］王文彬．审计辞典［M］．上海：上海三联书店，1990.

［70］王文彬，林钟高．审计证据学总论［M］．上海：上海三联书店，1992.

［71］徐政旦，竹德操．内部审计学［M］．上海：上海人民出版社，1989.

［72］徐政旦，朱荣恩．现代内部审计学［M］．北京：中国审计出版社，1997.

［73］徐政旦，朱荣恩．内部控制制度及其评审［M］．北京：中国审计出版社，1989.

［74］徐政旦，朱荣恩，徐建新．内部控制论［M］．沈阳：辽宁人民出版社，1992.

［75］徐政旦，谢荣，朱荣恩，唐清亮．审计研究前沿［M］．上海：上海财经大学出版社，2002.

［76］阎达五，杨有红．内部控制框架的构建［J］．会计研究，2001，（02）：9-14+65.

［77］阎金锷，程能润，张以宽，蒋志芳．审计知识手册［M］．天津：天津人民出版社，1989.

［78］阎金锷，陈关亭．内部控制评价应用［M］．北京：中国人民大学出版社，1998.

［79］阎达五，阎金锷．改革中的会计与审计论文集：阎达五、阎金锷教授论文汇编（1991-1998）［M］．北京：中国人民大学出版社，1998.

［80］张以宽．审计学基础［M］．北京：中国商业出版社，1984.

［81］张以宽，幕强．商业审计［M］．北京：中国商业出版社，1988.

［82］张以宽．企业财务审计［M］．北京：经济科学出版社，1993.

［83］竹德操，吴云飞．经济效益审计学［M］．成都：西南财经大学出版社，1991.

［84］崔建民．当代中国经济大辞库（审计卷）［M］．北京：中国经济出版社，1993.

［85］谷祺，孙德金，金延政．中国注册会计师实务［M］．大连：东北财经大学出版社，1992.

［86］康钟琦，顾芸．现代审计学基础［M］．上海：立信会计出版社，2000.

［87］康钟琦．审计学［M］．北京：经济科学出版社，2005.

［88］刘国成．林业审计学［M］．哈尔滨：黑龙江朝鲜民族出版社，1991.

［89］杨周南．信息技术在会计和审计实务中的应用［M］．北京：清华大学出版社，2003.

［90］于玉林．现代审计工作手册［M］．沈阳：辽宁人民出版社，1988.

［91］于玉林．审计学［M］．天津：天津大学出版社，2006.

［92］曹慧明．建设项目跟踪审计［M］．北京：中国财政经济出版社，2005.

［93］曹慧明．建设项目跟踪审计实务［M］．北京：中国时代经济出版社，2006.

［94］郭道扬．中国会计史稿（上册）［M］．北京：中国财政经济出版社，1982.

［95］郭道扬．中国会计史稿（下册）［M］．北京：中国财政经济出版社，1988.

［96］郭道扬．会计发展史纲［M］．北京：中央广播电视大学出版社，1984.

［97］郭道扬．会计史研究（第一卷）［M］．北京：中国财政经济出版社，2004.

［98］郭道扬．会计史研究（第二卷）［M］．北京：中国财政经济出版社，2004.

[99] 郭道扬. 会计史研究（第三卷）[M]. 北京：中国财政经济出版社，2008.

[100] 李凤鸣. 审计学 [M]. 合肥：安徽人民出版社，1990.

[101] 李凤鸣. 审计学原理 [M]. 南京：南京大学出版社，1990.

[102] 李凤鸣. 内部控制学 [M]. 北京：中国商业出版社，1992.

[103] 李凤鸣，周学民. 审计方法 [M]. 北京：中国商业出版社，1991.

[104] 李凤鸣，王会金. 审计技术方法 [M]. 北京：北京大学出版社，2001.

[105] 李凤鸣，时现. 经济责任审计 [M]. 北京：北京大学出版社，2001.

[106] 李凤鸣，陈东. 现代经济效益审计 [M]. 北京：中国商业出版社，1993.

[107] 李金华. 中国审计史（第一卷）[M]. 北京：中国时代经济出版社，2004.

[108] 李金华. 中国审计史（第二卷）[M]. 北京：中国时代经济出版社，2004.

[109] 李金华. 中国审计史（第三卷）[M]. 北京：中国时代经济出版社，2005.

[110] 李金华. 中国审计 25 年回顾与展望 [M]. 北京：人民出版社，2008.

[111] 李若山. 论审计与社会权责结构 [M]. 北京：中国财政经济出版社，1991.

[112] 李若山，刘宗柳，王伟旭，伍金条. 审计疑难案例解集 [M]. 南昌：江西科学技术出版社，1992.

[113] 李若山. 现代管理科学在审计中的应用 [M]. 北京：中国经济出版社，1994.

[114] 李若山. 审计学 [M]. 沈阳：辽宁人民出版社，1995.

[115] 李若山. 审计案例 [M]. 沈阳：辽宁人民出版社，1998.

[116] 李爽，吴溪. 审计师变更研究：中国证券市场的初步证据 [M]. 北京：中国财政经济出版社，2002.

[117] 李爽，吴溪. 会计信息失真的现状、成因与对策研究：会计报表粉饰问题研究 [M]. 北京：中国财政经济出版社，2002.

[118] 李爽，吴溪. 中国证券市场中的审计报告行为：监管视角与经验证据 [M]. 北京：中国财政经济出版社，2003.

[119] 李爽，吴溪. 审计定价研究：中国证券市场的初步证据 [M]. 北京：中国财政经济出版社，2004.

[120] 李爽，吴溪. 会计信息、独立审计与公共政策 [M]. 北京：中国财政经济出版社，2004.

[121] 李爽，白蔚秋. 审计英语 [M]. 北京：中国财政经济出版社，2003.

[122] 廖洪，余玉苗. 审计比较研究 [M]. 武汉：武汉大学出版社，1996.

[123] 刘大贤. 审计学 [M]. 北京：机械工业出版社，1984.

[124] 乔春华，蒋苏娅. 审计委员会的理论与运作 [M]. 北京：中国时代经济出

版社，2007.

［125］汤云为，储一昀，宋良荣．现代审计管理［M］．上海：立信会计出版社，2001.

［126］李若山，周勤业．注册会计师法律责任理论与实务［M］．北京：中国时代经济出版社，2002.

［127］朱荣恩．内部控制评价［M］．北京：中国时代经济出版社，2002.

［128］胡春元．模拟财务信息的编报与审计［M］．北京：中国时代经济出版社，2002.

［129］杨春盛．财务信息与非财务信息的鉴证［M］．北京：中国时代经济出版社，2002.

［130］贾文勤，祁延农，梁晶．审计业务取证［M］．北京：中国时代经济出版社，2002.

［131］黄华麟．验资［M］．北京：中国时代经济出版社，2002.

［132］金光华．计算机审计实务［M］．北京：中国时代经济出版社，2002.

［133］王延明．购货与付款循环审计［M］．北京：中国时代经济出版社，2002.

［134］郑石桥，胡本源，陈建国，李宇立．离任审计［M］．北京：中国时代经济出版社，2003.

［135］祁延农，姜荧荧，赵荣英．建筑项目审计［M］．北京：中国时代经济出版社，2003.

［136］董秀琴．生产循环审计［M］．北京：中国时代经济出版社，2003.

［137］赵世君，杨卉，高前善．销售与收款循环审计［M］．北京：中国时代经济出版社，2003.

［138］王振林，陈希晖．货币资金审计［M］．北京：中国时代经济出版社，2004.

［139］朱荣恩．筹资与投资业务循环审计［M］．北京：中国时代经济出版社，2004.

［140］尚志强．企业资产重组财务顾问［M］．北京：中国时代经济出版社，2004.

［141］王广明，谭宪才，雷光勇．中国独立审计［M］．长沙：湖南人民出版社，2002.

［142］王广明，刘桂良．独立审计经营战略［M］．成都：西南财经大学出版社，2002.

［143］邢俊芳．社会主义经济与审计监督［M］．北京：人民出版社，1991.

［144］邢俊芳．现代中国审计事典［M］．北京：中国审计出版社，1995.

［145］邢俊芳，吕文基. 经济效益审计［M］. 北京：人民出版社，1995.

［146］邢俊芳，陈华，邹传华. 最新国外绩效审计（上、下）［M］. 北京：中国时代经济出版社，2001.

［147］邢俊芳. 效益审计中国模式探索［M］. 北京：中国财政经济出版社，2005.

［148］张晓岚，张文杰. 持续经营不确定性审计意见的异质性研究［M］. 上海：立信会计出版社，2011.

［149］张晓岚，张超. 持续经营审计判断质量的改进研究［M］. 上海：立信会计出版社，2011.

［150］朱小平. 商业审计［M］. 北京：地震出版社，1988.

［151］朱小平. 电算化审计［M］. 北京：中国财政经济出版社，2004.

［152］陈朝豹，于江宏. 领导干部自然资源资产离任审计的胶州探索［M］. 北京：中国时代经济出版社，2017.

［153］陈志刚，李汉国，曹溪生，章丁万. 实用审计管理［M］. 北京：中国审计出版社，1991.

［154］陈志刚. 深圳绩效审计案例选编［M］. 北京：中国时代经济出版社，2006.

［155］陈志强. 审计理论探索［M］. 徐州：中国矿业大学出版社，2002.

［156］方宝璋. 宋代财经监督研究［M］. 北京：中国审计出版社，2001.

［157］方宝璋. 中国审计史稿［M］. 福州：福建人民出版社，2001.

［158］冯均科. 中国审计体系研究［M］. 西安：陕西人民出版社，1998.

［159］冯均科. 审计关系契约论［M］. 北京：中国财政经济出版社，2004.

［160］冯均科. 审计问责：理论研究与制度设计［M］. 北京：经济科学出版社，2009.

［161］冯均科，魏明. 基于国家治理视角的“审计清单”与审计整改效果研究［M］. 北京：经济科学出版社，2021.

［162］冯均科. 注册会计师审计质量控制理论研究［M］. 北京：中国财政经济出版社，2002.

［163］冯均科. 会计师事务所业务质量管理［M］. 大连：大连出版社，2009.

［164］傅元略，庄明来. 计算机审计［M］. 上海：上海人民出版社，1999.

［165］耿建新，宋常. 审计学［M］. 北京：中国人民大学出版社，1999.

［166］林忠华. 审计感悟［M］. 上海：立信会计出版社，2016.

［167］刘家义. 经济效益审计的基本方法［M］. 成都：四川科学技术出版社，1985.

［168］刘家义. 现代成本审计［M］. 成都：四川科学技术出版社，1986.

［169］刘家义．商品流通企业审计［M］．北京：中国审计出版社，1996.

［170］刘家义．中国特色社会主义审计理论研究［M］．北京：中国时代经济出版社，2013.

［171］刘世林．审计基础［M］．北京：高等教育出版社，1994.

［172］刘世林，王敏霞，程刚．审计原理与实务［M］．北京：高等教育出版社，2000.

［173］刘世林，赵润杰．基础审计［M］．北京：中国财政经济出版社，2017.

［174］刘世林，周友梅，吴德林．审计发展与创新：经济责任审计及其发展目标研究［M］．广州：广东经济出版社，2003.

［175］刘世林，方伟明．经济责任审计理论与实务［M］．北京：中国时代经济出版社，2006.

［176］刘世林．政府绩效责任审计及其评价模型［M］．北京：中国时代经济出版社，2011.

［177］刘永泽．行政事业单位内部控制制度设计操作指南［M］．大连：东北财经大学出版社，2013.

［178］刘永泽，唐大鹏．行政事业单位内部控制实务操作指南［M］．大连：东北财经大学出版社，2016.

［179］孟焰，赵月圆．西方审计学［M］．上海：立信会计出版社，1996.

［180］欧阳电平，杨惠娟．电算化会计与审计：原理、设计、应用［M］．武汉：武汉大学出版社，2000.

［181］潘琰．审计质量与审计诚信机制：基于制度与案例的思考［M］．北京：经济科学出版社，2006.

［182］潘琰．内部控制［M］．北京：高等教育出版社，2008.

［183］邵伯岐，刘海彬，王永平．中国监察史（第一部）［M］．北京：中国审计出版社，1991.

［184］石爱中．西方企业审计学［M］．北京：北京理工大学出版社，1989.

［185］石爱中，胡继荣．审计研究［M］．北京：经济科学出版社，2002.

［186］石爱中，潘晓军，李捷．固定资产投资审计案例［M］．北京：中国时代经济出版社，2006.

［187］石爱中，周德铭，王智玉，杨蕴毅．信息系统审计实务［M］．北京：中国时代经济出版社，2012.

［188］石爱中，周德铭，王智玉，杨蕴毅．国家审计信息化发展报告［M］．北京：中国时代经济出版社，2013.

［189］石爱中，周德铭，王智玉，杨蕴毅．国家审计信息化创新模式成果报告［M］．北京：中国时代经济出版社，2013.

［190］石爱中，周德铭，王智玉，杨蕴毅．国家审计信息化持续发展研究报告［M］．北京：中国时代经济出版社，2014.

［191］孙宝厚，奚淑琴，贾丛民．最新中国审计实用全书［M］．北京：国际文化出版公司，1994.

［192］孙宝厚，高存弟，冯义申，张玉忠．中外合资合作企业审计实务［M］．兰州：甘肃人民出版社，1995.

［193］孙宝厚．审计人员常用刑事法律知识读本［M］．北京：中国时代经济出版社，2009.

［194］孙宝厚．国家审计理论专题研究［M］．北京：中国时代经济出版社，2019.

［195］孙宝厚．国家审计业务专题研究［M］．北京：中国时代经济出版社，2019.

［196］孙宝厚．国家审计案例研究［M］．北京：中国时代经济出版社，2019.

［197］孙宝厚．国家审计案例研究教学手册［M］．北京：中国时代经济出版社，2019.

［198］孙坤．独立审计质量保证论［M］．大连：东北财经大学出版社，2005.

［199］田雍．中国审计概要［M］．北京：地震出版社，1988.

［200］田雍，谢志华，陈毓圭．内部审计概论［M］．北京：地震出版社，1988.

［201］李干于．经济责任审计［M］．北京：地震出版社，1988.

［202］朱小平．商业审计［M］．北京：地震出版社，1988.

［203］常喆．基本建设审计［M］．北京：地震出版社，1988.

［204］荆新．工业企业经营审计［M］．北京：地震出版社，1988.

［205］翁亦然，李昌波，方宝铭．对外贸易审计［M］．北京：地震出版社，1988.

［206］王永庆，程鸿．中外合资经营企业审计［M］．北京：地震出版社，1988.

［207］吴少平．财政税务审计［M］．北京：地震出版社，1988.

［208］戴芝安，刘正昶，章曦，赵晋秀，刘飞羽，刘莹．建筑企业审计［M］．北京：地震出版社，1988.

［209］田雍，王永庆，毛岩亮．审计百科全书［M］．北京：地震出版社，1993.

［210］王家新．国家审计的政治经济分析［M］．上海：上海三联书店，2013.

［211］王华，姜虹．会计师事务所审计质量保证机制研究［M］．大连：东北财经大学出版社，2007.

［212］肖文八．军队审计［M］．北京：中国审计出版社，1991.

［213］肖文八，舒永恒．军队审计文书写作［M］．北京：军事科学出版社，

2004.

［214］肖文八，王孝贵，刘洪义. 军队审计应用文写作［M］. 北京：军事科学出版社，2011.

［215］肖泽忠. 计算机审计［M］. 北京：中国商业出版社，1990.

［216］谢获宝. 市场营销审计研究［M］. 武汉：武汉大学出版社，2003.

［217］谢荣. 市场经济中的民间审计责任［M］. 上海：上海社会科学出版社，1994.

［218］谢荣，李树华，王建春. 中国注册会计师职业发展战略［M］. 上海：立信会计出版社，2000.

［219］谢志华. 审计管理［M］. 北京：中国商业出版社，2000.

［220］杨树滋，鲍国明. 内部审计概论［M］. 北京：中国财政经济出版社，1988.

［221］尹平，王会金. 图表式审计技巧示范［M］. 北京：中国财政经济出版社，1991.

［222］尹平. 审计规制论［M］. 北京：中国财政经济出版社，2006.

［223］尹平. 政府审计理论与实务［M］. 北京：中国财政经济出版社，2008.

［224］尹平，郑石桥. 政府审计学［M］. 北京：中国时代经济出版社，2013.

［225］尹平. 政府审计教学改革与创新研究［M］. 北京：经济科学出版社，2011.

［226］尤家荣. 审计规范论［M］. 上海：上海三联书店，2002.

［227］尤家荣. 英汉·汉英会计与审计词汇手册［M］. 上海：上海外语教育出版社，2013.

［228］喻小明. 企业效率审计研究［M］. 北京：经济科学出版社，2011.

［229］张楚堂. 审计重要性理论与实务［M］. 武汉：武汉理工大学出版社，2002.

［230］张立民. 发达国家企业财务报表审计模拟案例［M］. 北京：中国审计出版社，1993.

［231］张立民. 电算化系统控制与审计［M］. 天津：天津科学技术出版社，1994.

［232］张立民，石爱中，李若山. 西方审计学［M］. 天津：南开大学出版社，1996.

［233］张立民. 审计准则全书［M］. 杭州：浙江人民出版社，1996.

［234］张立民，刘英来，. 中国审计改革与发展研究［M］. 北京：中国财政经济

出版社，2003.

［235］张立民，高莹，万里霜，阎至刚. 审计学原理与实务（第 2 版）［M］. 北京：北京交通大学出版社：清华大学出版社，2013.

［236］张为国，邱昱芳. 后安然时代［M］. 北京：中国财政经济出版社，2003.

［237］赵保卿. 现代企业内部审计［M］. 北京：中国方正出版社，1997.

［238］赵保卿. 审计案例研究（第 3 版）［M］. 北京：中国广播电视大学出版社，2010.

［239］赵保卿，谢志华. 注册会计师审计法律责任［M］. 北京：人民出版社，2006.

［240］赵保卿. 基于平衡计分卡的高校预算资金绩效审计考评指标体系研究［M］. 北京：中国工商出版社，2008.

［241］赵保卿. 会计师事务所服务营销策略［M］. 上海：复旦大学出版社，2007.

［242］赵保卿. 我国注册会计师行业自律监管模式研究［M］. 北京：经济科学出版社，2012.

［243］周勤业. 审计学［M］. 北京：中国财政经济出版社，2000.

［244］周庆西. 内部审计实务指要［M］. 天津：天津科学技术出版社，2004.

［245］周庆西. 高校管理审计研究［M］. 天津：天津人民出版社，2010.

［246］周庆西. 教育审计管理规范［M］. 天津：南开大学出版社，2013.

［247］周庆西. 内部审计新观点［M］. 天津：南开大学出版社，2015.

［248］朱荣恩. 中国证券市场独立审计研究［M］. 上海：上海财经大学出版社，1997.

［249］朱荣恩，徐建新. 现代企业内部控制制度［M］. 北京：中国审计出版社，1996.

［250］朱荣恩. 内部控制评价［M］. 北京：中国时代经济出版社，2002.

［251］朱荣恩，应唯，袁敏. 企业内部控制制度设计［M］. 上海：上海财经大学出版社，2005.

［252］朱荣恩. 内部控制案例［M］. 上海：复旦大学出版社，2005.

［253］朱荣恩，袁敏，上官晓文，胡本源. 企业内部控制规范与案例［M］. 北京：中国时代经济出版社，2009.

［254］白华. 内部控制整体职能论［M］. 北京：经济科学出版社，2015.

［255］毕秀玲. 政府会计监管论［M］. 厦门：厦门大学出版社，2004.

［256］蔡春. 审计理论结构［M］. 成都：西南财经大学出版社，1994.

［257］蔡春，车宣呈，陈孝．现代审计功能拓展论［M］．北京：中国时代经济出版社，2006.

［258］蔡春，赵莎．现代审计功能拓展论［M］．北京：中国时代经济出版社，2006.

［259］蔡春，黄益建．审计认证论［M］．北京：中国时代经济出版社，2006.

［260］蔡春，唐滔智．公司治理审计论［M］．北京：中国时代经济出版社，2006.

［261］蔡春，刘学华．绩效审计论［M］．北京：中国时代经济出版社，2006.

［262］蔡春，陈晓媛．．环境审计论［M］．北京：中国时代经济出版社，2006.

［263］陈汉文．注册会计师职业行为准则研究［M］．北京：中国金融出版社，1999.

［264］陈汉文，王华，郑鑫成．安达信：事件与反思［M］．北京：中国金融出版社，1999.

［265］陈汉文．审计［M］．厦门：厦门大学出版社，2004.

［266］陈汉文，韩洪灵，李若山．审计理论［M］．北京：机械工业出版社，2009.

［267］陈汉文，韩洪灵．实证审计理论［M］．北京：中国人民大学出版社，2012.

［268］陈丹萍．数据挖掘模式下的审计风险决策研究［M］．北京：中国社会出版社，2007.

［269］陈丹萍．数据挖掘模式下的审计风险预警系统研究［M］．北京：中国书籍出版社，2013.

［270］陈宋生．政府绩效审计研究［M］．北京：经济管理出版社，2009.

［271］陈宋生．企业经济责任审计评价方法［M］．北京：中国时代经济出版社，2009

［272］陈宋生．ERP 项目成功测度及审计机制创新［M］．北京：经济管理出版社，2012

［273］陈宋生，李文颖，金培．会计（审计）学学科前沿研究报告［M］．北京：经济管理出版社，2015

［274］陈信元，王英姿，夏立军．转型经济中的审计问题：基于中国上市公司的案例［M］．上海：上海财经大学出版社，2011.

［275］陈毓圭．诚信之路［M］．上海：立信会计出版社，2013.

［276］程新生．企业内部控制［M］．北京：高等教育出版社，2011.

［277］池国华，庞艳红. 内部控制审计［M］. 北京：高等教育出版社，2021.

［278］杜永红. 智能审计［M］. 成都：重庆大学出版社，2023.

［279］范经华，古继洪，潘新元. 内部审计项目质量管理指南［M］. 北京：中国时代经济出版社，2019.

［280］葛笑天. 部门预算执行审计方法体系［M］. 南京：江苏人民出版社，2022.

［281］葛笑天. 财政审计方法体系［M］. 南京：江苏人民出版社，2022.

［282］顾奋玲. 中国独立审计市场研究［M］. 北京：中国财政经济出版社，2007.

［283］韩丽荣. 注册会计师审计制度的经济学分析［M］. 北京：经济科学出版社，2006.

［284］韩丽荣，高瑜彬，胡玮佳. 注册会计师审计制度的经济学分析［M］. 北京：清华大学出版社，2014.

［285］郝玉贵，任中普，杨雪，尹联. 审计市场管理机制研究［M］. 北京：中国经济出版社，2005.

［286］郝玉贵，鲁清仿. 审计成本管理研究［M］. 北京：中国时代经济出版社，2008.

［287］郝玉贵. 审计与政府绩效评估机制研究［M］. 北京：经济科学出版社，2010.

［288］胡春元. 审计风险研究［M］. 大连：东北财经大学出版社，1997.

［289］胡春元，王振林. 中国注册会计师非标准无保留意见审计报告及范例：案例源自中国证券市场［M］. 北京：中国时代经济出版社，2003.

［290］胡春元. 审计案例：审计案例源于中国证券市场［M］. 大连：大连出版社，2010.

［291］胡奕明. 审计与政府绩效评价研究［M］. 上海：上海交通大学出版社，2012.

［292］黄京菁. 独立审计目标及其实现机制研究［M］. 广州：暨南大学出版社，2001.

［293］黄世忠，叶钦华，叶凡，徐珊. 财务舞弊识别与审计失败防范［M］. 北京：中国财政经济出版社，2022.

［294］姜虹. 资本市场审计功效论［M］. 北京：经济科学出版社，2006.

［295］蒋尧明. 注册会计师审计报告虚假陈述民事责任研究［M］. 北京：中国财政经济出版社，2009.

［296］阚京华．连续审计研究：理论体系、技术架构与应用实施［M］．北京：中国物资出版社，2011．

［297］雷光勇．证券市场审计合谋：识别与规制［M］．北京：中国经济出版社，2005．

［298］黎仁华．资本市场中舞弊行为的审计策略［M］．北京：中国时代经济出版社，2006．

［299］李补喜．基于监管的审计定价研究［M］．北京：冶金工业出版社，2004．

［300］李虹．国外现代审计名词简明释义［M］．北京：经济科学出版社，1991．

［301］李虹．英汉会计审计管理辞典［M］．北京：北京科学技术出版社，1993．

［302］李虹．现代会计审计常用词汇手册［M］．北京：企业管理出版社，1999．

［303］李连华．内部控制理论结构：控制效率的思想基础与政策建议［M］．厦门：厦门大学出版社，2007．

［304］李寿喜．审计学原理：面向人性缺陷的治理技术［M］．北京：经济管理出版社，2012．

［305］李寿喜．21 世纪国内外上市公司重大舞弊案例研究：为什么一流企业的企业和人才会舞弊？［M］．北京：中国时代经济出版社，2014．

［306］李晓慧．风险管理框架下审计理论与流程研究［M］．大连：东北财经大学出版社，2009．

［307］李晓慧．审计学：实务与案例［M］．北京：中国人民大学出版社，2008．

［308］林兢．中国商业银行内部控制缺陷问题研究［M］．北京：经济科学出版社，2019．

［309］林钟高，龚明晓．离任审计［M］．大连：东北财经大学出版社，2001．

［310］林钟高．企业内部控制研究［M］．北京：科学普及出版社，2006．

［311］林钟高，徐虹．内部控制与关系专用性投资：基于契约视角的实证研究［M］．北京：经济管理出版社，2014．

［312］林钟高．企业内部控制治理效率研究：基于信任视角的实证检验［M］．北京：中国财政经济出版社，2018．

［313］刘桂良，陈敏，周兰．财务、会计、审计一体化模拟教程［M］．长沙：湖南人民出版社，2004．

［314］刘国常，邬励军，潘敏虹．审计学［M］．广州：暨南大学出版社，2000．

［315］刘国常，姜虹．审计学教程（第 2 版）［M］．广州：暨南大学出版社，2006．

［316］刘国常，邬励军，潘敏虹．审计理论与实务［M］．北京：经济科学出版

社，2007.

［317］刘国常．会计师事务所管理和发展问题研究［M］．北京：经济科学出版社，2005.

［318］刘国常．财务审计新论［M］．北京：航空工业出版社，2007.

［319］刘开瑞．交通运输企业审计案例分析［M］．北京：人民交通出版社，1998.

［320］刘力云．审计风险与控制［M］．北京：中国审计出版社，1999.

［321］刘明辉．独立审计准则研究［M］．大连：东北财经大学出版社，1997.

［322］刘明辉．独立审计学［M］．大连：东北财经大学出版社，1996.

［323］刘明辉．高级审计理论与实务［M］．大连：东北财经大学出版社，2006.

［324］龙小海．审计师选聘权配置、市场竞争与独立性［M］．北京：社会科学文献出版社，2017.

［325］吕劲松．新时代扶贫政策跟踪审计机制研究［M］．北京：人民出版社，2021.

［326］吕先锫．审计成本论［M］．成都：西南财经大学出版社，2021.

［327］潘克勤．中国民营上市公司独立审计需求研究［M］．郑州：河南人民出版社，2010.

［328］潘秀丽．企业内部控制研究［M］．北京：中国财政经济出版社，2005.

［329］秦荣生．受托经济责任论［M］．大连：东北财经大学出版社，1994.

［330］秦荣生，卢春泉．审计学［M］．北京：中国人民大学出版社，1994.

［331］秦荣生．内部审计［M］．北京：中国财政经济出版社，2000.

［332］秦荣生．内部控制与审计［M］．北京：中信出版社，2000.

［333］秦荣生．公司治理与内外部审计［M］．北京：化学工业出版社，2013.

［334］邱学文．基于中国资本市场的政府审计监管机制研究［M］．北京：中国社会科学出版社，2012.

［335］时现．内部审计学［M］．北京：中国时代经济出版社，2009.

［336］时现．建设项目预决算编制与审计［M］．南京：东南大学出版社，1995.

［337］时现．建设项目审计［M］．北京：北京大学出版社，2002.

［338］时现，毛晔，许长青．工程项目控制［M］．大连：大连出版社，2013.

［339］时现，李庭燎．全球信息系统审计指南［M］．北京：中国财政经济出版社，2009.

［340］耿建新，宋常．审计学［M］．北京；中国人民大学出版社，1999.

［341］宋夏云．国家审计目标及实现机制研究［M］．上海：上海财经大学出版

社，2008.

［342］宋依佳. 审计案例集［M］. 北京：中国时代经济出版社，2009.

［343］王光远. 制度基础审计学［M］. 武汉：湖北科学技术出版社，1992.

［344］王光远. 管理审计理论［M］. 北京：中国人民大学出版社，1996.

［345］王光远. 受托管理责任与管理审计［M］. 北京：中国时代经济出版社，2004.

［346］王光远，黄京菁. 审计学［M］. 大连：东北财经大学出版社，2005.

［347］时现，李庭燎等. 全球信息系统审计指南（上、下册）［M］. 北京：中国时代经济出版社，2010.

［348］王会金. 审计心理学［M］. 桂林：广西师范大学出版社，1992.

［349］王会金，陆春畦. 会计信息失真与审计风险防范［M］. 杭州：浙江人民出版社，1999.

［350］王会金. 重要性与审计风险［M］. 大连：东北财经大学出版社，2012.

［351］王会金. 财务审计［M］. 北京：中国人民大学出版社，2022.

［352］王善平. 资本市场规模化中的独立审计机制创新问题研究［M］. 大连：东北财经大学出版社，2002.

［353］王善平. 独立审计权责结构研究［M］. 北京：中国财政经济出版社，2006.

［354］王善平，唐红. 人性、产权与独立审计管理制度安排［M］. 长沙：湖南大学出版社，2007.

［355］王晓霞. 企业风险审计［M］. 北京：中国时代经济出版社，2005.

［356］王学龙. 经济效益审计［M］. 大连：东北财经大学出版社，2015.

［357］王永海. 诚信为本：审计与鉴证实务［M］. 北京：中国经济出版社，1998.

［358］王芸. 中国审计市场竞争行为研究：基于产业组织理论视角［M］. 北京：中国社会科学出版社，2010.

［359］王泽霞. 管理舞弊导向审计研究［M］. 北京：电子工业出版社，2005.

［360］文硕. 世界审计史［M］. 北京：中国审计出版社，1990.

［361］文硕. 世界审计史［M］. 上海：立信会计出版社，2018.

［362］吴国萍，刘怡芳，魏延鹏. 转型背景下的内部审计治理效果研究［M］. 上海：上海财经大学出版社，2021.

［363］吴秋生. 政府审计职责研究［M］. 北京：中国财政经济出版社，2007.

［364］辛金国. 浙江省家族企业内部控制模式研究［M］. 北京：中国科学技术出

版社，2007.

［365］晏维龙．国家治理框架下国家审计体系和能力现代化研究［M］．北京：人民出版社，2017.

［366］杨肃昌．企业财务审计［M］．上海：立信会计出版社，1997.

［367］杨肃昌．中国国家审计：问题与改革［M］．北京：中国财政经济出版社，2004.

［368］杨肃昌，肖泽忠．中国国家审计体制问题：实证调查与理论辨析［M］．北京：中国财政经济出版社，2008.

［369］杨肃昌．中国公共支出绩效审计制度研究［M］．北京：经济科学出版社，2014.

［370］杨雄胜，夏俊．内部控制评价：理论·实务·案例［M］．大连：大连出版社，2009.

［371］杨有红．企业内部会计控制系统［M］．北京：中国人民大学出版社，2004

［372］杨志国．风险导向审计方法与案例［M］．北京：中国财政经济出版社，2014.

［373］杨志国．加强版审计报告：理论与应用［M］．北京：中国财政经济出版社，2018.

［374］杨忠莲．审计委员会制度与财务舞弊监管［M］．上海：上海财经大学出版社，2007.

［375］叶陈刚，李相志．审计理论与实务［M］．北京：中信出版社，2005.

［376］叶陈刚．审计学［M］．北京：机械工业出版社，2011.

［377］叶雪芳．舞弊审计［M］．北京：经济科学出版社，2008.

［378］于保和．经济责任审计研究［M］．大连：东北财经大学出版社，2003.

［379］余玉苗．审计学［M］．北京：清华大学出版社，2008.

［380］张继勋．审计判断研究［M］．大连：东北财经大学出版社，2002.

［381］张继勋．审计学［M］．天津：南开大学出版社，2003.

［382］张继勋．审计学多媒体教程［M］．北京：中国人民大学出版社，2003.

［383］张继勋．掀起你的盖头来：审计揭秘［M］．北京：中国经济出版社，2001.

［384］张继勋．会计和审计中的实验研究方法［M］．天津：南开大学出版社，2008.

［385］张建军．审计概念体系研究［M］．北京：中国财政经济出版社，1997.

［386］张金城，黄作明．信息系统审计［M］．北京：清华大学出版社，2009.

[387] 张俊民，韩传模. 会计师事务所诚信评价 [M]. 北京：经济科学出版社，2005.

[388] 张俊民. 内部控制理论与实务 [M]. 大连：东北财经大学出版社，2012.

[389] 张俊民. 内部控制 [M]. 北京：高等教育出版社，2015.

[390] 张龙平. 注册会计师审计控制系统研究 [M]. 大连：东北财经大学出版社，1994.

[391] 张龙平. 审计 [M]. 北京：经济科学出版社，1995.

[392] 张龙平. 新编审计学 [M]. 武汉：武汉大学出版社，1995.

[393] 张龙平. 现代审计学 [M]. 北京：北京大学出版社，2012.

[394] 张龙平，陈建明. 独立审计准则导论 [M]. 北京：经济科学出版社，1997.

[395] 张蕊. 审计学原理 [M]. 北京：企业管理出版社，1994.

[396] 张蕊. 会计审计前沿问题探索 [M]. 北京：中国财政经济出版社，2004.

[397] 张蕊，廖义刚，饶斌. 审计学 [M]. 北京：科学出版社，2011.

[398] 张英明，肖文强. 审计学原理 [M]. 北京：中国商业出版社，2002.

[399] 郑石桥. 内部控制实证研究 [M]. 北京：经济科学出版社，2006.

[400] 郑石桥. 中国政府及非营利组织内部审计发展研究报告 [M]. 北京：中国时代经济出版社，2012.

[401] 郑石桥. 管理审计方法 [M]. 大连：东北财经大学出版社，2012.

[402] 郑石桥. 绩效审计方法 [M]. 大连：东北财经大学出版社，2017.

[403] 郑石桥，马新智. 审计基础理论探索 [M]. 北京：世界图书出版社，2012.

[404] 郑石桥，刘世林. 审计理论 [M]. 北京：中国时代经济出版社，2014.

[405] 郑石桥，吴青川. 审计学 [M]. 大连：东北财经大学出版社，2017.

[406] 朱锦余，曹忻. 救灾款物审计 [M]. 北京：中国时代经济出版社，2012.

[407] 庄恩岳. 审计与会计图解 [M]. 北京：北京出版社，1989.

[408] 蔡吉甫. 内部控制框架的产权理论研究 [M]. 北京：经济科学出版社，2012.

[409] 曹志鹏. 财务管理与审计核算 [M]. 长春：吉林教育出版社，2018.

[410] 陈丽红. 中国慈善组织信息披露与审计监管研究 [M]. 武汉：湖北科学技术出版社，2015.

[411] 陈小林. 制度环境与审计独立性 [M]. 大连：东北财经大学出版社，2007.

［412］陈智．审计行业专长与审计师选择研究［M］．北京：经济科学出版社，2013.

［413］陈伟，张金城．计算机辅助审计原理及应用［M］．北京：清华大学出版社，2010.

［414］陈伟．联网审计技术方法与绩效评价［M］．北京：清华大学出版社，2012.

［415］陈伟．智能审计［M］．北京：机械工业出版社，2021.

［416］董卉娜．学习型组织视角的内部控制研究［M］．上海：立信会计出版社，2010.

［417］董美霞，戴松梅．我国企业内部控制评价研究［M］．济南：山东大学出版社，2010.

［418］杜兴强，周泽将，杜颖洁．上市公司高管政治联系的会计审计效应研究［M］．大连：东北财经大学出版社，2010.

［419］杜兴强．儒家文化与会计审计行为研究［M］．厦门：厦门大学出版社，2020.

［420］杜兴强．文化影响与会计审计行为研究［M］．厦门：厦门大学出版社，2022.

［421］翟华云．中国上市公司应计质量影响因素研究［M］．北京：经济科学出版社，2010.

［422］方红星，池国华，梵子君．内部控制［M］．大连：东北财经大学出版社，2011.

［423］房巧玲．中国审计市场效率研究［M］．北京：经济管理出版社，2006.

［424］冯朝胜．云数据安全共享与审计研究［M］．北京：科学出版社，2021.

［425］高强．治理视角下的经济责任审计研究［M］．北京：中国经济出版社，2014.

［426］郭晓梅，荣耀武．注册会计师法律责任［M］．大连：东北财经大学出版社，2004.

［427］韩洪灵．中国审计市场：制度变迁与竞争行为［M］．大连：大连出版社，2011.

［428］韩晓梅．企业内部审计绩效研究［M］．大连：东北财经大学出版社，2009.

［429］何芹．持续审计研究［M］．上海：立信会计出版社，2008.

［430］黄崑．监管政策与审计师谨慎性：一项基于审计意见的实证研究［M］．北

京：中国财政经济出版社，2011.

［431］黄溶冰，王素梅，王旭辉．国际审计学［M］．北京：中国时代经济出版社，2014.

［432］黄溶冰．节能减排的环境审计规制研究［M］．北京：经济科学出版社，2014.

［433］黄溶冰．环境审计：理论、方法与应用［M］．北京：经济科学出版社，2023.

［434］黄溶冰．国家审计的审计质量研究［M］．北京：经济科学出版社，2017.

［435］贾云洁．政府决算草案审计研究［M］．北京：中国时代经济出版社，2022.

［436］李海燕．独立审计对投资者保护作用研究：理论分析与实证检验［M］．成都：西南财经大学出版社，2010.

［437］李克亮．审计风险与管理［M］．北京：光明日报出版社，2016.

［438］李克亮．审计失败的成因与对策［M］．昆明：云南大学出版社，2018.

［439］李莉．高校内部审计思考［M］．长春：吉林大学出版社，2017.

［440］李璐．政府绩效审计研究［M］．武汉：湖北科学出版社，2008.

［441］李明辉，刘笑霞．国家治理现代化视域下的国家审计：分析与建议［M］．北京：经济科学出版社，2016.

［442］李眺．审计市场：产业经济视角分析［M］．上海：上海财经大学出版社，2005.

［443］李万福，毛敏，张怀．内部控制理论与实务［M］．北京：北京大学出版社，2021.

［444］李小波．国家审计的国有企业审计目标及效果研究［M］．北京：中国时代经济出版社，2014.

［445］李雪．审计学原理［M］．北京：中国商业出版社，1999.

［446］李雪．审计理论研究［M］．青岛：中国海洋大学出版社，2004.

［447］李越冬．审计学英语简明教程［M］．成都：西南财经大学出版社，2006.

［448］李越冬，李齐辉，刘跃明．内部审计理论与实务［M］．北京：清华大学出版社，2016.

［449］李越冬，王兵．审计学［M］．北京：高等教育出版社，2020.

［450］李越冬，何苦，李贺，李江涛．新中国审计制度变迁［M］．成都：西南财经大学出版社，2020.

［451］李兆东，李鹏，杨富裕，马春晖．草原生态审计［M］．北京：中国农业科

学技术出版社，2016.

［452］廖义刚. 中国上市公司持续经营审计意见的动因及决策作用［M］. 北京：经济科学出版社，2012.

［453］廖义刚. 外部审计监督与投资效率：基于投资机会集视角的研究［M］. 北京：经济科学出版社，2014.

［454］刘成立. 执业环境与审计判断绩效：基于时间压力和责任的视角［M］. 北京：经济科学出版社，2010.

［455］刘德运. 工程造价咨询与审计［M］. 济南：山东人民出版社，2006.

［456］刘继红. 会计师事务所关联、审计质量及其经济后果研究［M］. 北京：中国社会科学出版社，2019.

［457］刘静. 审计结果公告公民参与的理论分析与策略构建［M］. 北京：中国时代经济出版社，2017.

［458］刘雷. 政府审计维护财政安全的实现路径研究［M］. 北京：中国时代经济出版社，2015.

［459］刘亚莉. 审计理论与实务前沿［M］. 北京：经济科学出版社，2015.

［460］路云峰. 财务报表重大错报风险与审计定价：来自 A 股证券市场的经验证据［M］. 成都：西南财经大学出版社，2011.

［461］罗春华. 审计市场结构与审计行为研究：来自中国证券市场的经验证据［M］. 北京：经济科学出版社，2017.

［462］马建威，潘瑞莲. 中国注册会计师执业准则释疑［M］. 上海：复旦大学出版社，2008.

［463］马曙光. 博弈均衡与中国政府审计制度变迁［M］. 北京：中国时代经济出版社，2009.

［464］聂萍. 顾客导向型政府绩效审计制度改进与实现途径［M］. 北京：中国人民大学出版社，2015.

［465］牛艳芳. 财政大数据环境下的审计全覆盖组织与实施问题研究［M］. 北京：经济出版社，2020.

［466］牛艳芳. 审计数据分析：从 Excel 到 PowerBI［M］. 北京：高等教育出版社，2021.

［467］欧阳华生. 中国政府绩效审计研究：理论基础与制度变迁［M］. 北京：经济出版社，2011.

［468］蒲丹琳. 地方政府举债中官员机会主义行为的审计监管研究［M］. 北京：中国财政经济出版社，2015.

［469］戚振东．审计综合实验［M］．大连：东北财经出版社，2017.

［470］漆江娜．中国资本市场审计质量与审计收费问题研究［M］．北京：中国财政经济出版社，2005.

［471］瞿旭．基于价值增值的治理导向型内部审计研究［M］．大连：大连出版社，2008.

［472］饶斌．审计契约研究：基于核心知识视角［M］．北京：经济科学出版社，2009.

［473］饶斌，喻小明．会计与审计案例分析：基于资本市场的案例［M］．南昌：江西人民出版社，2011.

［474］饶斌．独立审计合约论：一个新制度经济学分析框架［M］．南昌：江西人民出版社，2011.

［475］尚兆燕．CPA 越轨行为、法律惩戒与审计行为变通［M］．成都：电子科技大学出版社，2009.

［476］宋衍蘅．中国会计师事务所审计风格研究［M］．北京：中国财政经济出版社，2022.

［477］孙永军．审计服务规模误区与异质协同路径研究［M］．北京：经济科学出版社，2016.

［478］孙永军．国家治理视角下政府责任审计机理与路径研究［M］．北京：光明日报出版社，2020.

［479］唐建华．风险导向审计：理论、准则与实务［M］．北京：中国财政经济出版社，2012.

［480］王兵．中国内部审计发展战略研究［M］．北京：中国时代经济出版社，2014.

［481］王兵，朱晓文．国家审计治理效应实证研究［M］．北京：经济管理出版社，2018.

［482］王兵，吕梦．内部审计人员兼任公司监事的治理效应研究［M］．北京：中国时代经济出版社，2019.

［483］王芳．政府审计质量研究［M］．北京：中国社会科学出版社，2013.

［484］王海兵，李文君．内部审计学［M］．北京：高等教育出版社，2020.

［485］王建新．审计委员会手册［M］．北京：中国财政经济出版社，2006.

［486］王英姿．注册会计师审计质量评价与控制研究［M］．上海：上海财经大学出版社，2002.

［487］魏祥健．云计算下的云审计研究［M］．成都：西南交通大学出版社，

2015.

［488］吴昊旻. 代理冲突及其制度渊源、事务所规模与审计质量［M］. 北京：经济管理出版社，2016.

［489］吴溪. 双重审计模式下的审计独立性与审计定价：中国 B 股市场的证据［M］. 北京：中国财政经济出版社，2005.

［490］伍利娜，戚务君. 高级审计学：实证视野下的审计研究［M］. 北京：北京大学出版社，2013.

［491］夏文贤. 上市公司审计委员会制度研究［M］. 大连：大连出版社，2008.

［492］向锐. 审计委员会、公司治理与投资者利益保护：基于中国上市公司的经验证据［M］. 成都：西南财经大学出版社，2014.

［493］谢德仁. 上市公司审计委员会制度研究［M］. 北京：清华大学出版社，2006.

［494］谢柳芳. 国家治理视域下政府审计与预算绩效研究［M］. 北京：科学出版社，2020.

［495］谢盛纹. 审计证据理论研究［M］. 北京：北京科文图书业信息技术有限公司，2007.

［496］谢盛纹. 独立审计对公司代理成本的降低研究：基于审计行业专门化的经验证据［M］. 大连：东北财经大学出版社，2013.

［497］谢盛纹. 换“所”不换“师”式变更问题研究［M］. 大连：东北财经大学出版社，2015.

［498］谢晓燕. 企业内部控制审计目标实现机制研究［M］. 北京：光明日报出版社，2011.

［499］许汉友. 中国 CPA 审计市场运营绩效研究［M］. 南京：东南大学出版社，2011.

［500］薛芬. 农村饮水安全工程绩效审计研究［M］. 北京：中国时代经济出版社，2014.

［501］薛文艳. 中国注册会计师审计伦理困境研究［M］. 北京：中国时代经济出版社，2021.

［502］严晖. 风险导向内部审计整合框架研究［M］. 北京：中国财政经济出版社，2004.

［503］杨明增. 审计判断偏误研究［M］. 长春：吉林人民出版社，2010.

［504］杨明增. 审计报告模式改革对投资者感知及其决策影响研究［M］. 北京：经济科学出版社，2018.

［505］余冬根．公司声誉、审计师声誉与资本成本研究［M］．哈尔滨：哈尔滨工业大学出版社，2018.

［506］余宇莹．公司治理与审计质量：经验证据［M］．上海：上海交通大学出版社，2013.

［507］喻采平．权利制衡视角下的政府审计效能研究［M］．北京：中国财政经济出版社，2017.

［508］张凤元，孟丽荣．政府审计［M］．北京：经济科学出版社，2020.

［509］张敏．外部审计对真实活动盈余管理的治理效应研究［M］．北京：中国财政经济出版社，2021.

［510］张奇峰．政府管制、公司控制权安排与独立审计需求［M］．上海：立信会计出版社，2007.

［511］张庆龙．审计资源论［M］．北京：中国时代经济出版社 2006.

［512］张庆龙．成为明日胜任的内部审计师［M］．北京：中国财政经济出版社，2014.

［513］张庆龙，沈征．内部审计理论与方法：基于 2013 内部审计准则的解释［M］．北京：中国财政经济出版社，2014.

［514］张庆龙．内部审计学［M］．北京：中国人民大学出版社，2017.

［515］张庆龙，沈征．政府审计学［M］．北京：中国人民大学出版社，2015.

［516］张旺峰．我国注册会计师审计制度变迁的路径与绩效研究［M］．北京：中国财政经济出版社，2022.

［517］张文秀，刘雷．持续审计［M］．大连：东北财经大学出版社，2012.

［518］张阳．审计师选聘权与独立性：基于制度环境视角［M］．上海：上海三联出版社，2008.

［519］张阳，王坤锋，王静．事业单位内部控制与风险管理研究［M］．北京：中国商业出版社，2022.

［520］张宜霞，舒惠好．内部控制国际比较研究［M］．北京：中国财政经济出版社，2006.

［521］赵国宇．审计合谋的预警与防治机制研究［M］．北京：经济科学出版社，2011.

［522］郑伟．企业审计实务［M］．北京：机械工业出版社，2014.

［523］郑小荣．中国政府审计结果公告研究［M］．北京：中国时代经济出版社，2014.

［524］周兰．上市公司中小股东权益审计保护问题研究［M］．北京：科学出版

社，2017.

［525］周亚荣. 政府治理视角下的中国政府绩效审计研究［M］. 武汉：武汉大学出版社，2010.

［526］周中胜. 会计师事务所合并、组织形式变化与资本市场审计行为研究［M］. 南京：苏州大学出版社，2017.

［527］蔡利. 政府审计维护金融安全的作用机理及实现方式研究［M］. 北京：中国时代经济出版社，2014.

［528］曹强. 财务重述的审计治理研究［M］. 成都：西南财经大学出版社，2012.

［529］代彬. 权力配置、外部审计与企业财务政策：国际经验与中国例证［M］. 北京：中国经济出版社，2016.

［530］樊斌，周忠宝. 大数据审计分析［M］. 北京：高等教育出版社，2018.

［531］李莫愁. 风险导向审计准则实施效果研究［M］. 上海：上海交通大学出版社，2016.

［532］马晨. 外部审计、媒介环境对财务重述影响研究［M］. 北京：中国财政经济出版社，2015.

［533］唐大鹏. 中国政府内部控制理论构建与标准研究［M］. 大连：东北财经大学出版社，2021.

［534］王春飞. 企业集团统一审计：质量、变更及经济后果［M］. 北京：经济科学出版社 2014.

［535］王帆. 审计师声誉形成机制研究［M］. 北京：中国财政经济出版社 2013.

［536］王帆. 精准扶贫审计评价及政策实施效果研究［M］. 北京：中国财政经济出版社 2022.

［537］王良成. 政府管制、外部审计与配股融资：来自中国证券市场的经验证据［M］. 成都：西南财经大学出版社 2011.

［538］王良成. 上市公司盈余管理与审计治理效应［M］. 成都：西南财经大学出版社 2017.

［539］王杏芬. 中国资本市场审计成败的案例探析［M］. 成都：西南财经大学出版社 2015.

［540］王杏芬. 企业行为、审计稳健性与利益相关者保护［M］. 北京：经济科学出版社 2016.

［541］王艳艳. 政府管制、所有权安排与会计师事务所选择［M］. 大连：东北财经大学出版社，2013.

［542］吴伟荣．注册会计师异质性与审计质量［M］．北京：经济科学出版社 2018.

［543］吴伟荣．注册会计师任期管理影响审计质量研究［M］．北京：经济科学出版社 2022.

［544］吴先聪．国有企业境外投资审计［M］．北京：知识产权出版社 2021.

［545］吴益兵．内部控制审计：信号传递、价值相关性与监督效应［M］．大连：东北财经大学出版社，2013.

［546］肖芬．大数据背景下审计风险控制研究［M］．太原：山西经济出版社，2020.

［547］徐超．审计监督运用大数据技术与方法的研究［M］．南京：江苏人民出版社，2021.

［548］徐会超．审计全覆盖背景下政府购买审计服务研究［M］．北京：中国财政经济出版社，2021.

［549］闫焕民．签字注册会计师个体特征与审计质量研究［M］．北京：社会科学文献出版社，2017.

［550］闫焕民．审计师工作压力与审计质量：基于个体感知视角的研究［M］．北京：中国财政经济出版社，2020.

［551］张呈．关键审计事项准则实施的经济后果研究［M］．大连：东北财经大学出版社，2022.

［552］张丽达．媒体监督、内部控制与审计意见研究［M］．天津：天津财政经济出版社，2020.

［553］赵艳秉．财务重述、审计质量与溢出效应［M］．北京：中国社会科学出版社，2018.

［554］周守亮．行政事业单位内部控制与内部审计研究［M］．大连：大连理工大学出版社，2021.